土地の精霊

Yomota Inuhiko
四方田犬彦

筑摩書房

土地の精霊＊目次

カバー　伝「カルロ四世」のタロット（テンペラ画、フェラーラ、一四七〇年代）
表紙　ペルシャ南部、ケルマンの絨毯（製作年不詳）
扉　アプレイウス『変身物語』に描かれた女神イシス（アタナシウス・キルヒャー『エジプトのエディプス』による。一六五二年頃）

装幀　間村俊一

土地の精霊

全くこの町にはそれと看て、その姿が本当のものと思えるようなのは何一つなく、みながみなすなわち恐ろしい呪《まじな》いのため他の形に変えられているに違いあるまい、いま足にぶつかる石くれも人間から固まって化《な》ったもの、耳に声を聞くその鳥もまた、そのままに羽根を生やされ、苑のかこいの樹々さえがまた葉っぱを出した（人間）、流れおちる泉も人間が溶《と》けて化《な》ったのではあるまいかと思われるほどでした。今にも立っている像や絵姿は歩き出し、仕切りの壁ははなしをはじめ、牛なんどの畜類が預言をかたり、この大空、輝く太陽そのものからして、突然に神託が下されそうな気がするのです。

アプレイウス『黄金のろば』呉茂一訳

ソウル　1979

図書館の前でバスを降り、急勾配の石畳の坂を上りきってひと息ついたところに、S女子師範大学の正門があった。門は固く閉ざされていて、枯草色の制服を着た兵士が二人、警備に立っている。彼らはわたしを目ざとく見つけると、ただちに銃を向けた。

ぬぐせよ。一人が韓国語で、誰だと訊ねた。

ここの学校の教師です。わたしは外国人の韓国語で応えた。

失礼いたしました。兵士は銃の構えを崩し、門を開けた。徴兵されて間もないのだろう、軍帽の下にはまだ幼げな顔が覗いている。

校内には誰もいなかった。しばらく前からほとんどの大学は休校になっていたし、ましてやあの事件から五日しか経っていない。非常戒厳令が発動されているというのに、どうして授業を再開することができるというのか。わたしは自分が歩いてきた坂道を振り返ってみた。秋が終わろうとする冷気のなかで、眼下にソウルの町々が一望された。

わたしはK大学に日本語の教師として雇われていた。その一方で語学学校に登録し、現地の言葉を少しずつ勉強していた。夏休みが始まる前に、人を介してS女子師範大学の方から学生の日本語劇の演出依頼が来た。わたしはそれを引き受け、二学期は週に二度、女子大生たちの科白の特訓に向かった。彼女たちと東の海岸で合宿し、厳しく発音を矯正した。誰もが舞台のうえで日本人を演じることに、強い期待と情熱を抱いていた。だが、すべては一瞬のうちに徒労に終わった。日本語劇の発表の前日の夜、長らくこの国に軍事独裁政権を敷いていた大統領が暗殺されたからだ。ただちに非常戒厳令が発動され、午後一〇時からの外出が禁止された。もちろん予定していた日本語劇の公演は取り止めとなった。街角には戦車が溢れ、五人以上の人間が集まることが禁じられる。戒厳令下ではいかなる理由であっても、軍隊は自由に人を拘束できるのだ。

　わたしが大学の事務室に入ると、顔見知りの職員の一人がわたしに茶封筒を渡し、署名をするようにといった。この三ヵ月の間、わたしが日本語劇を指導したことへの謝金だった。緑色の最高額の紙片が二〇枚ほど入っている。それはわたしにとってそれなりの臨時収入ではあったが、心の失望と徒労感を埋め合わせるものではけっしてなかった。この金は馬鹿馬鹿しい金だ。思い切って一気に使ってしまおうと、わたしは決心した。とはいえその見当はつかなかった。

　レコード屋には粗末なジャケットの海賊版しかなく、お土産物屋はどこも似たようなものしか売っていない。誰も紅茶やスパゲッティのことを知らない。東京と比べるといかにも貧弱な消費社会でしかないこの都市で、わたしが買いたいものは何もなかった。外国人観光客用のカジノがあるとは聞いていたが、それが戒厳令下で開いていたとしても、一人で向かうには度胸が足りなかった。わたしは、学生たちを何人か集めようと思った。授業が終わるといつも大学近くの店でラーメンや冷麺を食べ、きさくなお喋りをしていた仲良しの一団のことを思い出したのである。

学生たちは捕まらなかった。電話をしても大方は外出しているか、故郷に戻っているかの、どちらかだった。無理もない。秋に釜山や馬山で起きた暴動が北上してくるのを恐れて、ほとんどの大学は無期限休校となっていた。その上人々は、大統領暗殺の混乱を狙って「北」の軍隊が攻め込んでくるという風評に、脅えきっていた。しかも戒厳令下では、五人以上の集会は禁止である。ただ一人、敬児《キョンア》という女子大生だけが電話口に出た。あの事件の後では何をする気にもならず、部屋でじっとしているばかりだから、今すぐにでも外に出て行くことができるという。わたしは彼女にいった。今日は思いっきりお金を使ってみたいんだ。ソウルで一番高いレストランを教えてくれないか。彼女は最初、意味がわからなかったようだが、しばらく考えて、それではロッテホテルに行きましょうと答えた。

敬児は日本語クラスのなかで、もっとも優秀な学生の一人だった。澄みきった眼差しをもち、長い髪を額のうえで二つに分けて肩まで垂らしている。態度が堂々としたところがあって、みずから学生たちのまとめ役を買って出た。大学で日本語を専攻することについては、両親との間でひと悶着があったらしい。解放前に日本語で教育を受け、日本語の流暢な使い手である父親にとって、それはわざわざ最高学府で学ぶべきものではなかった。彼女は英文学科に進学するという嘘をつき、田舎から上京した。もっとも下宿は許されず、伯父の家に寄宿するというのが条件だった。父親はわたしを信頼していないのですと、敬児は日本語で語った。最初の授業のとき、愛読書は太宰治で、とりわけ『斜陽』が大好きですといったことが、わたしには印象に残っていた。

わたしと敬児は世宗大路と新門路が交わる角にある、国都劇場の前で待ち合わせることにした。

公開中のフィルムを知りたくて、銅像の李舜臣将軍が軀を看板絵の方に向けているといわれている映画館である。ソウルの一〇月はすでに充分に寒い。敬児は濃緑のコートにモーヴのマフラーをして現れた。少し歩けばロッテホテルである。戦車の姿こそ消えていたが、途中の地下道の入り口には土嚢が高く積まれ、兵士たちが緊張した表情で並んでいた。

お昼を大分まわっていたので、わたしたちは空腹だった。ホテルの二三階にあるフランス料理店には、一組の西洋人を除いて誰も客はいなかった。わたしたちは白ワインを注文し、ロブスターの冷製とビーフステーキを註文した。この国に来て西洋料理を口にするのは、これが初めてだった。給仕は片言の日本語を話し、わたしはいかにも余裕たっぷりにメニューを読むしぐさをした。もっとも日本にいてもフランス料理店に足を踏み入れたことなどほとんどなかったのだから、自分でも滑稽なことをしていることは気が付いていた。

敬児はほとんどワインに口をつけなかった。このレストランを指定した彼女にしても、わたし同様、フランス料理に慣れていないことは明らかだった。

彼女はいった。わたしはいつか大統領がこういう運命になると信じていました。これから一体、何が起きるのだろうと、わたしは訊ねた。わかりません。誰にもわかりません。でもどちらにせよ、わたしは来年の春に大学を卒業し、この都市で仕事を見つけるか、親の許に帰らなければいけないのです。

フランス料理店を出ると、することがなくなった。それでは南山に登ってみましょうと、敬児がいった。南山はかつて朝鮮神宮があったところで、ソウルが現在のように漢江の向こうに新市街を築き上げるまでは、文字通り都市の南の端に聳える山だった。わたしたちはホテルの前でタクシーに乗り、南山に向かった。山は豊かに紅葉していた。もっとも行きかう人はまれで、ほろ酔い気分で歩くには気分がよかった。午後は長く、時間は思ったように過ぎてはくれなかった。日本語劇が中止になり、その代償に謝金を受け取ったわたしには、これから先、何をしていいのやら、皆目見当がつかなかったのである。敬児はお喋りになり、弟の子供っぽい振る舞いやら、級友の誰某の話やら、さまざまなことを話し出した。わたしは彼女の屈託のなさを羨ましく思った。

これからどうしようと、わたしはいった。敬児は「そうですね」といい、しばらく考えてから、トゥクソムに行ったことがありますかと訊ねた。

わたしがトゥクソムを知らないというと、彼女は少し口籠りながら説明を始めた。トゥクソムというのは永東大橋の下のことです。夏にはよく水遊びをしたり、ボートを漕いだりします。小さな小屋があって、冷たいものを呑むことができます。もうすぐ日本に帰るのでしたら、思い出に一度出かけてみてもいいかと思います。そこでわたしたちは、トゥクソムまでふたたびタクシーを拾うことにした。

ソウルには川幅が一キロを超す、漢江という大河が流れている。北朝鮮に源をもつこの河は豊かな水量を誇り、滔々と流れて黄海に流れ込む。朝鮮戦争のとき、韓国政府は多くの橋を破壊して南へと逃走したが、わたしがソウルに滞在していた時期には、経済成長のおかげで次々と大橋が建設されているところだった。橋は軍事上の拠点であり、両端にはトーチカが設けられていた。橋を横断する者は、誰もが住民票を警備兵に差し出さなければならない。わたしはパスポートをアパートに置いて散歩に出たため、橋を越えたところで不審尋問を受けたことがあった。

トゥクソムは永東大橋の下にある、小さなボート乗り場だった。敬児は以前に訪れたことがあるのだろう。フランス料理店での緊張はどこにいったのか、ここまで来ると急に積極的になり、わたしを先導して河のほとりまで早足で歩いて行った。なるほど小さな小屋があり、なかでビールが呑めるようになっている。夏場はさぞかし賑わうのだろう。だが彼女はあっさりと小屋を無視し、ボート乗り場へとわたしを連れて行った。そして、そばにいた青年に交渉を始めた。どうやら客が小舟に乗ると、青年がモーターボートで大河の真ん中まで誘導していってくれるという仕組みになっているらしい。わたしがおやおやと思う間もなく、彼女は小舟に乗ってしまった。

小舟は小さいとはいえ、屋根と壁があり、なかに掘り炬燵のようなものが設えられている。狭い入口の扉を閉めてしまえば、片方の壁の窓を除いて完全な密室となる。わたしたちが乗り込んだところで、青年が瓶ビールを二本と乾きもののお摘《つま》みを運んできた。無言だった。どうやら不用意に口を利かないというのが、取り決めであるらしい。ほどなくして外でモーターボートのエンジンの音が聴こえ、小舟が曳かれていくのが体に感じられた。

窓からは漢江の緩やかな水の流れと、対岸にぽつりぽつりと建っている高層住宅が見える。まもなく霧が出て、視界はほとんど遮られた。窺うことができるのは夕暮れの微光だけとなった。やがて機械音がして、小舟がわずかに揺れた。青年が小舟を切り離しているのだとわかった。ひたひたという水の気配がしてくる。エンジンの音がしだいに遠ざかっていき、残余は静寂ばかりとなった。わたしたちはこうして、みごとに大河の真ん中に置き去りにされた。何もかもがひどく朦朧とした世界のなかで、小舟のなかの自分たちだけが覚醒しているような気がした。

敬児は無口になった。まるで南山での燥《はしゃ》ぎぶりが嘘であったかのように、黙りこくっている。何かをいいたいのだが、それをうまく言葉にすることができない。わたしは自分の韓国語の貧しさを情けなく思った。だが、たとえわたしが彼女の日本語同様に韓国語を操ることができたとしても、対話が流暢に進むとは思えなかった。彼女の無言には、個人的にもっと深い根があるような気がした。いつしか彼女はわたしと面と向かい合う席を離れ、隣り合わせに座っている。

わたしはこの状況に違和を感じ始めていた。これではまるで男女が逢引きをしているようではないか。韓国には戦前の日本から踏襲した姦通罪が法的に定められており、それを回避するために不貞の男女はさまざまな工夫をしていると聞いたことが、思い出された。トゥクソムのこの小舟も、大河のただなかで夕陽を愛でるというのは口実で、密会の口実のための場所ではないだろうか。敬児はどうしてわたしをここに連れてきたのだろう。

わたしが日本語を勉強しているのは、わが国が民主主義ではないからです。突然、決意したかのように敬児がいった。日帝はわが国を支配しましたが、日本は民主主義です。わたしは日本に行き、日本の本を読みたいのです。

敬児の思いつめたような強い口調に軽々しく相槌を打つことは、わたしにはとてもできそうになかった。彼女は自国の未来のために、宿敵の言語を大学で学ぶことを決意したのだ。おそらく彼女の決意は、たとえ同じ年齢であったとしても、日本の女子大生には理解できなかっただろう。とはいえ沈黙が破られ、対話の方向が定まったことで、わたしは少し安堵した。

もしここである珍事がわが身に起きなければ、あるいは以後の展開は五木寛之の東欧ものの小説のように進んでいたかもしれない。だがわたしは、張り詰めた緊張のなかで自分に襲いかかった道化的な運命を、ここで正確に告白しておかねばならない。わたしは急に自然が人間に要求する、あの耐えがたい衝動に見舞われたのである。フランス料理店の白ワインとビールが、時間差攻撃を仕掛けてきたのだ。

小舟のなかに、それにふさわしい設備があるはずがない。といって、敬児の真摯な言葉の直後に扉を開け、大河に向かってわが身の解放を果たすことは、とてもできそうになかった。わたしはさりげなく腕時計を見た。おそらく出航から一時間もすれば、モーターボートの青年が戻ってきて、小舟を岸辺へと誘導してくれるだろう。あともう少しの辛抱だ。

四〇分が経ち、五〇分が経った。期待通り、エンジンの音がふたたび聴こえてくる。青年が小舟の窓を開け、話しかけてきた。だが、何としたことか、これで救出されたわけではなかった。わたしの苦境を知らぬ敬児は、平然とビールの追加註文をし、それを受けた青年は窓から瓶を二本差しいれると、ふたたび岸辺へと去って行ったのである。

それから後のことは、ほとんど記憶にない。太宰治のことで敬児が何か話しかけてきたのだが、わたしは上の空で聞いているばかりで、心中は苦行に耐えることとしかなかった。脂汗をかきながら彼女の勧めるビールをさらに呑み、つとめて平生を装ってさらに一時間。微かにエンジンの音が聴こえてきたころには、意識は大河と同じく霧に包まれ、朦朧としていた。

岸辺はすっかり暗くなっていた。わたしはただちに小屋の裏側に設けられたトイレに駆け込み、心の解放を得た。その間に舟とビールの代金は、敬児によって払われていた。所在ないわたしは青年にチップを払おうとしたが、彼はもうお連れ様から頂いておりますと、さりげなく答えた。敬児は何もいわず、少し離れたところでわたしと青年のやりとりを冷たく見つめていた。

わたしたちは永東大橋を歩いて渡った。一番近いバス停が橋の向こう側にあったからである。敬児はふたたび何もいわなくなり、わたしは疲労感に襲われていた。一五分ほどの歩行時間が永遠に終わらないかのような気になった。

戒厳令下ということもあって、バスはひどく遅れて到着した。そして、おお、何としたことか。最初に降りてきた客は、敬児と同じ教室にいる女子大生だった。彼女はわたしたちの姿を認めると、見てはいけないものを見てしまったかのような表情をし、慌てて道を走り出した。わたしは唖然として立ちつくしていた。敬児はあいかわらず無言だった。

三日後、わたしはTVで大統領の国葬の様子を見た。外国人参列者で最初に焼香をしたのは、日本の元総理大臣だった岸信介だった。遺族席には白いチマ・チョゴリを着た二人の娘と軍服姿の息子がいた。あのお嬢さんを日本の筑波大学に留学させたのが、大統領のただ一つの、個人的な贅沢だったのさと、誰かがいった。それが本当なのか、わたしには判断がつかなかった。

さらに一週間が経過し、わたしは大学から突然の通知を受けた。向こう一週間だけ授業を行ない、期末考査を実施して、今年度の学期は修了するという。わたしは久しぶりにK大学に出講した。出席をとるさい、敬児の名前を読み上げたところで、微かな笑い声が生じた。バス停で出くわした女子大生がさっそく教室中に噂を広めたことは、瞭然としていた。噂はおそらく主任教授の耳にも達していたのだろう。彼は間接的にいった。ヨモタさん、どうですか。来年度もこの大学に残っていただけるのでしょうか。

日本に戻ったわたしは、それ以来、一年に一度は何かの用事でソウルを訪れることになったりした。そのたびにK大学で担当した学年の面々が連絡を取り合い、小さな同窓会が行なわれた。

教え子たちはその日本語能力を買われ、商社に就職したり、高校の日本語教師になった。国家安全企画室、つまりかつてのKCIAに職を得た者もいた。だが敬児はけっして顔を見せなかった。

二〇年ほどの歳月が経過し、大学の副学長となったかつての教え子がわたしを学会に招聘したとき、わたしはそれとなく彼女のことを尋ねてみた。あの人はパイロットと結婚してから離婚し、今はどこで何をしているのか、自分たちも何も知らないのですと、彼は答えた。

トゥクソムに足を向けることは絶えてなかった。いや、正確にいえば、映画のなかで一度だけ、現在のこの場所を観たことがある。アメリカ軍基地から漢江に流された化学物質が原因で巨大な爬虫類が出現し、人々に襲いかかるという筋立てのフィルムである。怪物《クエムル》が出現するのがトゥクソムという観光地だと、わたしは後で教えられた。

カメドン　1980

「まずグループを作ることね。それから、これはという空家を見つけたら、ただちに部屋の窓にカーテンを引くこと。カーテンさえあれば人が住んでいるという証拠になり、他の人が乗っ取りに来ないからね」

カズコはそういって、スクウォッティング squatting のやり方を教えてくれた。住居乗っ取りのことである。

ロンドンには誰も住んでいない空家が少なくない。物価は安くない上に失業率は高く、若者たちは困り果てている。あるとき誰かがスクウォッティングを始めると、さっそくそれを真似する者が続出した。警察は立場上は追い出したいのだが、うまく規制できず、実際には半ば黙認の状況にある。

カズコは東京で、わたしの大学時代の同級生だった。お祖父さんとやらがTV局を作った人物とやらで、たいそうお金持ちの家らしい。あるときホームパーティに呼ばれたので行き方を訊ねたところ、田園調布の駅前の交番で、とにかくこの町で一番大きな家はどこですかと聞けばすぐに教えてくれるわよといわれた。そのカズコが大学を出てロンドンに渡り、孤軍奮闘しているらしい。あるとき、ソウルにいたわたしのもとに突然に手紙が来て、大きな家が手に入ったから遊びにいらっしゃいよと書いてある。アーチウェイはコーンウォリス一〇七番地。地図を頼りに古びた家に足を踏み入れたとき、最初に説明してくれたのが家の乗っ取り方だった。

家にはすでに五人の人間が住んでいた。カズコの他には、友だちで尺八の演奏家のクライヴ。何をしているのかわからないトニー。トニーの友だちのドイツ女性。そして編集者のスーだった。もっともスーはミュージシャンのデイヴィッドのところに入りびたりで、いつも家を留守にしていた。彼女の部屋には、バンコクのエメラルド寺院にある『ラーマーヤナ』の壁画のポスターが貼られていた。

カズコは玄関に入るや、まず台所のガスレンジのスウィッチをいくつも捻った。ストーヴがないから暖房代わりだという。生ゴミは迷わずトイレに流した。寝るときは床にマットを敷いて、寝袋で寝ていた。まさかこんなところに居候をするとは思っていなかったので、わたしは日本から寝袋など持ってこなかった。だったらスーの部屋に泊まって、そこにある寝袋をしばらく使うといいわと、カズコ。マットレスだってあるし。

こうしてわたしのロンドン生活は開始された。

若いころイーストエンドに住んで、『パリ・ロンドンどん底生活』を書いたジョージ・オーウェルですら、きっともう少しマシな生活をしていたのではないかなと、わたしは思った。しかし乗っ取りの生活は愉しく、誰もが親しくつきあってくれた。そしてカズコは生き生きとしていた。

朝に目が覚めると、警官がわたしを覗き込んでいることがあった。また一人増えたなと彼はいい、わたしにパスポートの提示を求めた。カズコとクライヴが、これから乗っ取りを認めようという抗議デモに出かけるからいっしょに来ないかと、わたしを誘った。近くの公園で開かれた集会には、二〇〇人ほどが集まっている。ほとんどが乗っ取り組だ。誰かが何か喋り、歌を歌った。それからデモになった。先頭には五人の妊婦。それから子供たち。ローラースケートを履いて、あちこちを飛び回っている子供がいた。次に普通の大人たち。思い思いに楽器を手にして演奏している者もいれば、白熊や虎の着ぐるみを被っている者もいる。その側を警官が真面目くさった顔つきで歩いているのが、何ともおかしかった。

何という違いだろうと、わたしは思った。わたしは一九六〇年代後半に、高校生としてヴェトナム戦争反対の運動に参加した。デモに出るには悲壮な覚悟が必要だった。最初にデモに出た日に運悪く隊列の一番外に回されてしまい、腕時計を壊されたり、機動隊に殴られたりしたからだ。それに比べてロンドンのデモは何と和気藹々としていることか。これではまるでお祭りではないか。しかし、それは正真正銘の抗議運動だった。

ロンドンではいろいろな体験をした。ウォータールー橋を渡ったところにある国立フィルム劇場の地下で、ばったりジャン＝リュック・ゴダールと出くわしてしまったり、コヴェント・ガーデンの書店で、朗読会の打ち合わせに来たロレンス・ダレルと言葉を交わしたりした。ロバート・フリップがT・S・エリオットを引用しながら作曲と演奏を説明するワークショップに出かけたり、ラテン語で撮られた世界でただ一本のフィルムだという、デレク・ジャーマンの『セバスチャン』を観に行ったりした。

コーンウォリスの家では、朝食は乗っ取り仲間が互いに持ち寄るという約束だった。つまり古パンと紅茶。それ以上に何も取り決めはない。わたしは出かけるときいつも八百屋でバナナをこっそりと買い求め、名画座の暗闇のなかや公園のベンチのうえでそれを食べた。さすがに夜だけはお皿に載った食べものを食べた。ソーホーの傍らにある中華街でスープ麺を啜っているだけで、幸福になった気になった。いや、本当に幸福だったのだ。

ロンドンで嬉しかったのは、あらゆる美術館が無料であったことである。大英博物館も、ナショナル・ギャラリーも、ヴィクトリア&アルバート博物館も、すべて自由に入場することができた。わたしが知り合いになった人物のなかには、仕事が終わって時間があると、いつもナショナル・ギャラリーにあるレオナルド・ダ・ヴィンチの絵を見に行くという青年がいた。『岩窟の聖母』の前に立っていると、しばらくして癒された気分になる。するとさっと引き上げるのだ。もし美術館が日本のように高額の入場料をとる管理空間なら、このような芸当は不可能だろう。テートでわたしは、クリヴェリとフランシス・ベーコンを発見した。またミレーが描いた、花々に囲まれて水面に漂っているオフィーリアの絵を見た。留学生の夏目漱石が感動して、帰国してから『草枕』のなかで言及したという、美しい油彩である。

美術館や映画館に飽きると、ハムステッド・ヒースに出かけた。ここは一応、公園と呼ばれているが、芝生に立ち入り禁止の掲示のある日本の庭園とは対照的に、自然のままの森がどこまでも続いている。うす暗い針葉樹林のなかを廻り、小さな木橋を渡り、広々とした野原に出る。すべての規模があまりに広大で、わたしは何度足を運んでも道に迷ってしまった。森の樹木にむかって、歌を歌いながら石を投げている女性がいた。何をしてるのかと尋ねると、歌を歌いながら石を投げているのだと、答えが返ってきた。

歩き疲れてベンチで一服をしたとき、わたしは背凭れの部分に文字が刻み込まれているのに気付いた。そこには一人の女性の名前が、生没年とともに記されていた。どうやらそのベンチは、彼女の夫が亡き妻の思い出に因んで、公園に寄進したものであることがわかった。おそらく彼らは老境にいたるまで、ハムステッド・ヒースを歩くことに悦びを感じていたのだろう。なるほど、それがロンドン的人生というのかもしれないと、わたしは感心した。

ロンドンの秋は短い。九月に到着したときにはまだ陽射しのなかに暖かさが残っていたのだが、一〇月も半ばを過ぎるとすっかり寒くなる。ハムステッドの風景に陰鬱さが増してくる。「われらが不満の冬」という、シェイクスピアの科白が思い出された。わたしがこの言葉を口にすると、コーンウォリス街の住人の一人、クライヴが、それは違うねといった。確かにロンドンの冬は陰鬱だ。けれどもそれをひとたび体験すると、ディケンズを今までよりいっそう深く読むことができるようになるよ。ディケンズだけじゃない、ひょっとしたら、マードックでさえ。

Camden は現在の日本では、「キャムデン」とか「カムデン」と綴るのが普通のようだ。だがカズコとその周囲は、いつも「カメドン」と発音していたような気がする。わたしは、亀の丼とは憶えやすくていいやと思った。

カメドンの町は乗っ取りアパートのあるアーチウェイから、ノーザンラインの地下鉄で三つ目の駅、カメドン・タウンを出たところから始まっている。駅前の大通りにはカメドン・プラザというアート系の映画館があり、右に少し歩いていくと、運河に出くわす手前にコンペンディアムという書店がある。小劇場があり、ちょっと面白いパブや安いレストランがある。ロンドンの中心地から少し離れているが、ハムステッド・ヒースの広大な森まではいかない。外国の観光客が訪れることは少なく、むしろロンドンの若者が反体制的な文化を求めて集うといった雰囲気の町だ。カメドンにはある種の独立性が感じられた。もし東京で譬えるなら、岡崎京子が住んでいたころの下北沢だろう。

カメドン・プラザでは何本もフィルムを観た。ゴダールの『勝手に逃げろ』がロードショー公開されていたので、二回続けて観にいった。アブラゼというグルジアの監督が撮った『幸せの樹』という作品を発見し、深く感動したのもこの映画館でのことだ。映画を観た後でコンペンディアムに立ち寄るというのが、わたしのお決まりのコースとなった。この書店は一階が映画や美術関係で、地下にフェミニズム専門のコーナーが設けられている。他にもたくさんの同人誌やミニコミが置かれていて、壁に貼られているポスターやチラシを見ると、ロンドンで目下生じているアートの主だった情報を知ることができた。

映画コーナーで、わたしは『ワイド・アングル』や『シネ・トラクト』『スクリーン』という映画研究の専門誌を発見した。とりわけ『スクリーン』に興味と共感を覚え、バックナンバーをせっせと買い集めた。ジョフリー・ノエル＝スミス、ローラ・マルヴィ、スティーブン・ヒース、コリン・マッケイブといった執筆陣は、当時はまだ三十代から四十代だったと思う。マッケイブとマルヴィは、ゴダールについて最初の共著を刊行したばかりだった。ヒースの英語はとにかくべらぼうに難しかったが、ラカンを駆使して懸命に大島渚を分析していた。彼らはデリダとドゥルーズに言及することこそなかったが、フランスの現代思想に影響を受けながら精緻な理論的探究を行い、精神分析とポスト構造主義をなんとか映画研究に導入しようと腐心していた。この雑誌に廻りあったことは、映画研究家としてのわたしの、その後の歩みを決定的なものにした。

それから三〇年以上が経過し、その間にわたしはここに掲げた研究家のうち、ヒースを除く三人とはシンポジウムの席をともにしたり、研究室に遊びに行ったりする関係になった。彼らは揃って、あの当時の『スクリーン』が一番面白かったと語った。最後に会ったときマッケイブは創価学会に入信し、ヒースにも入信を勧めるとか話していた。あの話はその後、どう進展したのだろうか。


話が少し専門的なことに脱線してしまったので、カメドンに戻ろう。

コンペンディアムから地下鉄の駅に戻り、運河を横切って少し歩いたところに、カズコが通っている映画製作コープがあった。彼女の勉強がすむまで向かい側にあるエンジニアというパブでビールを呑んでいると、角刈りで黒ずくめの青年が入ってきた。よく見ると、手がペンキで汚れている。何とはなしに目が合ったので、日本から来たのだと話すと、YMOというのは労働者階級出身ではない日本最初のバンドだと聞いたが、はたして本当なのかと、いきなり訊ねてきた。わたしは階級というものに確乎たる観念をもっていなかったので、返事に窮した。するとカズコがパブの扉を開けて入ってきて、わたしたち二人に声をかけた。彼らは仲間うちだった。青年はデイヴィッドといい、「フライング・リザード」というグループをしばらく前に結成したと、改めて自己紹介した。ああ、こいつがスーの恋人というやつだなと、わたしは思った。

ロンドンを去る前の晩、わたしは「エンド・オブ・ザ・ワールド」というパブでカズコと待ち合わせた。地下鉄の駅のすぐ近くにあって、わたしは前々から名前が気になっていた。最後の機会だから、そこを指定してみたのだ。「世界の終わり」ってすごい名前だよなあと、わたしがいった。でも、もう世界の終わりって、とうに来ているのかもしれないと、カズコは答えた。

ロンドンにいたわたしは、ちょうど一年前の秋に非常戒厳令のソウルを彷徨っていたことを、すっかり忘れていた。韓国はわたしに歴史を学べと要求してきたが、ロンドンは逆に、歴史から汝自身を解放せよと託宣を下した。もし歴史が悪夢の連続であるとすれば、そこから目醒めるためには芸術を媒介とするしかないと、この都市はわたしに教えてくれた。

カメドンを再訪したのは長い歳月の後である。

カズコはもうとうに、アパート乗っ取りから卒業していた。アーチウェイに一軒家を買い求め、五〇歳を超えて高齢出産に成功。子育てを続けながら、フランク・チキンズという音楽グループの頭目として、TVでレギュラー番組の司会をしたりしていた。わたしが正午過ぎに訪れると、彼女は餃子というものを料理するのは生まれて初めてだといいながら、昼食を出してくれた。わたしたちは久しぶりに、ゆっくりと話をした。東京大学の安田講堂に学生たちが立てこもったとき、カズコの母親が割烹着を着て現場を訪れ、学生と機動隊の両方にキャラメルを配りながら、仲裁を提案したという思い出話になった。わたしはこのお母さんが好きだった。

夜にはバレエを観に行く予定だった。それまでどうやって時間を潰そうかというと、カズコは、それだったらカメドンが近いから寄っていったらと提案した。でも、ひょっとしたらがっかりするかもねと付け加えながら。わたしは昔のようにノーザンラインに乗って、三つ目のカメドン・タウンで降りた。

カメドンは大きく様変わりしていた。いたるところにケバブ屋とタイ料理店があり、「カメドン」と大書したTシャツやバッジ、バッグといったお土産物を売っている店が並んでいる。ハローキティやアニメのキャラのグッズも売られている。通りという通り、路地という路地が、若者でごった返していた。カメドン・プラザはみごとになくなっていた。わたしはコンペンディアムの方角を眺めたが、書店もまた跡形なく消えていた。

これじゃあまるで原宿じゃあないかと、わたしは溜息をついた。カメドンはアンダーグラウンドの文化の拠点であるという矜持を捨て、今では世界のどこにでもある、若者向けの観光地へと成り下がってしまったのだ。

気が付くと、いつしか「エンド・オブ・ザ・ワールド」のところまで来ていた。このパブだけは変わっていなかった。わたしはエールを註文し、いかにも東欧から来たばかりといった感じのバーテンからグラスを受け取った。

ダブリン　1980

一〇時きっかりに太い音を立てて汽笛が鳴ると、とたんに甲板の方が騒がしくなった。大勢の人が詰めかけ、歓声をあげている。わたしの目の前でも、急いで走り出す男女がいる。何が起きたのだろうと不思議に思っていると、かたわらにいた、いかにも英国人らしい中年紳士がこちらにウィンクの合図を送り、いささか馬鹿にしたような表情で、群衆の興奮を眺めている。

気になって船室を離れ、甲板に向かった。汽船の出発と同時に船内アナウンスがあり、パブの開店が告げられたのだった。たちまち行列が出来ている。誰もが濃い色のギネスを呑んでいる。このときわたしは思い当った。ギネスがダブリンの誇るスタウト・ビアであること。そしてパブのなかでお喋りをしながら、知らないどうしでも乾杯をしている人たちが、残らずアイルランド人であることを。彼らの心はリヴァプール港を離れた瞬間から、もうすでに故郷に到着していたのである。

ロンドンの乗っ取りロフトを離れてダブリンに旅行するのには、二つの動機があった。一つは、大学院で修士論文の対象としたジョナサン・スウィフトという一八世紀の文学者が、その都市で生まれ、後半生を蟄居同然の身でそこで過ごしたこと。スウィフトの見ていた風景を見ておきたいという気持ちがあった。加えてイエーツからジョイス、ベケットまで、わたしが英文学のなかでとりわけ関心を抱いていた作家詩人に、多くのアイリッシュがいた。彼らがいずれも奇矯な想像力をもち、猥褻にして黒い諧謔に長けていることに、すでにわたしは気付いていた。

もう一つは、アイルランドが大英帝国の最初の植民地であったという事情に関係していた。イギリスが僕の国を盗んだから、僕は仕返しにあいつらの言葉を盗んでやったまでさと、オスカー・ワイルドは嘯《うそぶ》いてみせたが、アイルランド人は対岸のイギリスをどう眺めているのだろうか。ロンドンに渡る前、わたしは韓国で一年を過ごしている。日本によって強制併合されたこの国は、現在も国土が南北に分断され、人々は日本に複雑な感情を抱いていた。アイルランドも一応の独立は果たしたものの、いまだに北部がイギリス領のままであり、分裂問題を抱えている。この二つの社会を自分の眼で比較してみたいという気持ちがあった。とはいえ、ロンドンで居候を決め込んだ先のカズコも、彼女のまわりのミュージシャンたちも、一人としてダブリンに足を向けた者はいなかった。きっと何もないよ、ヴィレッジじゃないかなと、一人はいった。

早朝に到着したダブリンは小雨が降っていた。わたしはこの国に二週間ほど滞在したが、その間どこに行こうとも冷たい雨は降り続け、空はいつも鼠色にくぐもっていた。

桟橋からバスで市内に着いたわたしは、まだうす暗いなかを歩き回った。小さな料理屋の二階に宿を見つけ荷物を置くと、ただちに市内見物に出かけた。途中でわたしは橋を渡った。下には穏やかに流れる水が見える。ジョイスが『フィネガンズ・ウェイク』のなかで「世界中の河という河の母親」であると称えた、リフィー河だった。それが期待に比べてあまりに慎ましやかな流れであることに、わたしは驚いた。そして大陸で職探しに四苦八苦しながらも、この流れに対してオマージュを忘れなかったジョイスのノスタルジアの深さを想った。追憶の眼差しにあっては、すべてのものが巨大で、あたかも天空を支配するかのように見えてくるものなのだ。

トリニティ・カレッジの図書館には、『ダロウの書』と『ケルズの書』が、部屋の中央に展示されてある。いずれもが七世紀から九世紀ごろに製作された、大判の福音書写本である。これは驚異的な書物だった。扉頁を見ると、いたるところで大小さまざまな渦が回転し、びっしりと平面を埋め尽くしている。朱とも黄ともつかない渦は、それだけで古代の墳墓の壁に描かれているような呪術性を帯び、見ているわたしに眩暈を起こさせた。それはキリスト教がケルト社会に魔術的な知としてもたらされ、それ以前から存在している呪術的思考をいっそう増幅させたことを告げている。同じくカトリック文化であっても、ローマとビザンチンはかくも過剰な装飾性に耽溺することはなかった。そこには公式的な教義の到来以前にこの地を支配していた信仰の、無意識的な記憶の発現があるように思われた。一つひとつの渦巻きはそのまま迷宮だった。迷宮の内側に複数のさらなる迷宮が隠され、それぞれが共鳴しあって、とてもこの世のものとは思えない強烈な波動を起こしていた。これが世界の構造なのだ、お前はそれに参入するだけの勇気があるかと、問い質されているような気持ちになった。

聖パトリック大聖堂はわたしに、まったく異なった印象を与えた。スウィフトはロンドンでの政治的栄達の道を閉ざされ、生地ダブリンに逃げ込むように戻り、匿名で『ガリヴァー旅行記』を刊行した。彼にとって、主任司祭として三二年の歳月を過ごしたこの教会はどのような意味をもっていたのか。大方の住人がカトリックである都にあっては、かつてカトリック教会を廃絶せしめて成立した英国国教会の首席司祭とは、支配者であるイギリスの尖兵に他ならない。スウィフトは悪貨鋳造問題に怒り、イギリス政府と王室を一度は敵に回したことがあった。彼にとって自分が辿り着いた地位が素直に悦べるものであったかは疑わしい。著作に見られるグロテスクな笑いと糞便趣味は、彼の挫折と孤独に由来している。

聖パトリック大聖堂の片隅には、スウィフトと愛人のステラの墓が並んで置かれていた。スウィフトが彼女と生涯にわたって性交渉を避けたのは、実は彼らが兄妹であったという書物を、わたしは大学院時代に読んだことがある。真偽のほどはわからない。ともあれこの呪われた人物が財産のすべてを精神病院設立のために遺し、愛人のかたわらに眠っているのを知って、わたしはいくぶん慰められたような気になった。

だがこの教会には、さらに思いがけないものが陳列されていた。一八世紀に、アイルランド人でありながら貴族に叙された者たちが設立した、聖パトリック勲爵士団の夥しい遺品である。勲爵士団の面々はインドで、ビルマで、アフリカで、大英帝国のために勲功を立てると、軍旗から軍刀、甲冑、頸飾までを、この教会に寄贈した。教会には何体もの巨大なユニオン・ジャックの軍旗が掲げられ、その側には団員たちの栄光ある戦いとその最期のありさまが、荘重なレリーフとして展示されていた。軍旗は汚れ、破れ、ところどころに黒い血の染みがついている。アイルランドが国家として独立してすでに半世紀が経過していたが、この教会にはいまだに元宗主国の旗が、栄光のもとに飾られていたのである。

グロテスクなものを見たなというのが、率直な感想だった。もっともこのグロテスクは、スウィフトやジョイスの文学作品に見られるグロテスクとは別次元のもので、イギリスの植民地主義がアイルランド人を馴致させ、死地に赴かせたことに由来している。「歴史とは、僕が目醒めたいと願っている悪夢のことだ」と、ジョイスは『若き日の芸術家の肖像』の主人公に語らせている。ジョイスが生涯に及ぶ亡命を決意したのは、この歴史の悪夢から逃れたかったからだが、亡命の直後から彼は深い郷愁の囚人となってしまったのだ。

ダブリンにしばらく滞在していると、さらに進んで西の方へ行ってみようという気持ちになった。そこでリフィー河をどんどん西へ遡り、ヒューストン駅から列車に乗った。雨はここでもわたしを追いかけてきた。

列車が動き出すと、しばらくして外の風景は緑一色となる。土地と土地とは、石を積みあげた塀によって区切られている。他にはときおり円塔や小屋、教会が見えるばかり。どれもが灰白色の石造りであり、人の姿はまったくといってよいほど見かけなかった。緑豊かな放牧地である以上、荒涼とは呼べないが、それにしてもこの閑散さは気になった。それには理由がないわけではない。アイルランドは一九世紀の中ごろに生じた大飢饉によって大量の餓死者を出し、そこにアメリカへの移民熱が重なったため、現在に至るまでアイルランド共和国の人口は、当時の半分までにも回復していないのだ。

風景の単調さに飽きたわたしは、ダブリンを出しなに書店で見つけた、ヴィヴィアン・マーシアの『アイルランドの喜劇的伝統』という書物の頁を捲り始めた。そこには中世からゲール人の間で伝えられてきたという、信じがたい謎々が紹介されていた。

「母親の子宮のなかで父親の軀《からだ》を食べる息子とはなあに?」「神聖なる教会で司祭が口にする、神の聖体のことさ」

「一度も生まれたことがなく、これからも生まれるはずがないのに、なぜか息子と呼ばれている息子とはなあに?」「崖の息子、つまり木魂のことさ」

この書物にはシーラ・ナ・ギグといって、手でみずからの性器を思い切り拡げてみせている女性の石像が、アイルランドの教会や城の廃墟から多数発見されていると記されている。ゲール人は悪鬼邪霊を避けるため、女陰のグロテスクな形象に魔術的な力が宿っていると信じていたのである。

マーシアが次々と紹介してみせるアイルランド文化のグロテスクは、どこかで数日前に見た聖書写本の迷宮的な装飾性にも通じているはずだ。わたしはそれを突き詰めて考えてみたいと思ったが、窓の外にいつまでも続く緑を眺めているうちに、いつしか眠ってしまった。

ゴールウェイに到着すると、雨のなかをただちに観光案内所に向かった。アラン島に向かう翌日の船を確かめたかったのである。天候が悪いから明日は船を出せないと、職員はいった。外に出ると、大通りには誰も歩いていなかった。ケネディ通りにケネディ公園があるのは、アメリカの大統領の先祖がこの町の出身だからだろうか。それとも何かの理由で大統領本人が訪問したからだろうか。陰鬱な空の下を民宿を探して歩いていると、いく筋にも分かれていた河が静かに海に流れ込んでいるのが見えた。

翌朝もまた雨だった。わたしは島を諦め、ゴールウェイからリムリック、トラリーと、バスを乗り継いで南下し、アイルランド最西端のディングルに向かうことにした。『ライアンの娘』のロケ地を、自分の眼で確かめてみたかったのである。ここでも風景は緑の放牧地と石造りの小屋と円塔ばかりだった。夕暮れどきには、小学生の下校用のスクールバスに乗せてもらった。ディングルに到着したときには、さすがに雨はあがっていた。とはいえ大気は冷え切っていて、通りを歩いている人は誰もいなかった。食事ができるのは、わたしが泊まることにしたホテルだけだった。もちろん客はほとんどいない。

ディングル半島の一帯は、アイルランドでも有数のゲールタハト、つまりゲール語使用地である。わたしはスクールバスのなかで、子供たちにゲール語で何か話してほしいと頼んだ。彼らは、学校で習うけど、使わないからよくできないよといい、フランス語の方がやさしいよと付け加えた。もっとも車窓から見える道路標識は英語とゲール語の二通りが記され、英語の方が黒く塗り潰されているものを見かけた。

ディングルは波止場から延びている通りに郵便局と何軒かのホテル、お土産用のセーター屋があるのを別にすれば、他には何もない、ひどく小さな町である。次の日、曇り空に晴れ間が見えたのを好機と見てわたしは自転車を借り、半島を一周してみようと思い立った。これは痛快な体験だった。わたしは断崖絶壁の上から生まれて初めて大西洋を眺め、ロンドン以来の昼食と化した感のあるバナナを食べ、缶ビールを呑んだ。走行の途中、一台の車にも出くわさなかった。緑の放牧地では、牛と羊がのんびりと草を食《は》んでいる。たくさんの石が半ば崩れたまま積み上げられ、その下に暗い窩《むろ》が作られている。自転車を停めて近づいてみると、それが古代人の住居跡だとわかった。ゲール人がヨーロッパ大陸からこの島に移住したのは、紀元前三世紀ごろである。となるとこの遺跡は、さらに以前からここに住んでいた者たちのものなのだろう。

だがこの遺跡を過ぎたあたりで急に天候が悪化し、空は陰惨な表情を見せ始めた。何か小石のようなものが顔に当たったと思うと、はたして雹だった。一面の緑のなか、身を隠すべき場所はどこにもない。とにかく無我夢中でペダルを漕ぎ、夕方になってようやくホテルに戻ることができた。

ディングル半島の最先端まで来てみると、さすがにもういいやという気分になった。そこで翌朝は停留所で、前に乗ったスクールバスを待つことにした。信じられないことだが、午前八時であるにもかかわらずその前のパブが開いていて、なかから主人がわたしを手招きしているのだった。もうすぐバスが来るのだと断っても、まあせっかくこの町に来たのだから一パイントだけ呑んでいけという。バスの方は俺が待たせておくからと、いとも気楽に請け合ってくれる。開店閉店の時刻に厳しいロンドンではありえないことだ。主人はパブをプブ、バスをブスと発音した。そこでギネスを呑みながら主人と話していると、まもなく登校用の子供たちを満載したバスがやって来た。トラリーの鉄道駅へ向かうバスのなかでわたしはある生理的欲求に苦しめられたが、もはや後悔しても無駄だった。

ダブリンに到着すると、リヴァプール行の夜の船にはまだ少し時間があるとわかった。おりしもダブリン演劇祭の最中で、バスターミナルの地下の劇場で『ノラ』という芝居を上演している。ノラというからにはイプセン原作かと思って観に行くと、これが大違いで、ジェイムズ・ジョイスの妻、ノラ・バーナクルを主人公にしたオペレッタだった。

四人の楽士がジンタ音楽を始めると、ダブリンのホテルと思しき舞台に若き日のジョイスが登場する。続いてメイドのノラ。二人が愛を語ろうとすると悪魔が出現し、それを妨害する。舞台は変わって、チューリッヒのカバレー・ヴォルテール。ここでは悪魔はレーニンに化けている。第三幕ではトリエステ。悪魔はイタリア語の家庭教師に化けて、みたびノラを誘惑する。なかなか小気味よい展開で、不遇の天才文学者を夫にもった女性の、異国での寄る辺なさが描かれている。いい芝居だなと思ったが、残念ながら港へ向かうバスの出発時間が迫っていたので、半分ほどで切り上げなければならなかった。

リヴァプール経由でロンドンに到着したのは、翌日の午後である。イギリスの入国管理所では、職員が若者に向かって大声で怒鳴りつけていた。若者はじっと下を向いたまま、それに耐えていた。

ダブリンではもちろん紙幣の両替はしたが、イギリスの硬貨はそのまま自由に使用することができた。ロンドンに戻って何気なくアイルランドで使い残した硬貨を使おうとしたところ、ただちに突き返された。イギリスとアイルランドとでは同じ貨幣システムを取っていても、兌換率が一対一ではなく、アイリッシュ・ポンドの方が少し弱いのである。わたしはそれを忘れていた。ポケットのなかには、アイルランドで受け取ったイギリス硬貨がまだいくつか混じっていた。エリザベス女王の肖像のある五〇ペンスである。よく見るとその一枚には、眼のところに穴が穿たれていた。

ナポリ　1985

ヴァルター・ベンヤミンが『都市の肖像』のなかで、聖書に語られている七つの大罪をイタリアの七つの都市に対応させている。その見立てが面白い。

高慢はジェノヴァである。吝嗇はフィレンツェ。贅沢はヴェネツィア。これもいかにもその通り。憤怒がボローニャで、大食はミラノ。これもわかる。そして嫉妬はローマ。ああ、モラヴィアの町だ。では怠惰はというと、ここでナポリの出番となる。ヴェスヴィオ火山を背景とするこの大仕立ての都市は、交通においても、衛生においても、また賭けごとへの熱中においても、いっこうに事態を解決しようとする素振りをみせず、巨大な混沌として留まっているからだ。およそ勤勉さとは縁がない。ベンヤミンはそこを見て、ナポリの記章《エンブレム》は怠惰だと見抜いたのだろう。

ナポリにはもう何回、足を運んだだろうか。イタリアで映画祭や学会があると、こっそりと日程に余分の何日かをとり、そのたびごとに立ち寄っていたのだから、かれこれ七、八回は通ったことになる。ローマから汽車に乗って行ったこともあれば、パレルモから一晩を汽船ですごし、早朝の港に到着したこともある。同じバロック趣味に飾られた町であっても、わたしの記憶のなかでナポリは、プーリアにある小さな町レッチェと対照的な位置にある。前者が煤で汚れた黒と深夜まで続く騒音を意味しているのに対し、後者は輝かしい純白と静寂を示している。

最初にナポリに到着したときの印象は、世のなかにかくも俗悪な都というものが存在していたのかという驚きだった。列車を降り、駅前の広場に出た瞬間に、わたしはそれを感じた。アフリカ人がいくつもの露店を出し、真昼間からアダルトヴィデオを売っていたからである。

建物の多くは古くて、煤で黒く汚れていた。廃墟のまま長らく放りだされている教会があり、路上には塵埃《ゴミ》が散乱していた。狭い路地のなかで車とオートバイが渋滞し、スクーターには親子四人が乗っていた。狭い通りの両方の窓からロープを張り、万国旗のように洗濯ものが吊るされていた。家々の前にはトウガラシを象ったお守りが吊るされていた。道に迷って人に尋ねると、説明するのももどかしいといった調子で、その場で案内してくれた。牛の胃《トリッパ》から茹で蛸まで、ありとあらゆる食べものを売る屋台があり、人々はレストランの卓に着きながら平然と彼らに註文をし、望みのものを運び入れてもらうのだった。人々は溶け出した雪の上を歩くときのように上滑りのする、ぐしょぐしょとした言葉遣いをし、しかもお喋りが大好きだった。わたしは安宿を探して、下町の路地を彷徨った。一軒のホテルの前で戸惑っていると、すかさずはしっこい若者が現われ、すぐ近くのもっと安いホテルへと連れて行ってくれた。彼はそこの息子だった。ホテルの窓を開けて眠ると、遅くまで『ゴッドファーザー』の旋律が聴こえてきた。どこかで誰かが、夜更けまで騒いでいるのだった。

だがこうした庶民的で気さくな光景は旧市街の話であって、ひとたびフニコラーレという登山鉄道に乗ってヴォメロの丘に上がると、すべてが一変する。そこには一四世紀に建てられた修道院の建物と庭園があり、時間が静謐なままに停止しているような気がしてくる。街角の喧騒はもはや聴こえてこない。果樹が植えられた庭を散策し、断崖の前に立つと、そこからナポリの街角を一望のもとに見下ろすことができる。右手に波止場の長い突堤、中央に王宮と城、そして左手にヴェスヴィオである。

この大仕立ての舞台装置がナポリにいささか時代遅れの、泥臭い観光地という印象を与えていることはいなめない。だがそれがひょっとして、この都市に住むあらゆる人々に、もの心つかぬころから、芝居っ気たっぷりの世界観を与える契機になっているのではないか。事実、イタリアの喜劇役者の多くはナポリの出身で、いたるところでナポリ弁を撒き散らしている。あるときわたしは地元の劇作家スカルペッタのお笑い芝居を観に行こうと、予約の電話をかけたところ、今日はイタリア語への通訳が準備できないけれどもそれでもよいかと訊ねられた。謹厳実直な教会の司祭が、夜になるとナイトクラブの花形ジャズピアニストに早変わりする。そのピアニストに道ならぬ恋をした女性が、なんと教会で司祭に懺悔をしてしまう。司祭＝ピアニストはすっかり当惑してしまう、といった筋立てだった。観客は司祭の一挙一動に笑っていた。

国立考古学博物館は、世界中にあまたあるこの手の博物館のなかでもとりわけ見応えのあるものだった。近隣の遺跡、エルコラーノとポンペイで発掘された彫刻とフレスコ画、モザイックの主だったものが、ここには陳列されている。夏の炎天下に、ドイツ語や日本語、英語の観光ガイドの声が飛び交うなか、一日をかけてポンペイの遺跡を駆けめぐった者には、人気のないこの空間で、出土品に静かに向かいあうことができるのは悦びだった。

モザイックには蛸や海老、魚といった海の生物から犬まで、数多くの生物が描かれている。ローマ時代のアルス・エロチカを示すフレスコ画の数々があり、美しい緑の陶磁器があった。興味深いのは、いかにも手で触って確かめてくださいといわんばかりに、ヴィーナスの彫像が無防備に置かれていたことだ。警備員の中年女性たちが隣の展示室に固まって、尽きることのないお喋りに耽っている声が聴こえてくる。わたしは咎める者のいないのを確認して、そっと彫像のお尻を手で撫でてみた。冷たいが滑らかで、どっしりとした質量が感じられた。刑務所然とした監視空間である日本の美術館ではこうはいくまいと思うと、愉快な気持ちになった。

考古学博物館では、もう一つ収穫があった。いつの時代の製作かは定かではないが、エフェソスのアルテミス像の複製を見たことである。この立像の女神は神聖なる冠を被り、胸に何十もの乳房をたわわに実らせている。最近の研究では、乳房と見えるものは、本来は儀礼のさいにあまりの興奮から、みずから去勢を行った僧侶たちの睾丸であるという解釈が一般的なようだ。ともあれ大地の豊穣と多産を約束するこのアルテミス像には、後にローマ神話で語られる、狩猟を好む獰猛な処女神という雰囲気はさらさらない。おそらくどこかで他の神格との混同がなされたのだろう。ともあれこのナポリでの出会いが契機となって、その後長きにわたってわたしはアルテミスの神格に興味を抱き、ローマのティボリ庭園からロンドンのジョン・ソーン博物館へ、さらには本家本元であるエフェソスにまで足を向けることになったのだから、この博物館訪問はわたしの無意識にとって小さからぬ意味をもっていたことになる。旅には人間をその後、当初は計画していなかった、思いがけない方向へと導いていく不思議な力があるのだ。

ナポリで訪れた教会や礼拝堂のことを書きだすと際限がなくなるのだが、ここではとりわけ強い印象を受けた二つの場所についてだけ書いておきたい。聖セヴェーロ礼拝堂と聖アゴスティーノ・アラ・ゼッカ教会である。いずれも旧市街を東西に分かつ通り、スパッカナポリにすぐのところにあり、わたしは滞在するたびにかならず立ち寄ることにしている。

聖セヴェーロ礼拝堂は貴族ライモンド・ディ・サングロが一八世紀の中ごろ、莫大な費用を投じて改築を行い、芸術家たちに内装を依頼した一族の墓所である。天井には光り輝く天国が雲のまにまに覗かれ、五月蠅《さばえ》なす天使たちが神の栄光を称えて戯れている。床には迷路模様が描かれ、堂内のいたるところに大理石の彫像が置かれている。もっとも有名なものは祭壇の前にあるキリスト像だ。このキリストは死して横たわり、足元に茨の冠と三本の釘が置かれている。だが記しておくべきなのは、彼の裸の遺骸が全身にわたって、あたかも濡れたかのような薄布で覆われていることだ。いうまでもないことだが、薄布もまた大理石で彫り込まれている。

この死せるキリスト像はわたしを驚かせたが、さらに深い感動を覚えたのは祭壇の左角柱にある女性像であった。彼女は目を細め、固く口を閉ざしながら首を少し横に向け、左手を前に広げながら、軀《からだ》を心もち反らしている。おのずから二つの乳房がせり出して見えるのだが、顔どころか軀全体がこれも薄布で覆われている。その姿はあたかも彼女の長い髪がそのまま拡がり、足先にまで到達してしまったかのようだ。ただ両の乳首だけが突起して、その周囲の薄布に微妙な皺を与えている。

案内書を読むと、これはアントニオ・コッラディーニなる彫刻家が礼拝堂改築に際して製作したもので、『貞淑』La Pudicizia という寓意的な題名が与えられている。祭壇の向こう側にはそれに釣り合うかのように、別の作者の手になる『覚醒』Il Disinganno なる男性像が置かれている。もっともこれは全身を覆う網から上半身をあらわにしてみせた男性像であり、優雅さにおいて相手側にはとうてい匹敵するものではない。コッラディーニの意図は寓意という口実のもとに、複雑な襞をもつ薄布に包まれた裸体、すべてが露わになりながらも、きわめて希薄な薄膜を通して不可視の存在と化している女性の身体を造形することにあった。この薄膜こそがまさに貞淑の定義なのだろう。それはいうなれば、前身を覆うに到った処女膜なのかもしれない。だがそれを通してわれわれは、この無垢なる女性が知らずと求めている、冷たい陶酔の存在を知ることになるのだ。ボードレールが『悪の華』で用いた「石の夢」という表現ほど、この彫刻にふさわしいものはない。貞淑さは極限にまで達するとエロティックに見えて来るという逆説を、わたしはこの像から教えられた。

わたしが感銘を受けたもう一つ、聖アゴスティーノ・アラ・ゼッカ教会はというと、ナポリで最大の規模を誇る教会である。この教会を前にして感じたのは、大いなる神秘と脅威の現前であった。というのもこの教会は一三世紀にアウグスティヌス修道会のために建てられ、一五世紀に今日の形に再建されたのだが、地震による被害のために大分前から閉鎖され、現在では廃墟同然の姿で放置されているからである。夜遅くホテルに帰る途中、ふと寄り道をしてその前に立ってみると、四階建ての教会と鐘楼が黒々と聳え立つさまは、さながらヴィクトル・ユゴーの幻想的な水彩画のように見えた。

教会の門は厳重に施錠されている。それでも目を凝らして眺めると、暗闇にもいろいろと度合があることがわかり、階段に複雑な渦巻模様が施されていたり、正面の扉の上に三つの髑髏が刻み込まれていることがわかる。まさに『マンク』やら『放浪者メルモス』といったゴシック・ロマンスの舞台にうってつけの教会であり、今にも血まみれの尼僧が中から出てきそうな感じがする。今、わたしの手元にある『聖なるナポリ』なる大判の教会案内書を繙くと、施錠される前に撮影されたと思しき教会の内側が紹介されている。そこには日本の仁王像よろしく異端者を踏みつけにする聖アウグスティヌスの巨大な彫刻やら、聖モニカに袴を与える聖母のフレスコ画やら、興味をそそるものが陳列されているらしい。

おそらく内部は地震で破壊されたままなのだろう。ことによると彫刻のなかには、盗み出されていたものもあるかもしれない。案内書を繙いてみると、ときおり大臣が改修に言及したことがあると記されているが、わたしがナポリに通っている三〇年の間、事態にいささかも進展はない。旧市街の一角にかくも広大な教会が放置されたままになっているという事態はただごとではないとはいえ、ナポリという都市はそのように、いかなる逆説や矛盾も平然と呑みこみながら現前しているのだ。はたしてわたしは生きている間に、この偉大なる教会のなかに足を踏み入れ

コッラディーニ『貞淑』

ることができるだろうか。

ナポリの魅力、その泥臭く芝居っ気たっぷりの人々の身振りと都市の景観の魅力については、語りだすと終わりがない。市場の喧騒についても、魚料理の豊かさについても、独特の方言についても、語っておきたいことは一冊の本にしたいほどにある。だがそれを諦め、最後にヴェスヴィオとクーマについてだけ書いておこう。

ヴェスヴィオは誰もが知るように、紀元七九年の大噴火によって、エルコラーノとポンペイの両都市を一瞬にして溶岩で埋《うず》め尽くした、獰猛この上もない火山である。ここに登るには、エルコラーノから日に数本しかないバスに乗ることになる。バスの運転手は親切な男で、頂上には何もないからパニーニくらい先に買っておいた方がいいよと助言してくれる。ほどなくするうちにバスは火山の勾配に差しかかり、しだいに周囲の風景に真っ黒な溶岩が目立つようになる。恐ろしいヘアピンカーヴが繰り返される。

バスは火山道の中途にある土産物屋の前から先には進めない。わたしを降ろすと、ただちに下界にむかって引き返して行く。ここからは一時間少し歩かなければならない。荒涼とした山肌の陰惨さはこの上なく、さながらダンテの描いた地獄を逆さまにしたような陰惨さが窺われる。山頂には何軒かの土産物屋があり、番人らしき者を見かけた。こんなところで働くとはよほどの人間嫌い《ミザントロポ》ではないかとつい思ったりもしたが、顔を見るとやはり陰気そうな中年男だった。

火口は思っていたほどには大きくない。それでも擂鉢状の穴を覗き込んでみると、百メートルほど下方に三ヵ所ほど、いまだに白煙が立ち昇っている。とはいえ身を乗り出して覗きこむわけにはいかない。手摺りがないところが多く、あっても錆びてひどく傷んでいたりするからだ。では振り返ってナポリが見渡せるかというと、実は雲に隠れていてほとんど見えない。ただ二千年前に溶岩が流れて行った跡だけは、簡単に辿ることができる。おそらく溶岩は、われわれの想像を超えた速度であったはずだ。

クーマは長い間、機会を見つけて訪れてみたかった場所であった。直接の契機は、ペトロニウスの『サチュリコン』にその名がクマエとして、謎めいた形で言及されていたことである。ここは古代にカルタゴ人やギリシャ人が寄港し植民した古代都市の残滓であり、ローマ皇帝が即位するたびにわざわざ首都から船を出して訪問し、洞窟に集う巫女《シビラ》たちに神託を伺うという、聖なる場所であった。『アエネーイス』によれば、巫女たちが木の葉に記した符牒と文字は、国家の命運にかかわる、恐怖に満ちた予言であった。

ナポリからクーマへ至る道は、思ったより難渋を極めた。各駅停車の私鉄に乗って海岸沿いに進んだのはよかったのだが、鉄道はクーマに向かう途中で断ち切れている。困り果てたわたしは、とぼとぼと道路を歩き出したが、一人の老人が親切にも車に乗せてくれた。こうしてようやくクーマの考古学公園に到達することができた。

考古学公園はティレニア海を見下ろす小高い丘の連なりである。アポロンとユピテルの神殿があり、温泉《テルメ》の跡がある。ここまでは地中海の両岸にある普通の遺跡に似ているが、クーマが独自なのは、少し離れた丘のわきに巫女たちの洞窟があることだ。洞窟は凝灰岩の岸壁を刳《く》り抜いて造られている。全長は一〇〇メートルぐらいだろうか。途中に三ヵ所ほど枝道が海側に向かって設けられていて、光がそこから差し込んでいる。奥へと進んで行くと、織部の碗のように深く濃い緑の苔が、びっしりと洞窟の壁に貼りついている。突き当りには三つに仕切られた寝室の跡がある。おそらく巫女たちが居住していた場所なのだろう。

　ここまで来たとき、わたしは強い畏怖感に襲われた。これこそまさしく世界の女陰と呼ぶべき場所ではないだろうか。暗黒と静寂に満ちた洞窟のなか、微かな波の音とともに、切り立った岩肌の狭間に光が差し込む。土地の精霊である巫女が突然憑依状態に陥る。彼女が異言を発すると、皇帝とその配下が懸命にその意味を聞き取ろうとする。社殿らしきものは何もない。ただ剥き出しの岩屋があるばかりなのだが、エピファニー、つまり聖なるものの顕現の場として、この洞窟ほどにふさわしいところはないという気持ちがした。このような感情に襲われたことは、他には一度しかない。ずっと後になって、沖縄の斎場御嶽《せーふあうたき》を訪れたときだ。宇宙開闢の神アマミキヨを祀るこの御嶽も、海を見下ろす小高い丘にあり、巨大な岩の裂け目だった。

　クーマからナポリに戻る時にはしばらく歩いてバスを見つけ、ポッツォーリという小さな町で降ろしてもらった。朝から歩き続けて空腹を感じていたわたしは、ここで蛸を炊き込んだリゾットを食べた。この町はねえ、ソフィア・ローレンが生まれた町なんだよと、トラットリアの主人が自慢げにいった。わたしは笑った。ハリウッドに進出するためにわざわざ乳房を小さくする手術を受けたというこの女優が、クーマからすぐ近くで生まれ育ったということが、何となくおかしかったからである。

コロンボ　1985

エア・ランカに乗ってパリに行くと決めたのは、それが大学生協を通して購入することのできる、もっとも安いチケットであったからだ。もっともふたつのことに留意しなければならなかった。一つは成田便が週に一度なので、パリまではすべて各駅停車の鈍行であり、しかも帰りの便ではコロンボに三泊しなければならないこと。もう一つは民族対立がとみに激化しているため、コロンボ滞在が必ずしも安全とはかぎらないこと。エア・ランカはこの懸念を払拭するために、東京からの乗客全員にプール付きのリゾートホテルを準備し、お土産にセイロンティーを持たせるといった、涙ぐましい努力をしていた。それでも日本人利用者はほとんどいなかった。

一九八五年の夏は大遠征をしたような気がしている。パリではゴダールの最新作『探偵』を観、アヴィニョン演劇祭に移って、ピーター・ブルックの『マハーバーラタ』を三晩かけて観た。これは後々までわたしの演劇観に決定的な影響を与えた。その後、さらに南下してナポリに向かい、シチリアのアグリジェントまで足を延ばした。イタリアを本格的に廻ったのはこれが最初だった。ローマに滞在すること一週間。ようやく帰途に就いてコロンボに降り立ったときには、出発して一月半ほどが経過していた。わたしは少しく疲労していた。だがその空港のタクシー乗り場で、わたしは恐るべき人物と運命的に出会ってしまうのである。

黒い服を着て、背が低く、小太りの中年女性が、なにやら運転手に命令している。運転手は大きな二つの鞄をトランクに入れようとしているのだが、その女性は納得せず、これは生命より大切なものだから、自分が座席まで抱えて入るという。それが怖ろしい剣幕なので、運転手は物怖じしてしまい、規則との板挟みにあって困り果てている。運転手の英語はくねくねとした巻き舌の片言であり、中年女性の英語は典型的なカタカナ英語だから、もとからほとんど嚙み合っていない。タクシーがなかなか発車してくれないので、後方には人の列ができている。もちろん女性にはそんなことなど眼中にない。

ひょっとして日本人か韓国人かもしれないなと思ったわたしは、恐るおそる英語で話しかけてみた。すると女性は、自分はローマからここに着いたばかりで、飛行機会社が手配してくれたホテルにこれから向かうところだという。わたしに宛がわれたのと同じホテルだった。わたしは運転手に説明し、自分も彼女と同行するから、荷物のことは任せておいてほしいと話した。タクシーはようやく出発した。

女性にはどこかで見覚えがあった。ＴＶでやはり黒い服を着て、ルネッサンスについて話していた人じゃなかったっけな。わたしは日本語に切り替えて、「ローマからいらっしゃったのですか」と訊ねた。

「ええ、わたしは毎年夏になると、ヴァチカンに行くのです」と彼女。

「はあ、つまりご信仰で？」

するど彼女は毅然として答えた。「いいえ、システィーナ礼拝堂の天井壁画の調査です。ヴァチカンはわたしの生涯の敵です」それから付け加えるように、「あなたと話してあげてもいいけれど、その前に聞いておきたいことがあるのね。山梨県出身じゃないこと？」「？」「わたしは離婚した夫を含めて、山梨出身で三人悪い奴を知っている。わたしと別れた男は、ほんとに屑みたいな男だったけど、それでも別れるときに三人も愛人を作っていた。いつかそのすべてを実名入りで小説にしてやるのが、わたしの夢なのよ」

車窓からはのどやかな水田と小川、それに灌木の茂みが見えている。開け放しの窓からは、ひりひりするような熱気が感じられた。だが彼女はそれにまったく無頓着で、ひたすら話し続けた。まだ若かったころ、三六日をかけて船旅でマルセイユに渡り、ローマでルネッサンス美術について勉強したこと。その船には後に日本で著名な存在となる人類学者やフランス文学者が、まだ学生として乗船していたこと。娘時代の自分はまだ男を見る目がなくて、よりによってその中でも一番最低の男と結婚してしまったこと。ローマでは外貨持ち出し制限もあって、恐るべき貧乏生活に耐えなければならなかったが、一度でも日本人向けの観光ガイドをしてしまうと、泡銭《あぶく》が入って堕落してしまうので、必死に耐えたこと。今でもアパートが狭いので、息子たちが寝静まった後、食卓で原稿を書いているのだけど、どんなに貧乏をしていても、塩野七生のような本だけは書きたくないのよと、彼女は宣言した。ここまで話を聞いてきて、ようやくわたしにも彼女が誰であるかが判明した。西洋美術研究家の若桑みどりだったのである。

一時間ほどしてタクシーがリゾート・ホテルの前でわれわれを降ろしたとき、わたしは新書判の書物半分くらいまでは、彼女の人生を知るまでになっていた。

翌朝、さすがの長旅に疲れていたわたしは、時差ボケもあって何もできず休んでいた。ホテルのプールで泳いだり、近くの海岸でぼんやりとしながら時を過ごした。それでも生来の好奇心から、午後になると散策を開始した。ホテルから少し離れたところに小さな町がある。街角に貼られていたポスターは、すべて公開中のフィルムのものばかりだった。ジャッキー・チェンともう一本、現地の黒白フィルムが上映されている。わたしはスリ・ランカの文字はからっきし読めないが、いい機会だと思い、そちらの方を覗いてみることに決めた。『オホモア・ホンダダ』という題名の意味を切符モギリの青年に訊ねたが、彼はうまく説明できず、ただシンハラで一番新しく、一番いい映画だとだけいった。田舎からコロンボに出てきた青年が、父親の親友の子供であるお転婆娘と相思相愛となるが、そこに自動車事故やら、銀行ギャングやら、さまざまな事件が絡んでいく。結局はハッピーエンドとなるのだが、それまでに途中休憩を含め、三時間半の時間がかかった。夜になり、わたしは真っ暗の道を辿り、草を踏み分けてホテルに到着した。東京の夜の町の明るさに慣れていたわたしが体験した、最初の「アジア」の夜だった。

若桑さんはどうやらすっかり退屈していたようだった。翌朝、ホテルで朝食をとっていると、さっそく話しかけてきた。今日は日曜日だから、ひとつコロンボ市内に出かけ、いっしょに美術館の見学をしましょうよという提案である。「わたしは世界中、どこの都市にいっても、まず美術館を訪れるのです。そこにはその場所の文化の、もっとも高い達成があるのです」

ホテルのボーイが待機していたタクシーに手を振って停めようとするのを、若桑さんは断った。

現地人と同じ交通機関を使わないかぎり、その社会のことはわかりません。なるほどと、わたしは思った。そこで彼女の意見にまんざら反対でもなかったので、少し離れたバス停で市内行のバスを待つことにした。バスは一時間後に、埃だらけの道をのろのろとやって来た。その間も、その後のバスのなかでも、若桑さんは話し続けた。マニエリスムとバロックの違いについて。泉鏡花の英語力について。ローマは芸術そのものの都で、路上の塵埃の散り方までが芸術に見えてしまうことについて。世界で一番美しいのはトルコ音楽であって、親しい人類学者がこともあろうにお見合いで結婚したことについて。それから先は、わたしが名前を知っている人も知らない人も関係なしに、怖ろしいゴシップが続いた。わたしは面白がって最初は相槌を打っていたが、そのうちに段々不条理な気がしてきた。眼前に圧倒的に繁茂する熱帯雨林を眺めながら、日本の有名な美術史家の夫人がいかに奔放な性格で、夫もそれをいいことに浮気のし放題といった話を聞かされるというのは、まるでイーヴリン・ウォーの小説のひとコマではないだろうか。

ゴシップの連続が中断されるのは、彼女がたまたま車窓に目を逸らしたときだった。

「まあ川が見えるわ。少年が、ほら、牛の背中を洗ってやっている。ねえ、ここはインドよ。アジアよ！」

「若桑さん、民族対立のことがややこしいから、ここではあんまり大声で『インド』っていわない方がいいかもしれませんよ」

「そうね。そうかもしれないわね。まあ……ほら、また子供が川で泳いでる。……サタジット・レイの映画そっくりよ」

彼女は上機嫌で、解放された高揚感のうちにあった。わたしは気付いた。バスはかなり混み合っていたが、彼女の声があまりに大きいので、いつしか現地のシンハラ人の女性たちは怯えたような顔を見せている。狭い車内では矛盾した表現になるかもしれないが、彼女たちは最後尾に座っているわたしたちを遠巻きにして眺めていた。

道路のわきを走っていた小川がいつしか向こうの方へ遠のいてしまうと、バラック建築がぽつりぽつりと現れてくる。人通りが出て来て、バスが市内に入ったことがわかった。バスから降りるとそこは市場の真ん前で、わたしたちはあっという間に群衆の渦に呑みこまれてしまった。誰もが手に大きな荷物を抱えながら歩いている。広場では芸人が曲芸を見せ、大勢の人が拍手喝采をしている。市場のわきにある細い路地には、象皮病に罹った患者たちがずらりと横たわっていた。彼らは巨大に膨れ上がった片足や睾丸を路上に曝け出し、通行人から小銭を得ることを生業としているのだった。どこに行っても現地の服を着てみるのが好きなわたしは、さっそく洋服屋に入って、木綿の白いシャツと腰に巻きつける布を買い揃えた。

美術館を探し当てるのは至難の業だった。地図を持って来なかったのが原因だったが、改めて地図を買おうと思っても、書店はどこにも見当たらない。おまけに正午を過ぎると、陽射しはますます強くなってくる。ここは赤道直下の都なのだ。しかし若桑さんの信念には揺るぎがない。まだ日本人の誰も見たことのない、すばらしく美しい仏像があるはずだと、信じて疑わない。

喧騒の市場をやっとことさ通り抜け、何人もの人に道を訊ね、眼に汗が入って痛くて仕方がなくなったころ、ようやく美術館が現われた。白い柵の向こうに美しい芝生が拡がっていて、その奥に植民地風の白亜の建築が建っている。だが、ここで思いもよらぬことが生じた。美術館は休館だったのである。白い柵には厳重に鍵がかかっていて、門番がのんびりとこちらを眺めている。若桑さんは激怒した。「わたしは世界中の美術館を訪れたことがあるけれど、こと日曜に閉まっている美術館というのは見たことがない。なんと文化のない国なのだろう」という。「それでも美術館のカタログくらいは買えるはずです。お金を出すから、ここに持ってきなさい」ちなみに正確にいうと、これは彼女の言葉ではない。彼女の命令で、門番に向かって英語で通訳をした、わたしの言葉である。門番は困り果てたような顔をしていた。彼は美術館の内側に、一度も足を踏み入れたことがなかったのである。

わたしは憤懣やる方ない若桑さんに、咽喉も乾いたし、お腹が減ったからなんか食べませんかと提案した。「そうね、コロンボで一番高いレストランに行きましょ！」彼女はわけもなく賛成した。そこで立派そうなホテルに入り、いかにも豪華なシーフード・レストランの席に着いた。ああ、冷房装置が何と心地よく感じられたことか。

わたしたちはシーフード・サラダとロブスターのマヨネーズ和えを注文した。しばらく経って、二種類の料理が同時に運ばれてきた。一方にはレタスの上に小さな茹で海老が盛り合わされていて、マヨネーズがかかっていた。もう一方にはレタスの上に巨大なロブスターが茹でられ、これも同じマヨネーズがかかっていた。

ホテルへの帰路はタクシーにした。さすがの若桑さんも、もう一度満員バスに乗ろうとはいい出さなかった。

その日の深夜、コロンボから成田へと向かう飛行機が出発する。もっともこれは大幅に遅れた。若桑さんとわたしは、さすがに遠足の連続で疲れてはいたが、それでも彼女の話は尽きなかった。

わたしは初めて自分が映画史の勉強をしているのだと、そのとき怖る怖る告白した。その途端に鋭い反応が戻ってきた。

「映画をやっているのに、イタリア語もできないの？　芸大の声楽科の、わたしのクラスにいらっしゃい。タダで教えてあげる。周りは女の子ばかりだし、おまけに発音は抜群よ」

後になってコロンボでの出会いを、若桑さんは「四方田にナンパされちゃって」といっていたようである。だが、わたしにとってそれはナンパなどという簡単なものではなく、運命であったかもしれない。というのも彼女の暗示（あるいは呪い？）にかけられたのか、本当にイタリア語の習得を始め、ついにボローニャ大学芸術学科まで留学してしまったからだ。わたしは夏ごとに彼女が借りているフィレンツェの山荘に招待され、デリー大学でのシンポジウムにつれだって出席した。また戦時下の女性の表象をめぐって、共同で書物を著した。それは後にわたしが『李香蘭と原節子』を執筆する契機となった。たまに東京で開催される学会のパーティでいっしょになったときは大変だった。周囲に誰もイタリア語をわかる人間がいないと判断すると、彼女は遠くからわたしに手を振り、「こっちへいらっしゃいよ。ここはバカばかりよお」と大声で叫ぶのだ。あれは恥ずかしかったなあ。

若桑さんは人生の最後になって、二つの大きな変容を見せた。一つはコロンボでは「インドよ、インドよ」と叫んでいたというのに、それから十年ほどして、一年間をインドの研究所で過ごし、アジアにおける聖母像研究に邁進したのである。もう一つは、ヴァチカンは敵だと公言していたにもかかわらず、近所でふと通りがかった教会の雰囲気が気に入り、葬式はここでしてほしいと遺言したことである。ヴァチカンはわたしの生涯の敵ですと宣言した若桑さんに、いったい何が起きたのだろうか。わたしは不思議に思ったが、人生にはいろいろな転機があるものだと思い直し、彼女の冥福を祈った。

それにしてもわたしは南アジアの地図を拡げるたびに、今なお思うのである。スリ・ランカとは、若桑みどりが女神として君臨している島ではなかったのかと。

サン・クリストバル・デ・ラス・カサス　1987

　二等バスが出発するのはいつも夕暮れどき、町外れにある粗末な停留所からだった。時間に間に合うように少し前に行ってみると、そこにはいつもすでに、沢山のインディオが荷物を抱えて待っている。それを見込んで、トウモロコシの屋台が出ている。トウモロコシはただ焼くばかりではない。その上にライムの果汁をかけ、マヨネーズを薄く塗り、最後に塩とトウガラシの粉を振りかけるのだ。

　バスが定刻より少し遅れて到着すると、人々はものもいわずどんどん乗り込んでいく。荷物もどんどん運び込まれていく。運転手は満席を見届けると発車をする。だが近くで何回も停止し、そのたびごとに二人、三人と近隣の乗客を拾っていく。何匹もの鶏を脚で束ねて持ち込む中年男がいる。幼子を一人連れ、さらに小さなハンモックに入れた赤ん坊を、馴れた手つきで腕に吊るしながら乗ってくる若い母親がいる。ハンモックからは尿が漏れている。母親は席を見つけられないので、バスの中央に立ちながら器用に赤ん坊に乳を与える。西洋人らしい観光客の女性が見かねて席を譲ると、母親は坐った次の瞬間から眠りに陥ってしまう。

窓の外の風景はどんどん変化してゆく。煌々と照る月の下では、密林は巨大な黒い塊だ。やがてそれが途切れて、灌木が目立つようになる。亜熱帯の雨林から脱したのだ。

窓からは微風が流れ込む。何という静かな光景だろう。だがまもなく雲が月を覆い、ただちに大雨となる。乗客たちは慌てて窓を閉める。眠っていた赤ん坊が泣きだす。車内にはっきりと湿度が感じられるようになると、とたんに人々の発する臭いが強くなる。さらにうっすらと別の臭いが漂ってくる。後ろの方に座っていた老婆が耐えきれず、放尿をしてしまったのだ。もっとも運転手にはそんなことはどうでもいい。雨が降ろうが、嵐になろうが、隣の席に座った馴染の客と休みなくお喋りをしている。

深夜、バスが予告もなしに停止する。トイレ休憩ということなのだろう。雨はいっこうに止もうとせず、バスから地面へと足を降ろした瞬間、靴は思いもよらず待ちかまえていた水溜りに深々と突っ込んでしまう。小さな停留所のいたるところがすでに泥だらけとなっている。乗客を当てにして子供たちが何人も集まってくる。誰もが頭の上に、桃を入れた籠を載せている。彼らの裸足は、泥水のなかで歓喜を覚えているようだ。ぐっしょりと濡れた靴は、体温で乾かすしかない。わたしは桃の皮をナイフで剥きながら考える。それより大切なのは、少しでも眠っておくことだ。それにしても、いったいこの状況はどのような人生の換喩なのか。

うとうととしているうちに雨はいつしか止み、空が半ば明るくなっていた。窓をそっと開けると、ひんやりとした大気が流れ込んでいる。バスは高原地帯を走っている。やがてぽつりぽつりと乗客たちが降り出し、気がつくと鶏を持ち込んだ男も、若い母親もいなくなっている。午前四時、わたしは新しい町の町外れで降ろされる。家々の屋根に朝焼けが映えている。無人の通りをしばらく歩き、ホテルのありそうなあたりを散策する。コロニアル様式の古そうなホテルを見つけ、黒い扉を何回も叩いていると、やがて老婆が現われ、ほとんど何もいわずに部屋の鍵を渡してくれる。部屋の窓はひどく重い。それを苦労して開くと、途端に朝の光が部屋に射し込んでくる。中庭に花々が咲いている。遠くで教会の鐘の音が鳴っている。わたしはシャワーを浴び、疲れきった軀をシーツの上に投げ出す。

メリダ、プログレッソ、カンペチェ、パレンケ……こうしてわたしは夜行バスを乗り継いでマヤ半島の密林地帯を後にし、サン・クリストバル・デ・ラス・カサスの高原に到達したのだった。

サン・クリストバルはひどく静かな町だった。倹《つま》しげな家々の上に空はどこまでも高く、大気は乾燥していた。二週間にわたってわたしが格闘してきた高温多湿も、密集した住宅の人いきれも、人を圧倒せんばかりに繁茂する樹林も、ここにはなかった。街角を歩く人は思い思いに原色の服を着ていたが、メリダのような大きな町と比べてはるかに内気そうに見え、目が合っても観光地にありがちな微笑とは無縁だった。彼らは外国人、というよりメキシコシティから到来してきた者たちを警戒しているように見えた。だが、本当のところはわからない。好奇心を不用意に表に表わさないというだけだったかもしれない。

町の中心は大聖堂とその前の広場《ソカロ》である。一眠りして午後に広場に出かけると、若者たちが地元のダンスの練習をしていた。先輩格らしい小柄な女性が、緑のスカートを思い切りたくし上げると、誰もがそれを真似る。だが、肩にまで届く黒髪を振り乱して踊る彼女の動きに到達するには、まだまだという感じだ。彼女の自信のほどにわたしは好感をもった。

大聖堂にあったのは、いつもながらに受難に耐えているキリストの絵画と彫刻だった。血まみれで四つん這いになっているキリストもいれば、手に穴を開けられ、額からだらだらと血を流しているキリストもいる。後者は棺のなかに、死体として横たわっていた。マリアは額に三日月を戴きながら、足で鰐を踏みつけていた。大聖堂を出てソカロに戻ると、わたしの姿を見つけて何人もの子供たちが、土産ものを売りつけにやって来た。美しい蝶々の標本を手にしている子供もいる。

わたしは長い間中絶したままになっている、自分の書きかけのルイス・ブニュエル論のことを思い出した。彼が亡命先のメキシコで監督したフィルムには、こうした残酷でグロテスクな救世主と、汚穢のなかにありながら静謐なる神聖さを湛えている聖母の映像が、交互に登場していたはずだ。ふとブニュエルは何も演出していない、ただメキシコ人の集合的意識を虚心にカメラに収めていただけではないかという思いが横切った。メキシコにいてわざわざシュルレアリスムを宣言する必要はない。ここでは現実がすでに超現実、シュルレアルなのである。

マヤ半島から南下してゆくと、町ごとに人々の顔が違ってくる。インディオの種族が異なっているのだろう。わたしには見当がつかないが、言葉にしたところで細かく異なっているはずだ。ただひとつ明快に区別がついたのは、使用されている貨幣の種類だった。

インフレーションのおかげで、メキシコ政府は次々と新しい貨幣を発行する。メリダのように中央から頻繁に人が訪れるところでは、真新しく安っぽい硬貨が一般的に用いられていた。パレンケでは、同じ額面のものでも、それより少し古いデザインの、やや大き目な貨幣を見かけた。サン・クリストバルで買い物をしたとき手渡されたのは、それまでどこでも見たことのない巨大な貨幣で、あまりに長い間使用されていたために、すっかり摩滅して模様がわからなくなっていた。地理的にいうならば、メキシコシティからの距離は、マヤ州の首都であるメリダの方が遠い。だがこの古びた貨幣を手にしてわかるのは、サン・クリストバルの方がはるかに辺境であるという事実である。

町を見下ろす小高い丘が二つあり、それぞれに教会があった。

西側のコロニアル教会に到達するには、ジグザグの険しい石段を上らなければならない。おそらく信者たちの苦行のために、意図的に設けられた階段なのだろう。だが上りきって後方を振返ってみると、この美しい町の全景を見渡すことができた。大聖堂とソカロを中心にし、家々が秩序正しく並んでいる。調和を乱すような高層建築もなければ、新市街と旧市街の対立もない。空気は冷ややかで、澄みきっていた。遠くに目をやると、町の東端にもう一つの教会の白い建物だけが見えた。わたしはこの町こそ、長い間探し求めてきた理想の場所ではないかという思いに捉われた。

サン・クリストバルに滞在して三日目、わたしはソカロの前にある土産物屋で、藍染の上衣を求めた。どこかしら日本の法被《はっぴ》に似ているような気がしたので、どこのものだと訊ねてみると、近くの村のインディオの衣装をヒントにした服だという。その村では誰もが同じ藍染の服を着ているらしい。店の女将と話しているうちに、この町に一人の西洋人の女性写真家がもう半世紀以上も住んでいると教えられた。そこで道筋を説明してもらい、会いに行くことにした。

ガートルード・デュビ・ブロムは、自宅を改造した写真博物館にいた。彼女の夫フランス・ブロムは、メキシコとグアテマラ国境に近いラカンドンの森を探検し、廃墟となったマヤの神殿の発見に生涯の情熱を燃やした。ガートルードは写真家として夫に随行し、現地のインディオである「ジャガーの民」、ナハ族やチャンキン族の写真を撮り続けた。彼女は夫の死後も、気候の温暖なサン・クリストバルに住み、地元の人々から敬愛の目で見られている。わたしが訪れたときはすでに九〇歳近かったが、それでも元気で、「もう英語を忘れてしまってねえ」といいながら、写真集に署名をしてくれた。森のなかを帰宅するナハ族の父と息子たちを後ろから撮った、美しい写真がある。壁にはチャンキン族の老いた族長を描いた肖像画が掛けてあった。

わたしが幸運だったのは、サン・クリストバルに滞在中、近隣のシナカンタンで行われる、サン・ロレンソの祭礼に立ち会うことができたことである。シナカンタンが古代マヤの神話を今もって伝承している貴重な集落だとは聞き及んでいたが、それが乗合バスに乗ってわずか一五分ほどのところにあるとは想像もしていなかった。わたしが訪れた八月七日は、シナカンタンを故郷とする人々がこぞって帰郷し、聖人を祝福する最初の日にちょうど当たっていた。

シナカンタンはチアパスの山々に囲まれた小さな集落である。トウモロコシの畑の間にぽつりぽつりと藁葺きの家が並んでいる。わたしが最初に訪れたのは、キリスト教の教会である。

教会は表向きはスペイン風であったが、足を踏み入れるとまるで違っていた。床一面に松葉が敷き詰められ、強烈な松の匂いに包まれている。そこに何百本もの蠟燭が並べられている。キリストもマリアも、当然のようにインディオの服装をしている。インディオたちは彼らの前にペプシコーラの瓶を供え、なにやら部族の言葉でお祈りの文句を唱えている。彼らは民芸品を拵え、サン・クリストバルの市場で売ることでささやかな現金収入を得ると、それで買い求めたコーラを祭壇の供物にしているのだ。もしわたしがマルクス主義者だったとしたら、彼らは宗教と帝国主義経済によって二重に収奪されていると書いたところだろう。

教会を出てしばらく歩いていると、祭礼の行進に出くわした。赤いポンチョを着た男たちのなかに、黒い帽子を被ったり、赤い布を髪に巻きつけ、黒い毛皮に身を包んだ男たちが混じっている。腰から沢山のリボンを垂らしているところからすると、おそらく儀礼にあって高い地位にある人物たちの礼装なのだろう。額から頬にかけて大きく×の徴が金色で描かれている。茫然としながら行列を眺めていると、最後尾にいた黒装束の老人がしきりと手招きをする。せっかく遠方から来たのだから、うちの儀式を見学でもしておけといわんばかりの表情だ。そこで行列の後を追って、一軒の小屋のなかに入った。屋根の上に十字架が立っていることから、やはり宗教的な儀礼のための施設だとわかった。

二〇メートル四方ほどの小屋の奥には竈があり、女たちがトルティーリャを焼いては抓み上げている。ひどく煙っているのだが、何ともないらしい。かたわらの甕には、捌いたばかりの山羊の肉が山盛りに積み上げられている。黒装束の男たちは小屋のもう一方の端に円陣を組んで座りこむ。ヴァイオリンとギターが取りだされ、三拍子の音楽が演奏される。円陣のなかの一人が掛け声を挙げると、それを合図に全員が「ヒューッ!」とそれに和する。このcall and response(呼びかけと応答)がいつまでも、いつまでも繰り返される。やがてマラカスが演奏に加わると、感極まって立ち上がり、陽気に踊りだす者が出てくる。トルティーリャとともに小さな杯が廻ってくる。男たちが順繰りにそれを呑み干すと、見物のわたしのところにも廻ってくる。口に含むとテキーラだった。歌と踊りが終ると、長老らしき人物が挨拶をし、全員が笑い声をたてる。

集いは二時間ほど続いた。どうやら厳粛な儀礼の後になされる、共食の宴であるようだ。いや、ひょっとすればそれは、翌日から本格的に始まる儀礼の前の宴であったのかもしれない。いずれにせよ、見ず知らずのわたしをそのような場に平然と招いてしまうインディオの寛容さに、わたしは感動を覚えていた。

この日の滞在は思いがけない終わり方をした。すっかり気を許したわたしはなにか一枚、記念の写真を撮っておこうと思い、その日一度も使用しなかったカメラを取りだした。小屋を出てシャッターを切ろうとした瞬間に、どこからともなく石が飛んできた。石はわたしには当たらなかったが、誰かわたしを観察していた者がいたことは確かだった。わたしはシナカンタンの儀礼を観察したつもりになっていたが、実は不肖な外国人として、絶えざる注視の標的とされていたのである。観光という行為自体が暴力であり、観光客とは滑稽な存在であると、ジャメイカ・キンケイドが『小さな場所』のなかで書いていたことが思い出された。

サン・クリストバルをいよいよ出発するという夕方、まだだいぶ時間があると知ったわたしは、これまで仰ぎ見ることはあっても一度も訪れたことがない、町の東端にある白いサンタ・クルツ教会に足を向けてみようと思い立った。西のコロニアル教会ほどではなかったが、この教会も小高い丘の上にあった。

近寄って見てわかったのは、教会の簡素さである。おそらく建てられてまだそれほどに時間が経っていないのだろう。周囲の地面は剥き出しのままの土である。遠くから眺めていたときには気付かなかったが、教会の裏側には小さなスラムがあり、サボテンがいくつも大きな株を従え、塀の代りをしている。そばの空地では子供たちがサッカーをし、驢馬に乗って遊んでいた。しだいに夕闇が深くなってきて気付いたのだが、このあたりには街灯というものがいっさいなかった。ここには西の教会から見下ろしたときに展がる街角の調和とは、まったく別の世界が展がっていた。

わたしは坂を下った。オアハカ行のバスの出発時刻が迫っていた。

オアハカでさらに数日を過ごし、メキシコシティに戻ってきたわたしは、おそらく相当に疲れていたはずである。肉体的な疲れもあったが、それ以上に、あまりに多くの驚異に出会ってしまい、それを頭のなかでどう整理していいのかが、わからなくなっていたのだ。いたるところに遺跡があり、いたるところにまったく異なったインディオの文化があった。世界はわたしの前で、多様の極を示していた。そしてメキシコはその多様さを産出するばかりか、さらに未知なるもの、予期せざるものを外部から摂取して、永遠に混沌の相を見せているかのように思えた。

メキシコからニューヨークのアパートに戻ってきたとき、夏はすでに終わろうとしていた。留守番電話のなかにわたしは、東京の友人からの声を認めた。声は澁澤龍彥の五九歳の死を告げていた。

タンジェ　1988

最後にタンジェの町に行ってから、どのくらいの歳月が経っただろうか。

十年？　十五年？　ひところはモロッコに入れあげて毎年のように通い、タンジェにも七、八回は足を運んだというのに、今ではまるで憑き物が落ちたかのように足が遠のいてしまった。となると不思議なもので、あの町で過ごした時間や出会った人々、街角で耳にした音楽のすべてが、虚空に映し出された蜃気楼のように実体を欠いて、みるみるうちに消滅してしまうような気がしてくる。息を呑むほどに美しい光景を垣間見たことがあった。だが同時に、目を覆いたくなるような無惨な事件を目の当たりにしたこともあった。だがわたしが目にしたものははたして真に実在していたのだろうか。何か魔物《ジン》か女魔物《ジェヌーン》の気紛れによって生み出された、束の間の幻にすぎなかったのではないだろうか。

タンジェという町について思い出そうとするたびに、心は記憶の寄る辺なさに茫然とし、道という道、路地という路地の序列に迷ってしまう。たしかひどく険しい下り坂があった。もう誰も足を踏み入れることのない、イギリス人墓地の廃墟があった。たしかカスバの坂を登りきると海峡が控えていて、地中海と大西洋という色の違う水が重なりあい混じりあっていた。たしかそうだったはずだと、心は記憶に確認を取ろうとする。だが思い出を保証してくれるものは、実のところなにもないのだ。タンジェという町の全体が巨大な蜃気楼だと言い含められたとして、どうしてそれに反論できるだろう。歴史のさまざまな力が重なりあい、思いがけない偶然から生じてしまった場所。さまざまな言葉が飛び交い、陰謀と自由経済と性的倒錯とが大手を振って横行し、見た目にはひどく華麗に見えてその実、空虚そのものであった場所。手を差し伸べればそのまま消えてしまいかねないそんな町を思い出すのに、心はどのような手がかりから始めなければいけないのだろうか。

タンジェの町でわたしは三人の悪党たちと知り合いになった。

一人はベルベル人で、パンのひと欠片にありつくためだけに西洋人の男色の相手をし、盗みと詐欺がばれて刑務所に叩き込まれたときに、初めて読み書きを覚えた。彼は後に作家となり、ドビュッシーの音楽を愛好し、擦り切れた敷布の寝台の上で千人の娼婦と寝たと、わたしにむかって豪語した。もう一人はアラブ人で、これはタンジェに憧れてくるアメリカ女が専門だった。家を建ててやるからといって米ドルを騙し取り、いつまでも家が建たないでいると、魔物がどこかで妨害しているのだとへらへらと語ってみせた。最後の一人はマジューンをわたしに売りつけようとした。この黒い練り物を鼻の穴に塗りつけておくと、ムハンマドが鎮座まします天国の至福の夢が体験できるのだという。三人が三人ともひっきりなしにキフ（マリファナ）を吸っていた。だから近寄ってくると、キフの匂いでそれとわかった。

タンジェの空はどこまでも青く、高い。建物は白く、海岸では子供たちが裸足でサッカーをしている。どこまでも続く海岸で悪党たちと話をするのは面白かった。彼らは小さな悪事は重ねようとも篤実なイスラーム教徒であり、神の前で申し聞きのできないことはけっしてしないという約束を守っていた。異教徒を騙すことは、それ自体としては悪ではなかった。ただその才覚を自分に授けてくださった神に感謝の気持ちを抱くことを失念したとき、それは悪と見なされるのだった。

そうだ、思い出してきた。最初にこの町を訪れたときのことだ。

マドリッドからの飛行機がひどく遅れて、猫の額ほどのタンジェ空港に到着したときはもうすっかり夜になっていた。空港から町まで黒々とした夜を突っ切るかのように車を進めたわけだが、町に近づくにつれて少しずつ白い建物が増えていき、満月の光を浴びて冷たく輝いていた。宿はタクシーの運転手に任せた。シーズンオフだったので困難もなく部屋を見つけることができた。わたしが帳場に向かったとき、コンシェルジュは男性客の一人と唇を固くあわせ、すっかり陶酔した表情でいた。

このホテルがタンジェのどこに位置していたのかを、わたしはどうしても確認することができないでいる。二度目、三度目と滞在を重ね、多少なりとも町に地理勘ができた後、いくたびか探してみようとしたのだが、そのたびに失敗してしまう。人に尋ねて、そのような名前のホテルは聞いたことがないといわれたこともあった。それではわたしはいったいどこに泊まっていたのだろう。

タンジェの街角で夕暮れどきに聴こえてくる音。

焼きたてのパンを売る声。あちこちに設けられた拡声器から流れる、アラーの偉大さを讃える『コーラン』の朗誦の声。荷物を満載した驢馬の鳴声。商店から流れてくるエジプトのポップス（割れた音質の悪さ）。子供の玩具から日常用品までを並べた露天商が、客を呼び止めるために出す掛け声……。こうしたさまざまな騒音の重なりのなかに、よく耳をすましてみるとひどく微かだが群れをなして聴こえてくる金属の音がある。

どこで鳴っている音なのかは、ただちにはわからない。だが大通りから商店街に入り、さらにその奥の路地へと迷路のような彷徨を続けていくうちに、少しずつ音が強くなり、実はたくさんの音の集合であることが判明してくる。路地の奥、地中海を見下ろす崖の手前で、わたしはついに音の正体を突きとめた。子供たちがコカ・コーラの蓋を二つずつ指の間に挟んでたてている、カチャカチャという音だった。十人ほどの子供たちが知らず知らずのうちに諧調《ハーモニー》を合わせて、世界でもっとも簡素な楽器を演奏しあっている、なかには魔よけのため、手の甲に蜘蛛の巣のようなヘンナの模様を描いてもらっている少女もいた。わたしがこの演奏に聴き入っている間に、夕暮れはほとんど終わろうとし、街角の雰囲気は一変していた。いつしか子供たちもそれぞれの家に戻っていったようだ。ただ月だけが相変わらずわたしの頭上にあった。月は、わたしが現に眺めている光景がけっして蜃気楼のような幻ではないと請け合ってくれるかのように、燦々と光を地上と海に投げかけているのだった。

クラクフ　1991

わたしをクラクフへと導いたのは、演出家のタデウシュ・カントルだった。

クラクフはネクロポリス、死が支配している都だ。ヴァヴェル城の地下にいってごらん。歴代のポーランドの王の棺がどこまでも並んでいる。まこと、ここは死に魅せられた都、死に献げられた都だからだ。わたしが申し出たインタヴューの途中で、彼はそういった。それから肩を落とし、両の掌を拡げて耳の後ろ側に立てると、世界にはもはや期待も希望もないといったポーズを示した。対話はもう二時間半も続いていた。彼は一向に疲れたところを見せず、最後にぜひクラクフに来るようにとわたしにいった。一九九〇年、劇団クリコ2を引き連れて、二度目の来日を果たしたときのことである。

カントルはその年の暮れ、七五歳で亡くなった。新作のリハーサルをしているときに、突然に心臓発作に見舞われたのである。皮肉なことに未完成に終わった舞台の題名は、『今日は私の誕生日』というものだった。

わたしが実際にクラクフに赴いたのは、それから一年半ほど後の春である。三月のひと月をまるまるパリはバスティーユにある知人の空家を借り、のんびりと絵を見たり、人と会ったりしていたのだが、キェシロフスキーの『ふたりのヴェロニカ』というフィルムを観て、突然にクラクフに行きたいという強烈な発作に襲われてしまったのだ。石畳の広場と枯れた街路樹、古い城壁の跡、立ち並ぶ十字架の墓……そうしたすべてが、永遠に遠ざかっていく風景として、わたしに最後の呼びかけを行なっているような気がした。映画館を出るとわたしはその足でポーランド領事館に向かい、ヴィザの申請をした。一九九二年のポーランドは社会主義の頸木《くびき》をひとまず脱したものの、社会は混乱しているはずだと、わたしは踏んだ。だが、いくらなんでもこれまでのような杓子定規な官僚主義のおかげで、旅が困難になることはあるまいと期待してみた。わたしは東京でカントルと交わした約束を思い出した。中世にドクトル・ファウストゥスが錬金術を学んだという、このポーランドの都を訪れてみようと決意したのである。

早朝にワルシャワを発ち、特急列車に乗ると、三時間半でクラクフの駅に着く。駅を出て最初にわたしを襲ったのは吹雪だった。三月の終りで、まさかこれはないだろう。わたしはこれから向かう陰鬱な都が、天候によってさらに陰鬱に見えることを心配した。だがホテルを探そうと町の中心へ歩き出している間に、空はからりと晴れあがった。

石畳を敷き詰めた広々とした中央広場の周囲には、カフェやら、書店やら、昼間に短い芝居を見せるだけの小さな劇場やらが並んでいる。あてずっぽうに宿を見つけて荷物を置き、手ぶらで敷石を踏んで歩いていくと、少しずつ気分が高揚してきた。知らない町に到着した直後、まだ頭の中にその町をめぐる観念が充分に固まっていない時期に行なう散歩とは、もっとも自由かつ魅惑に溢れたものである。クラクフの広場のあたりは、まさにそれにふさわしい雰囲気をもっている。わたしが歩いていると、広場の中央に建つ教会の尖塔から、楽士の人形が四方に向かってトランペットを吹き鳴らした。どうやら時間を決めてのことらしく、これはその後も広場を歩くたびにいくたびも耳にした。わたしにはこの広場は見覚えがあった。キェシロフスキーのフィルムのなかでは、フランスから観光に来たヴェロニクが、たまたま自分と瓜二つの、しかもヴェロニカというポーランド名の女性を見かけてしまう。その姿を追おうとして見失ってしまう広場がここだった。

のんびりと市電が走っている。市電がある町ではまず目的地を決めもせず、とりあえずそれに乗ってみるというのが、わたしの流儀だ。しばらく市電の窓から煉瓦造りの建物と緑地を眺めているうちにヴィスワ河が見え、市電は古城の前で停まった。ヴァヴェル城である。ゴシック様式を極めた感のあるこの城の鐘楼まで一気に登りきってみると、クラクフの町を展望することができた。それは中世の都市の美徳をいまだに失おうとせず、古い城壁の代りに緑地が旧市街を取り囲むように造り上げられた町だった。河は悠々と流れ、教会の尖塔がところどころに見え隠れする。鐘楼からの風景に満足したわたしは、当然のように地下のカタコンベに向かった。カントルが語ったようにここは歴代の王が眠りに就くところであり、この都の隠された根拠を構成している。城のなかではどこかでチェロが弾かれていて、城のどこにいてもその深い音が微かに聴こえていた。

アンナ・ザムブルツィンスカ＝シェリヴァァと出会ったのは、広場の片隅にある小さな画廊でのことだった。わたしがクラクフに着いて三日目の午後のことで、カフェで軽い昼食をとったわたしは、ポーランドの古い切手を探しに（わたしは一一歳のときからフィラテリストなのである）骨董屋や切手商が固まっている界隈を徘徊している間に、一人の版画家と言葉を交わすようになったのである。彼は一九七五年に鎌倉でグループ展を開いたときの思い出を語り、ただちに近くにあるアトリエへわたしを連れて行くと、コーヒーを出してくれた。ポーランドの現代絵画についてしばらくお喋りをしていると、版画家はそれならあの広場にある別の画廊でやっているバーバラの彫刻を見ておくといいよと勧めてくれる。鎌倉にいっしょにいった芸術家仲間で、親しい間柄らしい。

そこでわたしは広場に引き返し、バーバラに紹介された。年齢はわたしより少し上らしく、来る者は拒まずといった雰囲気をもった、陽気でお喋り好きの女性だった。このバーバラが連れていたのがアンナで、母親は彼女をアーニャと呼んでいた。アーニャは一八歳で、肩まで伸びた金髪を束ねている少女だった。まだ稚気が残っているが、眼差しには真剣さが宿っている。高校で英語とフランス語を勉強したのだが、これからの進路を決め兼ねているらしい。ウィーンの音楽大学に留学してピアノを勉強するか、それともワルシャワ大学に進んで日本語を勉強し、母親が讃美してやまない鎌倉という都を一度自分の眼で確かめてみるか。彼女はこの選択に悩み、わたしはそれを羨ましく思った。人生が始まろうとするときには、どのようにささいな選択であっても、あたかも断崖の上でなされるかのように見えるものだ。

クラクフでは万事がこんなふうに進行した。狭い社会なので、芸術家や演出家、俳優たちは、お互いにお互いをよく知っている。一人と知り合いになると、次々と別の知り合いができ、お昼ご飯に呼ばれたり、画廊で待ち合わせて芝居をいっしょに観に行こうと誘われたりする。わたしが日本人だからという好奇心もそこには働いていただろう。しかし、それよりもわたしが感じ入ったのは、人と人が簡単に出会える程度の町の規模であり、その中心にあるいくつかのカフェとレストランだった。

翌日からわたしのスケジュールは変わった。アーニャがわたしを案内するといって聞かず、母親をみごとに説得してしまったのだ。わたしが現代ポーランド文学に関心があると知ると、彼女はただちにイェルジー・ヤロツキが演出する、ゴンブロヴィッチの『結婚』を観に、わたしを劇場へと連れて行ってくれた。一人の青年の夢のなかに、年老いた両親と中世の枢機卿が出現し、服をはぎ取られた女性が舞台の隅で花嫁衣裳に着替える。黒い帽子を被った男たちが次々と出現し、舞台はいつしか鉄格子によって前景と後景に二分されてしまう。兵士たちの手にした銃によって、主人公の親友が虐殺される。ポーランド語を勉強してこなかったので細かなメッセージを読み取ることはできなかったが、力強い演出だという印象をもった。

わたしが満足したのを知ったアーニャは、それじゃあ明日も別の芝居を観に行こうと、帰り道でいった。そしてスタリー劇場の前まで来ると、ここはクラクフでもっとも古く、立派な劇場なのよと、得意そうにいった。翌晩、わたしたちは劇場の前で待ち合わせると、ヴィスピヤンスキーの『婚礼』を観た。演出はアンジェイ・ワイダだった。ゴンブロヴィッチのときにはそのあまりの前衛ぶりに唖然としていたアーニャではあったが、さすがにポーランドの国民的劇作家の代表作は以前にも観たことがあったようだ。わたしの耳元にぴったりと顔を寄せ、要所要所は英語で説明を施してくれた。

物語は二〇世紀の初頭、クラクフに近い農村で、婚礼の儀が執り行われようとしている。新郎は貴族の青年、新婦は土地の純朴な少女である。舞台となるのは屋敷の端の、置き去りにされた部屋で、西日が強烈に射し込んでいる。村の広場で開かれている祝宴の喧騒が微かに聴こえてくる。さまざまな人がこの部屋を訪れては去ってゆく。

やがて深夜になるが、広場での祝宴はどうやらまだ続いているらしい。とはいえ家の外は一面の花吹雪である。一人の少女が、突然に現れ出た地霊と幼げな対話をしていると、それを聞きつけてポーランドの歴史上の英雄たちの霊が次々と登場し、舞台はさながらワルプルギスの夜のごとしになる。亡霊の一人が酔った老人に角笛を託し、これをもって明日に決起せよと嗾《けしか》ける。老人の妻はそれを相手にせず、角笛は別の青年の手に渡る。

夜明けごろ老人は目覚めるが、いっさいを記憶していない。周囲の人々は宴に疲れて、ぐっすりと眠りこけている。そこに武器を手にした青年たちが現れる。彼らは酔った老人に扇動されて、蜂起を決意したのだ。老人は少しずつ記憶を回復し、誰もが合図の角笛が鳴るのを待ち望む。窓の外が炎で明るいのは、どうやらクラクフが炎上しているからだ。そこに、先に角笛を託された青年が、地霊を背負って登場する。だが彼は角笛を失念しており、人々は落胆のあまり硬直してしまう。事態を察知した青年がいかに決起を呼びかけても、彼らは動かない。そこで地霊がヴァイオリンを弾き出すと、人々は二人ずつ列をなし、ゆっくりと踊り始める。

ポーランドという国家が、一九世紀から二〇世紀にかけて列強国に分割され、地上から消滅してしまったという事情を了解していないかぎり、この芝居の背景も、登場人物たちの心情や行動も理解できないだろう。ここにはフォークロアと緊急の政治意識との、みごとな結合がある。一九世紀貴族の子弟の間にあったロマン主義的高揚と、若き知識人による田園の理想化。そしてつねに健忘症の犠牲となって、急進派から乖離してしまう民衆。ドイツであるならば悲劇『ファウスト』として古典的完成を見たであろう題材が、クラクフではきわめて歪《いびつ》で、均衡を欠いた戯曲として成立した。そのクラクフが本来、ファウストゥス博士の伝説の都であるとは、なんと皮肉なことだろう。

わたしのクラクフ滞在は、日一日と延びて行った。しばらくのうち、わたしは夜遅くホテルに戻るたびにコンシェルジュに向かい、ワルシャワ行きの予定延長を報告していたが、それがあまりに頻繁になるので、ついに彼はわたしに何も訊ねなくなった。どうせホテルはガラ空きなのだ。わたしはアーニャの郊外の家に遊びに行き、大雨に降られて逃げ帰った。彼女に案内されてカントルの劇団クリコ2の事務所を訪れ、かつての劇団員ヤチェック・ストコーサの家に招待された。ストコーサは座長なき後の劇団の行く末を心配していた。どうやら分派活動らしきものが生じかかっていることが、彼の言葉の端々から感じられた。ストコーサは職業的な写真家でもあり、その壁にはみごとに撮影されたアーニャの肖像写真が掲げられていた。そのなかで彼女は羽飾りのついた帽子を被り、生気溌剌とした表情をしていた。その側には、全裸の女性が軍服姿の人形の腰に足をかけ、誘惑しようと絡みついている写真があった。これはわたしじゃなくってよと、アーニャがいった。

三人で夕食を食べていると、廊下の向こうの部屋から、弱い咳払いと微かな泣き声のような音が聴こえた。わたしが聴こえないふりをしていると、しばらくしてストコーサが黙って席を立っていった。あの人の奥さんは癌で、もう余命いくばくもないのと、アーニャが小さな声でいった。

いよいよ明日はワルシャワに行かなければならない。わたしはそう宣言した。するとアーニャは少し黙り、それじゃあ最後だからヴィエルツィネックで食事をしましょうと提案した。クラクフで一番格式のあるレストランで、ドレスコードを知らないアメリカ人観光客が断られたという風評のある店である。ネクタイを持ってないから、そんな高い店は無理だよとわたしがいうと、アーニャは大丈夫、今までに知り合いの結婚式で一度は行ったことがあるからと、平然といった。

翌日の午後九時きっかり、彼女はホテルに現われた。思いっきりきちんとお化粧をし、自家用車を運転してきたのだった。後部座席には父親のクローゼットから持ち出したとおぼしきネクタイが三本、無造作に放り出されている。どれでも好きなのを選んでと、彼女はいった。

ヴィエルツィネックはなるほど、中央ヨーロッパの矜持をひとところに集約したかのように立派なレストランだった。高い天井の下、案内されるままに控えの間に通され、それからおもむろに広々とした食堂の卓の前へと案内される。バスティーユでテイクアウトのバケット・サンドウィッチを食べてきたわたしには、何もかもが信じられないほど豪奢に感じられた。ここで物怖じしてしまうと、アーニャの面子を潰すことになるぞと、わたしは自分にいい聞かせた。ボーイが「マッモワゼル」といいながら、彼女に椅子を勧めた。彼女はすかさず「マダーム」といい直させた。わたしたちはシャンパンを開けた。

クラクフでのわたしの物語はこれで終わりだ。

翌朝は、気がつくともうワルシャワに到着していた。どうやらクラクフの駅で列車に乗り込んだ次の瞬間から、わたしはぐっすりと眠りこんでしまったらしい。ワルシャワは市の中心に威圧的なスターリン建築が聳え立ち、どこに行ってもそれが目に入るので、ひどく落ち着かない気持ちになる都だった。すべてがクラクフと対照的であるように思われた。わたしは修復されたゲットーの中の店で鰻の燻製を食べた。それからタクシーでホテルに戻った。翌日にはパリに戻らなければならなかった。あまりにクラクフに長逗留したので、ワルシャワのために費やす時間はとうになくなっていたのである。

サイゴン　1993

わたしが到着したとき、サイゴンはまだ固有名詞をめぐる混乱のさなかにあった。

わたしたちが知っている「ヴェトナム戦争」は、ここでは「アメリカ戦争」と呼ばれていたが、それが終結して一八年目だった。ということは日本の戦後でいうと、一九六三年に当たるのだろうか。わたしは一瞬そう考えたが、安易な比較は禁物だった。世界の情勢はたえず流動しており、時間がどこでも均質に流れるわけではないからだ。街角は露店とシクロで活気に満ちていた。観光客は移住許可証さえ獲得できれば、別の町へと向かうことができた。

空港の入国管理とホテルの窓口は、制度的に「ホーチミン」の名称を用いた。だが鉄道駅は堂々とサイゴン駅の標識をつけていた。ドンコイ通りにはホテル・サイゴンがあり、首都のわきを流れる河はサイゴン河だった。わたしは映画館に入った。中学生の娘が初めて買ってもらったアオザイを着て、父親の前に立つ。父親は亡き妻のことを思い出してしんみりとするが、気をとりなおして娘に話しかける。「お前も立派なサイゴン娘になったなあ」

わたしもこのエッセイで「サイゴン」という旧称を使わせてもらう。生涯をかけて解放戦争を戦った国家元首の名前を呼び捨てにするのにはまだ少し抵抗があるし、自分の書きものはどこまでも私的な旅行記であって、お役所に提出する書類ではないからである。

わたしは一週間ほどサイゴンに滞在した。わたしの心をときめかせたものは寺院の門や屋根に施された龍や仙人の剪黏《せんねん》であり、蔓科植物を悠々と絡み付かせながら堅固に建っている門柱の細かな装飾だった。それはまさしくアジアのバロックだった。盆栽は日本の枯れきった盆栽とは対照的に、細やかに水を誘い込み、森羅万象の縮図を涼しげに体現していた。白いアオザイを着た中学生の少女たちは、下校時に街角を歩きながら仲よく合唱をしていた。半透明のライスペーパーに巻かれた海鮮料理。河にボートを浮かべて、いつまでもお喋りをしているカップル。屋台に並べられている氷菓子。ここには周囲を圧倒して声を遠くまで響かせる意志の代わりに、声を細めささやかな幸福を守るという優雅な生活の悦びがあった。一月の暑気はわたしには大変で、帽子が必需品だったが、街角を行く人々はなぜか涼しげに見えた。

わたしは、かつての宗主国フランスの影にいたるところで出くわすこととなった。

郵便局も、博物館も、個人の豪邸の門飾りも、立派な建物には例外なくアールヌーヴォの蔓草模様が絡み付いていた。パリの地下鉄の入口、そう、あのデザインのことだ。フランスがヴェトナムを植民地化し、仏領インドシナを建設した一九世紀末とは、まさにパリでこの東洋趣味が猖獗を極めていた時期であった。サイゴンにはその最新流行がフランスの手で逆輸入された。南国の繁茂しきった植物の蔓が、青銅で造られたおのれの似姿に絡み付いているさまは、頽廃的でいい感じがした。サイゴン大聖堂の建築の煉瓦造りの美しさには、文句なしに圧倒された。わたしの知るかぎり、東アジアにおいてこのカトリック建築に匹敵するものは、ソウルの明洞聖堂《ミョンドンソンダン》を数えるばかりである。わたしはサン・ポールの修道院を訪れた。ヴェトナム人のシスターはきれいなフランス語を話し、わたしが横浜双葉学園のセント・パトリック教会と縁があるというと、ひどく悦んでくれた。

繁華街ドンコイ街に宿をとったわたしは、いつも近くのコンチネンタル・ホテルの食堂まで朝食に出かけた。カフェオレとともに、みごとに焼き上げられたバゲットがでた。日本の貧相なパンしか知らなかったわたしは、思わず感嘆の声をあげた。ヴェトナムだって多湿であることでは日本に負けないはずなのに、どうしてこんな神業が可能なのか。いうまでもなく植民地主義のおかげだ。フランス人の料理人はヴェトナム人にパンの焼き方を叩きこんだのである。

もっともパリのカフェとは違うところもあった。磨き立てられた食堂のガラス窓の向こうには、手首や指を爆弾で喪った乞食たちが何人も詰めかけている。戦争の後遺者たちだ。彼らがわたしにむかって傷ついた患部を強調して掲げることがなかったとしたら、わたしはそこがパリだと錯覚してしまったことだろう。

コンチネンタル・ホテルの玄関は美しいアールヌーヴォ様式であったが、だからといってフランスの要素だけが特に感じられたわけではない。食事中ひっきりなしに聴こえてきたのは、「ピーター・ポール&マリー」をはじめとする六〇年代のアメリカン・ポップスである。わたしはその意味を考えてみた。アメリカが侵略戦争を開始してまもなく流行した音楽が、ここでわざわざ選ばれ流されている原因のひとつは、昨今になって急増しているアメリカ人観光客ではないか。彼らにとってヴェトナムとは、六〇年代の戦争と反戦運動のノスタルジアを投影できる絶好の場所なのだろう。

街角に出ると、パナマ帽を被った少女たちがお喋りをしている。つい写真を撮りたくなったので話しかけてみると、少し含羞《はにか》みながら受け入れてくれた。彼女たちはパナマのことを「ラマン、ラマン」と呼び、わたしがその真似をすると笑った。マルグリット・デュラス原作の『愛人《ラマン》』が映画になって、サイゴンでもヒットした。それ以来、女の子が「ラマン」と称してパナマを被るのがファッションになっているのだ。まだやってるよというので、映画館の場所まで連れて行ってもらった。なるほど確かに『愛人』が上映されている。もっとも看板絵の女性はジェーン・マーチとは似ても似つかず、白ではなく青い帽子を被っていた。併映されていたのは昔懐かしき東宝映画『キングコング対ゴジラ』だった。


わたしはサイゴンから古都フエへ渡る心づもりをしていた。ところが当日の朝になって思わぬ事態が起こった。現地の旅行社の手落ちで、フエへ向かう移動許可証が提出されていなかったと判明したのである。一九九三年というのは、まだまだ社会主義体制の融通のなさが目立っていた時代だった。許可証がないと、わたしはどこにも行けない。

旅行社に電話をすると、今から急いで書類を準備しホテルに届けるつもりだが、今日すぐに出発することはできない。どうか一日だけ、サイゴンに近い場所で時間を潰していてほしいという。しばらくして、二人の人物が派遣されてきた。運転手と通訳である。こうしてわたしはミトーに向かうことになった。メコンデルタの入口にあって、ガイドブックには「果物の楽園」と書かれている町である。そうか、大都会サイゴンを少し離れてみるのもいいかもしれないな。わたしはそう思って、提案を受け入れた。

通訳は二三歳の女性で、流暢な英語を話した。お喋り好きの性格なのか、聞いてもいないのにいろいろな話をしてくれる。車の窓の外に延々と続く椰子やバナナの樹を眺めながら、わたしは聞くともなく話に耳を傾けていた。

「あのね、教えたげようか。この運転手の人、何してたか知ってる？　ずっと収容所にいたのよ」

「そんな、人のことをいっちゃいけないよ。聴こえたら気を悪くするんじゃない？」

「いいの、かまわないの。だってこの人、英語なんてこれっぽっちもわからないのだから」

「じゃあ北から来た人ってわけ？」

「違うわよ。北から来たのはわたし。両親ともに共産党員よ。でもねえ、この運転手の人ってかわいそう。元は南側の空軍のパイロットだったのに、戦争が終わってから労働矯正を五年もやらされたんだって」

「きみって英語、上手だよねえ」

「わたしはハノイ生まれだけど、六歳で南が解放になると、両親といっしょにサイゴンに来たのよ。大学の卒論はヘミングウェイよ」

ヴェトナムにも戦後世代、いや戦無世代が成立しようとしているのだと、わたしは思った。通訳の女性は運転手の境遇を公然と笑っていた。というより彼を含め、先行する世代が背負っている問題など、もはやわが事ではないという認識を抱いていた。

かくするうちに車はミトーに到着した。寡黙な運転手はわたしと通訳を降ろすと、休息をとりに出て行った。わたしと通訳は船でひと廻りして中洲の島まで行き、かわいらしい市場を見学し、食堂に入った。エレファントフィッシュという川魚の唐揚げをバンチャン（ライスペーパー）で包んで食べた。どうやらこれらはすべて観光コースとして定められているようだった。食べ終わるとあちらこちらを散策した。ひどく暑かったが気持ちは爽快だった。炊いた米を摺り下ろして竹笊のうえで乾かし、バンチャンを作っているところを見ることができた。島の中央は棕櫚が群生していたり、等閑《なおざり》な竹藪になっている。果実はあたり一面で実っていた。

島を出て少し歩くと、チュアヴィンチャンへと案内された。ヴィンチャンは漢字では「永長」であり、一九世紀の中ごろに建てられた仏教寺院である。白と青のモザイック模様のタイルを柱廊に埋め込み、フランス様式を取り入れた優雅な様式の寺院であり、長々と続く回廊からは、花が咲き誇る庭園を眺めることができた。明るい正面玄関を潜ると薄暗い本堂があって、そこから先は伝統的な仏教寺院の佇まいとなる。壁にも柱にも経典の文句が朱筆で刻みこまれ、この場所の神聖な雰囲気をいや増しにしている。経典の文字は、わたしのように仏典に疎い者でも理解することができた。『般若心経』の有名な一節だったからである。

わたしが本堂で通訳の女性の説明を神妙に聞いていると、奥の扉が開いて、年老いた僧侶が一人現われた。埴谷雄高さんに似ている。いかにも高僧のようで、わたしが神妙に見学しているのを好ましく思ったらしい。通訳を介してわたしに話しかけてきた。驚いたことに、彼は柱に記されている経文をどれ一つとして読むことができなかった。もちろん修行を積んだ僧であるから、その意味するところは十二分に体得しているはずである。ただ彼は漢字を読めなかった。

チュアヴィンチャンの外に出ると、寺院はまだ明るい陽光の下にあった。サイゴンに戻る時刻が近付いていた。わたしと通訳は車を見つけると帰路に就いた。帰り道も同じく椰子とバナナの連続である。幼いマルグリット・デュラスも母親に連れられ、何かの用事でサイゴンへ出かけるとき、これと同じ道路で同じ風景を見ていたのだろうかと、わたしは想像した。『太平洋の防波堤』という長編小説のなかで、彼女の母親は虎の子の財産を騙しとられてしまう。海の塩に鞣《なめ》されてとても耕作など出来そうにない土地を掴まされ、絶望の極致に立たされる。出かける前にもう一度読み返しておけばよかったと、わたしは少し後悔した。

帰り道では一つだけ気にかかるものを見つけた。道路のわきに小さな祠《ほこら》が設けられている。そこに掲げられた黒地の板に、「孤死」という文字が大書されていたのだ。誰かがここで死んだのだ。それもひどく孤独な死を。遺された者が抗議と鎮魂の気持ちをこめて、その場所に祠を設けた。わたしは車を停めて祠を確認してみたかったが、運転手がわたしの要求を理解できないまま車をどんどん進めてしまったので、諦めなければならなかった。

チュアヴィンチャンの高僧は漢字が読めなかったが、路上の掲示は漢字で記されている。ひょっとして「孤死」を遂げたのは漢字の読める中国系の人物で、相次ぐ戦乱に悲憤慷慨して自殺したのかもしれない。いやそれとも南北いずれかの兵隊に連行され、惨い最期を遂げたのかもしれない。いずれにしろ一瞬通り過ぎただけではあったが、この祠はわたしに強烈な印象を与えた。この二字の漢字熟語がもつ力、ぎりぎりにまで凝縮された意味の強さが、わたしの心を打った。チュアヴィンチャンからサイゴンのホテルに戻った後も、それはわたしの心から消えていかなかった。孤死を遂げた人物はあの土地に怨霊として残るだろう。だが、その掲示の意味を読み解くことのできない僧侶は、どのようにして霊を慰撫すればよいのだろうか。

フランスは酷いことをしたものだというのが、漢字廃絶をめぐってわたしが抱いた感想である。フランス人はこの地を植民地としたときから、現地人にバゲットの焼き方を教え、カトリック教会での祈りの仕方を教えた。だがその代償にヴェトナム人から漢字を奪い、代わりにアルファベットを与えたのである。複雑な発音体系を表象するため、ヴェトナム人はそれに多くの煩雑な記号を付けなければならなかった。

ヴェトナムは日本や朝鮮、中国と同じく、大乗仏教と儒教の文化圏に属している。漢文とは漢人だけの専有物ではなく、ヨーロッパにおけるラテン語に相当する共通言語である。フランスの植民地主義者が恐れたのは、儒学を学んだ伝統的知識人が団結し、東アジアの他の知識人と連動しながら抵抗運動の主勢力となることであった。それを根絶させるには教育制度を根本から改め、漢字教育を禁止するしかない。バイブルをフランス語では読めても、四書五経を漢文で朗誦できない世代が支配的になれば反植民地運動は消滅すると、植民地統治者は考えたのである。

フランスの目算は成功した。ヴェトナムの知識人は本来、中国や日本と同様、悲憤慷慨のたびに漢詩を詠むという伝統をもっていた。だが二〇世紀に入ってしまうと、もはや漢文を読むことのできる者はほとんどいなくなっていたし、ましてやそれを書ける者はさらに少数であった。ヴェトナムで最後に漢詩集を刊行したのは、若くして獄中にあったという胡志明という青年である。彼が刊行した『愛国詩集』は、簡素ではあるが力強い詩行に満ちている。青年はときに阮愛国とも名乗り、反フランス闘争の中心人物となった。ホーチミンのことである。

わたしがミトーからの帰り道で偶然に見かけた「孤死」という二字は、この地にもまだ漢字を解する者たちが完全には消え去っていないことを告げていた。文化というものはひとたび根元を断ち切られ、傍目には消滅してしまったかのように見えても、その実、水面下でしぶとく生き延びるものなのかもしれない。この文字を書き付けた人物は、その後どのように生きているのだろうか。彼は自分の書き記した文字をもう誰も読めなくなってしまったということを、どのように考えているのだろうか。

ホテルに戻ってみると、フエへの移動許可が出ていた。わたしは翌朝の飛行機でフエに飛び、フォン河を小舟で下った。阮朝の王宮を訪れたが、本殿は空地になっていて何もなかった。そこはキューブリックの『フルメタル・ジャケット』の最終場面の舞台となったところで、アメリカ軍による徹底した破壊がなされたところだった。

わたしはサイゴンから香港へ渡った。正月映画として公開された陳凱歌の『覇王別姫』を観るためである。ホテルに荷物を預け、尖沙咀《チムシャーツイ》の劇場に飛び込むと、最終上映の一番前、左端の席だけが売れ残っていた。スクリーンはひどく歪んで見えたが、わたしにはそれでも満足だった。それは六カ月前、わたしが北京に撮影を見学に行ったフィルムだった。

バーニョ・ヴィニョーニ　1994

トスカナの美しい風景のなかを、一人のロシア人と、彼に付き従うローマ娘が歩いている。ロシア人は美しい光景というものに飽き飽きし、生の倦怠に悩んでいる。彼の目的とは、一九世紀に故国を捨て、トスカナの温泉地に滞在した同国人の作曲家のことを調べることだ。だが温泉に到着したときから、彼もまた熱病のようなノスタルジアに蝕まれてしまう。湯治客たちは露天風呂に浸かりながら、この不思議な異邦人の噂話をしている。そこに世界はもうすぐ終末を迎えると説く、村の変人が通りかかる。彼はロシア人に蠟燭の勤行を行なってほしいといい残し、ローマに出向いて焼身自殺を遂げる。

タルコフスキーがソ連国外に出て最初に監督した、『ノスタルジア』というフィルムである。惜しむらくは、彼はソ連の崩壊を見ることなく亡くなってしまった。

イタリアで一年間を過ごすことを決めたとき、わたしはまず、どうしても訪れてみたいところを書き出してみた。マテーラの洞窟住居。ボマルツォの怪物庭園。アルベロベッロの昆虫集落。

北部イタリアの屋外に描かれたフレスコ画……。ここでコレッジョの天使像のあるパルマだとか、ジョルジョーネを集めたヴェネツィアといった風にいっこうに発想が向かないのは、わたしがいわゆる日本でいう西洋美術史に冷淡であるからだろうか。いや、むしろ美術館を中心においていくらイタリアの都市を廻っても、旅行というアクチュアルな体験とは無関係だと考えているからだろう。美術館に陳列されている名画とは、本来の個々の文脈を剝ぎ取られ、無時間という虚構のなかで仮死状態に置かれているにすぎない。それに比べて街角を歩くことは、すぐれて現実の、夾雑物に満ちた体験である。

もっともこういった恣意的で、思いつきのリストのなかに、タルコフスキーが『ノスタルジア』を撮影した場所を訪れてみたいというものがあった。イタリアは日本、アイスランドと並んで、温泉王国である。『ノスタルジア』のなかには、濛々《もうもう》たる湯気のなかで湯治客たちが世間話に興じたり、チェス盤を浮かべて勝負をしていたりする巨大な露天風呂が登場する。あの客たちに混じって大地の恵みである熱い湯に全身を委ねてみたならどれほど心地よいだろうかと、わたしは空想してみた。映画公開時のパンフレットを見ても、温泉の名前はわからない。だがそれは、ごまんと温泉《テルメ》のあるトスカナ州のどこかに実在しているはずだ。わたしはそう確信して、機上の人となった。

それは絶対、サトゥルニアだよ。

ボローニャ大学でわたしの映画学の指導教官であるアントニオ・コスタ教授は、確信をもって語った。そこでさっそく書店でトスカナ全図を求め、出発することにした。サトゥルニアという名前には、どこかしら土星とか古代祭儀を連想させるところがある。きっと古くから温泉として有名だったのだろう。といっても山奥の秘湯であるからして、簡単に行けるものではない。

五月だった。トスカナは新緑が絶頂に達する、美しい季節である。

まず巨大なフィレンツェ駅の一番隅にある小さなプラットフォームから、シエナ行きのローカル線に乗り換える。シエナからグロセットなる小さな町へ向かうバスに乗る。グロセットで待つこと二時間。ようやく到来したローカルバスにしばらく乗ると、サトゥルニアの小さな町が見えてくる。そこでホテルの送迎バスに乗り換えるというわけだ。

サトゥルニアは美しいトスカナの森に囲まれ、豊かな湯に恵まれたところだった。とにかくいたるところに噴出がある。匂いを嗅いでみると、微かな硫黄泉だ。ホテルの大プールでは、零《こぼ》れんばかりの乳房をかろうじて水着で包んだ女性たちが、海豚《いるか》のように泳いでいる。夜に外で遅い夕食をとっていると、何匹も蛍が飛んでいて、黒々とした樹の幹に留まるのが見えた。朝になってホテルを離れ、近くの滝まで歩いていくと、広々とした滝壺には温かい水が溜まり、明るい陽射しのなかで誰もが愉しそうに水遊びをしている。

サトゥルニアには文字通り、人類の黄金時代が再現されているような気がした。だがそこは、ソ連を亡命した直後のタルコフスキーが映画を撮った場所ではなかった。風景という風景はあまりに明るく、さながらクロード・ロランの絵画のようであり、『ノスタルジア』の深い憂愁とは無関係だった。コスタ教授は確信をもって、思い違いをしていたのだ。

仕切り直しをし、もう一度探求を始めたのは夏の終りである。今回はタルコフスキー関連の資料を渉猟し、問題の温泉地がバーニョ・ヴィニョーニという名だと突き止めた。ホテルは一軒しかなく、しかも部屋数がひどく少ない。慌てて電話で予約を取り付け、秋口に向かうことにした。

今度もシエナ経由である。シエナはどこまでも近代を拒む町で、駅と町がひどく離れている。そこで最初から鉄道駅など無視して、フィレンツェからバスでシエナのバス・ターミナルまで向かう。ここでサン・キリコ・ドルチア行きのバスに乗る。ここからはモンテプルチャーノ村へと向かうバスが出ている。山麓のこの地域は、偉大なワインを産出するところなのだ。だが温泉に到達するにはワイン村とは逆に、さらに別のローカルバスに乗り換えなければならない。バーニョ・ヴィニョーニというバス停に降りてから、またしばらく、誰もいない秋の野原の道を歩くことになる。

年老いたオリーヴの樹が茂みをなし、秋の花々があちらこちらに咲いている。切り立った崖に小さな滝の落下が見え、それを受けて水が静かに流れている。遠くに牧草地があり、その向こうの丘には白い城塞が見える。まるで『モナ・リザ』の背景のような風景である。

ホテルはわずか十部屋ほどしかない。木の扉のついた窓を力任せに開けると、どの部屋からも眼下に露天風呂が展がって見えるように設計されている。というよりむしろ、その広大な四角形の浴槽を取り囲むかのように、はるか昔からある宿坊やら、石畳の階段やらが設けられているといった方がいい。やった、ついに到着したぞと、わたしは心のなかで歓喜の声をあげた。だがその直後に、大きな失望を感じることになった。

浴槽は縦が四〇メートル、横が八〇メートルほどの、巨大なものである。もっとも残念なことに、この露天風呂はもう相当の長期にわたって使用されていないと判明した。ホテルの女将の話では、少し山を登ったところに大きなスパハウスが建設されて以来、噴出する温泉の流れに異変が生じたのか、いっこうに熱湯が廻ってこなくなった、今では単なる池と化してしまったという。温泉を体験するには、ホテルから少し歩いた先の断崖を下り、岩肌に噴出している湯が溜まっているところまで行かなければならない。

それではタルコフスキーが撮影したときはどうだったのだろう。まさか十人近い俳優たちを冷水のなかに浸《つ》け、湯煙の効果を出すためにドライアイスを投げ込んでいたのだろうか。だとすれば、わたしを含め、観客はみごとにいっぱい喰わされたことになる。季節は朝霧が深く立ち込める時期であり、出演する側は大変な思いをしたに違いあるまい。

女将はわたしの質問には直接に応えなかった。だが思いがけずもタルコフスキーという名前を聞いて、何かを思い出したようである。あの方は若くして天に召された方だったといって、十字を切った。撮影をしている間は、ずうっとうちのホテルを貸切にして、監督も、俳優さんも、みんな泊まり込んで……そういえばつい先日も奥様がここにいらっしゃって、懐かしい、懐かしいとおっしゃって……。

バーニョ・ヴィニョーニは数あるトスカナの温泉のなかでも、とりわけ霊験あらたかなところとして、中世から知られてきた。モンテーニュの旅日記を読むと、彼がここをこよなく好んだことがわかる。硫黄泉が皮膚病や不妊の治療に効果があると信じられたことは別にしても、この温泉には神秘家たちの情念を惹きつける何ものかが宿っていたように思われる。原因のひとつは、シエナの聖女カテリーナによるものであった。

ヨハネ・パウロ二世によって「ヨーロッパの守護聖人」と呼ばれるにいたったこの女性は、一三四七年にシエナの染物業者の娘として生まれた。幼少時より幻視体験を繰り返し、やがてより霊的な体験を求めて苦行と瞑想に耽ると、法王はもとより、ヨーロッパ中の王侯貴族高官に書簡を送り続けた。澱みなく流れる真紅の血のなかで神の花嫁となることを願い、三三歳で生涯を閉じた。

カテリーナが両親に連れられてバーニョ・ヴィニョーニを訪れたのは、一四歳のときである。誰もが遊興三昧の気分に浸っている温泉地で、彼女は集団での入浴を拒み、いつもただ一人、湯に浸かった。それも出来るだけ熱い湯を求め、熱湯の走る導水路に軀を寄せ、それに耐えることを自分に強いた。一説によると、それはいずれ煉獄の道を歩むとき、少しでもその苦痛に慣れておこうという考えに基づいていたという。タルコフスキーのフィルムでは、明言こそされていないが、この故事がこっそりと暗示されている。

わたしはバーニョ・ヴィニョーニに二泊滞在した。不思議なことに、この使われなくなった露天風呂は、朝な夕なに微妙に水の表情を変え、神秘的な雰囲気を醸し出すのだった。

日中に周囲を廻ってみると、水の底までが透明に透けて見え、さしたる感慨もなく過ぎてしまう。ところが夕暮れどきともなると少しずつ水面が昏《くら》くなり、ホテルの窓からちらちらと覗く光が、さながら鏡と化した水面の上に冷たく反映する。薄明のなかでは石畳の上を歩くと、あまりの静寂さゆえに、足音だけが響いてくる。

静まりかえった水面が神秘感をもって迫ってくると感じられるのは、夜もだいぶ深くなってからである。古い建物の壁に聖カテリーナを祀った一角があり、肖像画のかたわらに赤いお灯明が灯されている。建物を支える七本の柱にはギリシャ語で、熱の蒸気のうちに棲まう妖精ナイディアへの賛歌が刻まれている。お灯明が石畳の上に刻みこむ七本の影が、不気味に、また神秘的に感じられてくるのだ。

早朝、まだ太陽が昇りきらず、どこもかしこもが曖昧な霧に包まれているころ、思い切って起きだし、そっとホテルの扉を開けて水の周囲を廻ってみた。これは忘れがたい記憶となった。聖女のお灯明は一晩を通して消えることがない。それは心なしか疲れを見せながらも、暗い祭壇をぼんやりと照らしている。そこから広々とした水面を眺めると、ホテルの壁に設けられた五つの灯がめいめいに異なった強度をもって照り返り、夜明けに特有の微かな風のおかげで小波を見せてくれる。もっとも左と右にある灯の反映は、明確な輪郭をもっていない。だが左から二番目のものは活発で、白とも黄金ともつかない光の環がいくつも回転しているようだ。三番目、つまり中央の反映は、けっして強い光源をもっているわけではないが、それでも細く静かな光の環を結んでいる。四番目は水面に長い光の柱を作り上げ、その先端でちらちらと動き回っている。

バーニョ・ヴィニョーニ

もっともこうした印象は、わたしがたまたま祭壇の下にいたからこそ感じられたわけで、これが石段に沿って歩き出してみると、たちまち異なったものへと変化してゆく。同じ光源であるというのに、水面の反映の調子が変わったり、思いもよらなかった新しい光の反映が登場して来たりする。わたしが早朝に水面を見つめながら歩いていると、どこからともなく黒い犬が近付いてきた。どうやらこの犬も所在なさげにしているらしい。待てよ。ファウストが悪魔に出会うのはこうした状況においてではなかったか。だがわたしの思惑とは無関係に、黒犬は何か用事を見つけたらしく、わたしの観想をそれ以上乱すことがないまま消えて行った。

バーニョ・ヴィニョーニから拠点であるボローニャに戻るには、律儀に行きのコースを逆に辿るしかない。もっともこのとき珍事が生じた。イタリア名物といわれるショッペロ、つまりストライキが生じてしまったのだ。罷業《ひぎょう》するかどうかはそれぞれのバスの運転手の、個人的な判断に委ねられている。それがイタリアのショッペロの面白いところなのだが、何回もバスを乗り継いで先へ進まなければならない旅行者にとっては、えらい厄難である。そこで慌ててその日のうちに帰宅することを諦め、遅くにシエナに到着したときには一泊をするというふうに、計画を切り替えた。というのも、わたしはこの坂の多い小さな都のことを以前からひどく気に入っていて、機会あるたびに散策をしておきたかったからである。

シエナにはフィレンツェとは違って、華やかなルネッサンスもなければ、贅沢のかぎりをつくしたドゥオーモもない。この都は黒死病の流行によって中世以降に発展をやめてしまった。もっともその高雅な代償として、漆黒の銅版画にビュランで掘りつけたかのような、峻厳な禁欲を町中に遍在させるにいたった。ひと筋として真直ぐに伸びた通りはなく、ひと筋として坂の高低と無縁な路はない。

シエナで一泊をしたわたしは、バスターミナルでフィレンツェ行きのバスが出るまで、相当の時間を余していた。そこで聖カテリーナに因んで、聖ドメニコ教会を訪れた。聖女の生家から坂道を少し登り、路地を通り抜けたところにある、どちらかといえば質素な教会である。

ここにはレオナルド・ダ・ヴィンチの流派に属するソドマ描くところの、法悦の境地に達した聖女を描いたフレスコ画が残されている。ソドマはその名前が暗示するように、レオナルドの倒錯的な部分を強烈に受け継ぎ発展させたマニエリスムの画家だが、わたしは今日にいたるまで彼個人の作品集を探し出すことができないでいる。

だがソドマの絵をさておいてこの教会が興味深いのは、そこに聖カテリーナの干涸びた頭蓋骨と手の親指、さらに彼女が苦行のために日夜使用した鞭までが陳列されていることだ。彼女はほとんど拒食症同然の状態で三三歳でローマで身罷《みまか》ったわけであり、その遺体は聖遺物としてローマに安置されている。にもかかわらず、頭部と指だけ故郷シエナに祀られている。この屍体愛好症を思わせる処置のためにどのような政治的取引がなされたのか、教会史の専門家ではないわたしには想像もつかないが、カトリックの教会がときおり見せるこうした屍体への偏愛には感嘆すべきものがある。それは聖女信仰をかつてアフリカや台湾の山地、そして戦国時代の日本で一般的であった、神聖なる首への信仰に近いものにしているように思われる。

シエナで早朝から思いがけない見学をしてしまったわたしが、心を満足させながら帰宅したことはいうまでもない。

レッチェ　1995

あるとき、といっても最晩年に到ってからであるが、ロラン・バルトは短いイタリア旅行をする。夜のミラノ駅は寒く、霧がかかり、うす汚れている。列車が出発しようとしている。各車両には黄色いプレートが取り付けられていて、「ミラノ／レッチェ」と記されている。バルトはふと夢想する。ああ、この列車にさえ乗っていけば、明朝にはイタリアの最果ての町に到着し、光と暖かさと静寂のなかに降り立つことができるだろう。彼はまだレッチェを訪れたことがない。だがレッチェに行きさえすれば、美しいイタリア、本当のイタリアに触れることができるのではないだろうか。

バルトの絶筆となったスタンダール論の冒頭である。彼はこの原稿をひとたび書き上げると往来に出、そこで交通事故に遭った。この事故が原因となって、六四歳の生涯を閉じた。

わたしにはこのミラノ発レッチェ行きの夜行寝台列車のことがよくわかる。四〇歳のころボローニャの大学で勉強をしていたとき、何回もこの列車に乗って、イタリア南部、プーリア州やバジリカータ州を訪れたからだ。それは南部の貧しい農民が北部の大都市に出稼ぎに行くために、特別に準備された列車だった。彼らはある決意をもって故郷を後にする。そして復活祭やクリスマスの直前、家族のためにたくさんのお土産を抱えながら、ミラノから帰路に就く。三段組みの二等寝台車では、まだ列車が出発する前から酒盛りが始まる。もうここまで来れば〈北〉の連中に気兼ねはいらない。おおっぴらにプーリアの里言葉《ディアレット》を口にできるというものだ。

もっとも正直にいってこの手の一群に出くわしてしまったときは災難である。列車がボローニャを通過して大分経っても、車両のどこかからまだ笑い声が聴こえてくる。やがてそれも途絶え、暗闇のなかでただ列車の機械音だけが続く。うとうととしていてふと目醒めると、窓の外はすっかり明るくなっている。手前には隙間もないほどの、灰緑色をしたオリーヴ畑。その向こうには群青色のアドリア海が拡がっている。いよいよプーリアに突入しようとしているのだ。一気に海岸線を走っていた列車は、州都バリのあたりから各駅停車を始める。そのたびごとに乗客が少しずつ降りていき、終点のレッチェに到着したころには、昨晩の大騒ぎの連中はどこへ消えてしまったんだろうという気がしてくる。まだ昼食どきにはいくぶん時間がある。イタリアの大概の町がそうであるように、レッチェでも鉄道駅は町の外れにある。少し歩いて旧市街に入り、ホテルに荷物を置くと、広場から大聖堂のあたりを目的もなく歩いてみよう。老女が一人、食堂《トラットリア》の脇でパスタを拵《こしら》えている。棒状に練った小麦粉を小さく千切り、親指の腹で押し型をつけては大笊《ざる》のうえに並べている。この地方で有名なパスタで、耳の形に似ているからオレッキエッテと呼ばれている。さあ、今日のお昼にはこれを食べるのだ。そういいきかせると、心はいつになく弾んだ調子でわたしに応えてくれる。

有体《ありてい》にいって、イタリアを旅行する外国人のほとんどは、北部の大都市めぐりに忙しい。ミラノにも、フィレンツェにも、ヴェネツィアにも、ルネッサンス時代の名画が唸っていて、美術館から美術館を渡り歩いているうちに、あっという間に一週間は過ぎてしまう。二回目の旅行も、三回目の旅行もその繰り返し。イタリア文学に関心を持っているなら、それでもシチリアを訪れる人がいるが、半島の踵《かかと》の先、プーリア州に足を向ける人はまずいない。第一、ここにはルネッサンスがない。加えてひどく貧しく、治安が悪いのではないかという偏見がある。

ところが一度この地域を旅した人は、たちまちその世界の虜となってしまう。なるほど名画こそないが、その代わりに町という町がどれもおそろしく異なっている。タジン鍋のような円錐状の石造りの家屋が、まるで昆虫の集落のように何百と並んでいるアルベルベッロ。断崖絶壁の壁にある無数の洞窟のなかに、今でも人々が平然と暮らしているマテーラ。巨大な円形の集合住宅が一つの町を構成しているロコロトンド。エッシャーの絵のように、町全体が迷路のような階段の集合であるオストゥーニ。比較文学者のマリオ・プラーツ、マニエリスム研究家のグスタフ・ルネ・ホッケ、日本では建築史家の陣内秀信といった人たちが、こうしてプーリア州の魅力にとり憑《つ》かれた。そして、わたしもまた一度訪れて夢中となり、これまで三度にわたって旅を繰り返すことになった。

こうした町々の多様性の背後には、かつてこの地域が古代ギリシャの植民都市として栄え、マグナ・グラエキア（大ギリシャ）とまで呼ばれ、その後はナポリ王国の領地となったという事情が控えている。ここはイタリアと呼ばれていながらも、中世にあってはつねにトルコに脅かされ、現在でもクルド人、セルビア人、アルバニア人の難民がひっきりなしに小舟で乗り付けてくる沿岸地帯なのだ。だが多くのイタリア人にとってプーリア州とは、ミラノやトリノの土木工事現場に労働力を提供する、貧困と失業に満ちた〈南〉にほかならない。現にトリノを中心に政治的示威活動を続けているロンバルディア同盟は、北部の分離独立のため、こうした南部を切り捨てることを主張している。イタリアは、日本人には想像もつかないほどに多様なのだ。

レッチェはプーリアで町めぐりをするにあたって、中心となる町である。とりわけブリンディジやオトラント、さらにガリポリ、ターラントといった海辺の町に向かうさいには、この町を起点とするのが一番いい。だがそれは別にして、レッチェは全体が完璧なまでにバロック的精神によって支配され統括された、途轍もなく美しい町だ。その美しさを形容するためには、先に名を引いたホッケのように、「バロックが古典主義の均衡を持っている」という、矛盾した表現に訴えることの方が最適かもしれない。事実、ナポリ王国の領地であったころ、この町は「小ナポリ」と呼ばれていた。

最初にこの町に到着した日のことは、よく憶えている。

多くのプーリアの町がそうであるように、真直ぐに伸びた大通りなどどこにもない。すべての通りが程度の差こそあれ曲りくねった迷路であり、どんなに地図を凝視して歩いていても、たちまち迷子になってしまう。そこで思い切って地図を仕舞い込み、足の赴くままに歩いていったところ、一時間、二時間ほどして、少しずつこの町のもっているリズムが理解できるようになった。建物と建物の間の狭苦しい通路を、どこに到達するのかも定かでないまま進んでいくと、あるとき眼の前に空間が大きく拡がり、堂々たる広場が現れる。広場の両脇と奥は、優雅な彫刻をあしらった邸宅《パラッツォ》で囲まれている。

建築物の色調はみごとに統一されていた。大小さまざまな教会も、いにしえの貴族たちの邸宅も、円柱も、劇場跡も、ほとんどが例外なくクリームがかった石灰岩で建てられているため、町全体がきわめて丁寧な細部を持った、ひとつの巨大な建築物であるかのように感じられる。同じバロックの町でも、ナポリの建築が黒と濃い灰色、白といった色を基調としているのとは対照的だ。ナポリにあって陰鬱であり魁偉なものは、ここでは光明と思慮に満ちている。

レッチェの魅力は、長い午後がようやく終わり、いつしか忍び寄った夕暮れが夜へと転調していく短い時間の間に、いや増していった。昼間は老人の黄ばんだ歯のようにしか見えなかった建物の色調が、ひとたび夜間の照明を投じられると、深遠なる静謐《せいひつ》さを湛え始める。静謐さは怜悧にして柔和であり、複雑な装飾を携えていながらも、手を触れれば溶融してしまうかのように流麗でもあった。建物のある部分は凍てついた花火のようであったが、その隣は溶けだしたままふたたび凝固した、黄金のクリームのようだ。

不思議なことに、夜ともなれば広場でも大聖堂の前でも、人を見かけることがほとんどなかった。迷路を廻り無人の広場に躍り出たわたしは、そこが昼間に訪れたのと同じ場所だと気付くのに時間がかかった。別の道を辿り、別の照明に導かれて到達した場所は、まったく異なった相貌をわたしに示した。わたしは自分が長らく育ててきた孤独が、この町に入り込んだ瞬間からより純粋に、より深く研ぎ澄まされたような印象をもった。とはいえ、邸宅の壁面や円柱に刻み込まれ、純白に輝く彫刻たちは、わたしにむかって永遠の悦びを説いてやまなかった。

摩滅したメンソーラ

町中に溢れているバロック彫刻は、ある恐ろしい宿命のもとにある。この地方で産出する石灰岩が柔らかいために、歳月を経るうちに風雨に晒され、摩滅や毀損の定めから逃れられないのだ。かつては優雅に彫琢されていたはずの女神や妖精の顔《かんばせ》が、あたかも天然痘に罹ったかのように斑《まだら》の傷跡に苛まれ、また醜く蝕まれているさまを、わたしはいたるところで発見した。

あるパラッツォのメンソーラ、つまりバルコニーの下の持ち送りの部分には、上部の突出を支えるため四体の女性の立像が設けられていた。彼女たちは眼を見開き、腕にかかる台座の重量をものともせず、永遠の任務に就いていた。左側の台座の下にある二体の像は、美しい顔と肢体、そして細やかな襞をもった衣装を保っていた。だが右の二体はといえば、不幸な偶然から長年にわたって雨風に浸食され、ひどく傷んでいた。一体は鼻梁が半ば剥離し、片腕が惨たらしく欠落している。そのかみに優雅であった衣装は削ぎ落とされ、やせ細った肉体に浮かび上がる肋骨のような姿を見せている。だがもう一体はさらに悲惨なありさまであった。顔は損なわれてこそいなかったが、全面にわたって鱗ともケロイドともつかない泡粒に覆われ、それが首筋を伝わり、掲げられた両の腕から胸元の衣装にまで及んでいる。その奇怪な姿は、あたかもこの地を襲った悪疫が、任務遂行のためこの場所を離れることを許されなかった彼女を、唯一の犠牲者として選び出したかのように思われた。わたしを感動させたのは、こうした厄難にもかかわらず、彼女が半ば開いた口と両眼をもってはるか上方を見つめ、世界のどこかに存在しているはずの救済を心待ちにしているかのような、真摯な表情を保ち続けていることだった。

先にも書いたように、わたしはこれまで三度にわたってレッチェを訪れている。最初にこのメンソーラを発見して以来、この四体の彫像が気になり、毎回その前に佇み、摩滅の進みぐあいをわが眼で確認している。写真を撮って見比べてみると、やはりこの二〇年ほどの間に微妙な変化が生じているように思えてならない。容赦なく吹きつける風のおかげで、彼女たちの皮膚は少しずつ細かな砂となって削り落とされているのだろう。いつの日か摩滅という作業が完成し、像が朽ち果てて崩れてしまうことは瞭然としている。もちろん劣化の速度は微々たるものであり、わたしが生きているうちはなんとか女体としての形状を留めているに違いはあるまい。だが、それもわたしの肉体と同じく、けっして未来永劫に及ぶものではないはずだ。それにしても同じメンソーラに取り付けられているというのに、二体はほぼ完璧な状態で保たれ、別の二体は業病に似た毀損を蒙るとは、偶然とはなんと残酷なものだといわざるをえない。

レッチェはボローニャやフィレンツェのような豪奢な美食の都ではなかったが、それでも慎ましやかな郷土料理のなかに、北部には見られないパスタやドルチェを発見して、思いがけず心が慰められることがたびたびあった。先に名を挙げたオレッキエッティもそうであったが、他にもニョッキを炉に入れてグラタン風に仕立て上げたものが美味で、日を置かず同じ食堂に行って、もう一度同じ料理を注文したことがあった。今、その名前を思い出そうとメモを探しているのだが、見つからず困っている。もちろんプーリア方言の名前である。

とはいうものの人間とは勝手なもので、レッチェのように、マラルメのソネットのごとくそれ自体が完璧に自足し完結している町にしばらく滞在していると、しだいに息苦しさを覚えてくることは否めない。あるときヨーロッパ規模の学会がこの町で開かれることになり、わたしは一週間をレッチェの新市街のホテルで過ごすことになった。その時は学会を一日こっそり脱け出して、近くにある港町ガリポリに脱出することを試みた。ガリポリは第二次大戦時に激戦が行なわれたところで、名前からもわかるように、古代ギリシャ人が建設した港である。

レッチェからガリポリまでは、一時間半ほどバスに乗る。窓の外はどこまでもオリーヴ畑で、それが突然に途切れ、青々とした海が開けたと思うと、もうガリポリに着いていた。旧市街は出島のように突き出していて、陸地と橋一本で繋がっている。橋の手前にわたしはギリシャ風の浮彫りをあしらった噴水を認めた。ここでもすべては恐ろしく摩滅していて、かろうじて三体の人物の存在が認められるばかりだ。中央の人物は、まるで太陽の背光のように、長く縮れた髪を四方八方に伸ばしている。

旧市街は突堤に沿って一周したところで、一時間を要しない。どこを見回しても海であり、貝殻の土産物屋やら海鮮料理の食堂が、びっしりと軒を連ねている。海の色は光線のぐあいによって、青であったり、濃い藍であったり、また緑や水色であったりする。老人がベンチに腰をかけて何やら呟いていて、そのすぐ近くでカモメが何かを啄《ついば》んでいた。わたしは一軒の食堂に入り、何でもいいからここの料理を出してほしいといった。さまざまの貝や蝦が生のまま、大皿に載って運ばれてきた。

ガリポリは哲学者ピタゴラスを生んだ、ギリシャの植民市だった。そうか、あの神秘哲学者もこうして海岸の貝を生で食べていたのかと想像すると、わたしはなぜか愉快な気持ちになった。

註

ホッケの引用は、種村季弘訳『マグナ・グラエキア』（平凡社、一九九六年）による。

テヘラン　1997

テヘランの街角の基本的な色彩は灰色であり、それがときどきくすんだピンク系であったり、緑がかっていたりする。強い原色は見かけない。建てかけの家に煉瓦が積み上げられたままだったり、剥き出しになった塀に鉄骨が覗いているのが目立つ。多くの通りには端に細い溝《どぶ》があり、坂では下水が細やかに流れている気配がする。その側には大八車が停まっていて、古パンを塩と交換している。古パンはズダ袋に詰め、羊の飼料となるのだ。

巨大な看板とポスターが目立つ。絵柄は稚拙であり、ほとんどが文字ばかりである。街角に標語が溢れかえっているというべきかもしれない。ペルシャ語には独自の文字はない。まったく系統の違うアラビア語から文字だけを借りてきて使用している。これは日本語が今でも中国語の文字を用いていることにどこか似ている。

革命の指導者ホメイニ師の映像が、いたるところに溢れている。その下では拡声器が彼を讃える言葉を流している。一三歳で、軀にダイナマイトを何本も巻きつけ、イラク軍の戦車の下に潜り込んで自爆した少年兵の巨大な映像がある。燃え上がる星条旗。Down with U.S という文字が添えられた大壁画……。これがわたしが訪れたテヘランの第一印象だった。

　ネクタイをしている男は誰もいない。西洋文明に毒されていると見られるからだろう。たいがいの人はセーターの上にジャンパーを羽織っている。ターバンを巻いている人たちは聖職者だが、一般人で帽子を被っている人は少ない。ジーンズもほとんど見かけない。その代り、ほとんどの男が髭を蓄えている。髭はムスリムの男には必要不可欠なものなのだ。もっとも一週間滞在している間に、何人かではあるが、髭をきれいに剃りあげている人とも言葉を交わす機会があった。彼らは例外なく、現体制に対し批判的な言辞を口にした。一昔前まではホメイニの代りにライオンの絵ばかりだったんですよと、そのうちの一人がそっといった。ライオンとはパフラーヴィ王家の紋章である。

　アメリカと断交し、悪の枢軸国呼ばわりされてから、もう一七年の歳月が経過していた。わたしは案内されて、アメリカ大使館の跡地を訪れた。威風をもった大銀行の建物に囲まれて、それは廃墟としてあった。

　兵士たちが休みなく周囲を護衛している。彼らは外国人であるわたしを発見すると、怪訝そうな表情を見せた。正門にある大使館の表示はすっかり傷み、剥げかかっている。その上にくっきりとペルシャ語が記されている。大使館の壁は三メートルの高さなのだが、さらにその上に一メートルの鉄条網が設けられている。大通りを隔てた向こう側の壁には、ここにもまたペンキでDown with U.S と大書されている。写真を撮ろうとすると、若い兵士が手で合図をした。撮るなという意味だ。しばらく歩いていくと、アメリカのスパイ活動を告発する反米文書を刊行している書店があった。それからコカ・コーラの、これも巨大な看板があった。もちろんみごとに朽ち果てていた。

イラン人の日常生活のからアメリカが払拭されたわけではない。というより、むしろアメリカと断絶することによって、アメリカはいっそう彼らの間に氾濫するようになった感がある。街角のいたるところに、ディズニーの登場人物を描いた壁画があった。ミッキーマウスのキャラクターを車体に描いた自家用車もあったし、玩具屋に行くと、戦争ものの玩具と並んで、いかにもアメリカン・スタイルの服装をしたバービー人形が、ずらりと並んでいた。男たちはレストランで、ペプシコーラとそっくりの瓶をしたパルシー・コーラを注文した。彼らはいかにもそれが本物のアメリカのコーラであるかのように、「クカ」とか「コカ」といって注文するのだった。


テヘランでわたしは、さまざまな美術館を訪れた。

絨毯美術館のコレクションは、質量ともにみごとなものである。現存するもののなかでもっとも古いとされる一七世紀の絨毯は、歳月を経て、深く渋いワインレッドを湛えていた。一九世紀のものとなると、地方によっていかに図案の様式が複雑に発展していったかが、手に取るようにわかるように展示がなされていた。色鮮やかな鳥たちが枝に身を休める生命の樹の柄があり、真言密教の金剛界曼荼羅を思わせる多元的な円環の集合があった。一枚一枚の絨毯が、それ自体として独自に完結した宇宙であることが、少しずつ理解されてくるのだった。

細密画美術館も、写真美術館も充実していた。前者では前イスラーム時代のガラス陶器の美しさに目を見張ったし、『王の書』の絵と文字の細やかな配置と組み合わせを眺めていると、今さらながらにペルシャ文明のもつ優雅さに感動しないわけにはいかなかった。後者は一九世紀ペルシャについて、実に豊かな映像資料を展示していた。展示の出口のあたりにもっとも新しい写真家の作品が固められていて、その一枚は、祖国に到着したばかりのホメイニ師に対し、多くの人々が興奮して手を差し伸べようとしているものだった。それはみごとに決定的な瞬間であり、すでに写真史に属しているといってもいいように思われた。展示場を出たところで館長と話をしていると、実はそれがジャーナリスト時代の彼女の撮影によるものとわかった。彼女はわたしがイランにいる間に言葉を交わした人たちのなかで、もっとも知的な印象を与える女性だった。これからはバスを仕立てて、地方を廻り、巡回写真展を行なっていきたいと、彼女は抱負を語った。

それに比べ、現代美術館は荒廃していた。新作のポスターが気忙しく展示されているだけで、見学者は誰もいない。ここに集められているのは、シャー時代の購入品と寄贈品である。西洋的な価値観からの脱却を国是とする現状では、西洋美術にあえて関心を持つ世代が育っていないということなのだろうか。中庭に出てみると、明らかにヘンリー・ムーアとジャコメッティとわかる彫刻が風雨に曝され、ボロボロに傷んでいるのを発見した。

廃墟のなかで最たるものは、ゴレスタン民族誌博物館だった。ここはかつて王の離宮であり、パフラーヴィ前国王の戴冠が行なわれた場所である。あちらこちらで崩れかけてはいたが、二五〇メートルにわたって緻密なモザイク画の壁が続いているのを見ると、過去の豪奢は容易に想像できた。だが今日では住む者とてなく、ライオンと剣の紋章は乱暴に抉り取られている。以前は豊かな水を湛えていたとおぼしき池は涸れ果て、回廊には土埃が積もっていた。博物館に切り替えた手前、クルドやアゼルバイジャンの楽器や人形、衣装が若干並べられてはいたが、拝観客はいなかった。ペルシャ語だったり、フランス語だったり不統一な展示解説は、この博物館の混乱を物語っていた。荒涼とした庭を眺めていると、管理人らしき老人が現われ、あっちへ行けと、わたしを追い払った。

イラン人の生活を特徴づけていたのは、男女の区別が徹底してなされていることだ。それ以前にもわたしは、モロッコやエジプトのムスリム社会を訪問したことがあったので、そのこと自体に驚いたわけではない。問題はその極端なあり方だった。

映画館では前列半分が男性席、後列半分が女性と家族席と定められている。チャイハネ（喫茶店）でも、水煙管屋でも、女性の姿は絶えて見なかった。散歩をしていて、たまたま結婚式に出くわしたことがあったが、レストランを借り切っての披露宴でも、男女の席は厳密に別にされていた。わたしは先にテヘランに駐在していた日本のダム建築家から聞いた話を思い出した。彼は借りている家の庭で、半ズボン姿で庭木に水をやっていたところ、通りすがりの警察官に連行されたのである。女性を堕落させる服装をしていたという理由からだった。また別の日本人は、タクシーの後部座席に男女並んで乗っていたところ、私服刑事に呼び止められ、強い口調で叱責されたという。幸いにもわたしはそのような目にはあわなかったが、この社会が性的な表象に対し異常なまでに神経質になっていることは、傍目にも感じられた。わたしが到着する直前に、映画のなかで女性のクローズアップを示すことが禁止され、さらに女性の身体が動いているところを映写することまでが検閲の対象となった。

わたしはここで、悪名高いチャドルについて、見聞したことを纏《まと》めてみようと思う。

女性の顔を隠すスカーフの着用は、テヘランに到着する以前から始まっていた。東京からテヘランに向かうには、北京経由のイラン・エアーを使うわけだが、成田空港を出発した飛行機のなかで、すでにアテンダントの女性たちは（イラン人、日本人を問わず）黒い布で顔を隠し、眼だけを露わにしていた。機内とはすでにイラン国内だったのである。もちろんテヘランの街角でも、女性たちが例外なくチャドルを着用していたことはいうまでもない。

女の髪とはセックスそのものであり、それを露わにすることは、男に不用意にも邪悪な欲望をもたらすことだ。信仰はそうして疎《おろそ》かになっていくだろう。チャドルに関するイラン人の一般的な考えとは、そのようなものである。テヘラン大学の前に行くと、髪を布で隠しながらも、ジーパン姿で颯爽とバイクに乗っている女子大生もいれば、お揃いの藍色のスカーフを身に着けながら、仲よくお喋りをして歩いている女子大生もいる。視界が狭められると、バイクの運転に支障が生じるのではないかと思ったが、どうもそのような気配はない。

ぼんやりと彼女たちを眺めていると、まったくの偶然から一人の女子大生と言葉を交わすことができた。彼女はコンピュータを専攻する学生で、きわめて流暢な英語を話した。

チャドルは最近の現象ねと、彼女はあっけらかんといった。今の社会では女は顔を隠すことになっていて、もし顔を露わにして町を歩けば、女として敬意をもって扱われないようになっている。要するに単なる社会的慣習にすぎないし、それも歴史があるものでもない。その証拠に、シャーの時代には売春婦を除いて、誰もこんなものはしていなかったのだから。わたしだってもしニューヨークに行くことになれば、チャドルなどするわけがない。していたら変人扱いされるだけだろう。

わたしがチャドルはイスラームの信仰と関係があるのかと尋ねると、彼女はそれを断固として否定した。もしチャドルが信仰の問題だというのなら、もはやイランのどこを探しても神はいないことになる。わたしは一人で、自分だけの神を探しに行くのよ。

イランでは女の子は九歳になったとき、初めてチャドルを身に着けることを許される。それは自分がもはや子供ではなく、一人前の女性に一歩接近できたことの徴である。男の子は自分のガールフレンドの素顔を知らないままにこっそりと交際を続け、あるとき初めて彼女がヴェールを脱ぎ去って、長い髪をサラリと垂らし、素顔を見せる瞬間に立ち会う。日本に生きているかぎり、男はこのようなスリリングな体験をすることはないだろう。

テヘランに滞在している間に、わたしは何回か、個人の家に招かれることがあった。といってもアルコールは厳重に御法度であり、絨毯の上でヨーグルトや柘榴《ざくろ》をあしらった料理を口にしながら、優雅に談笑しあうという性格のものだった。もっともわたしの興味をそそったのは、その家の女性たちの立ち居振る舞いだった。

ある家で、たまたまそこの高校生の娘が何人もの仲よしを招いている場に、居合わせてしまったことがあった。彼女たちのある者は被りものをしていたが、別の者は室内に入るとそれを脱ぎ捨て、わざわざバッグのなかに準備してきたハイヒールに履き替えるのだった。彼女たちの活発さと大胆さに影響されてか、被りものをしていた者たちもいつしかそれを外し、陽気な談笑に加わった。街角で見知らぬ男たちの視線を避けるために着用していた外衣を脱ぐと、とたんに一人ひとりの体型が露わになった。すでに巨大な胸をしている娘もいれば、すらりと脚が長い娘もいた。

食事が終わり誰かがカセットテープをかけると、誰もが仲よしの順に組んで踊り始めた。ただちに指が鳴らされ、どこかから持ち出された大きなタンバリンがそれに加わった。

きっと子供のときから、見よう見まねで習ってきた踊りなのだろう。肩を巧みに上下させ、脚をしなやかに廻らせ、みごとな呼吸のもとに、組手と一体になって踊ってみせる。一人の少女が大胆にもわたしの手をとって、組手に取り立ててくれた。もっとも、その複雑なステップを真似ることはどうしてもできなかった。テープレコーダーから流れていたのは七〇年代のアメリカのポップスであり、ダビングにダビングを重ねてきたためか、音は割れ、音楽の細部を聴きとることは困難である。にもかかわらず少女たちの踊りは生気に満ち、精神の解放を示していた。

テヘランでは東京やニューヨークとは逆に、公共の空間とは慣習と抑圧の場所であり、そこでは女性たちはただひたすら顔と髪を隠し、内面を気取られずに生きることを強いられている。ところがひとたび個人の親密な空間に参入してしまうと、すべてが逆転するのだった。彼女たちは赤くマニキュアをした指を披露し、ハイヒールに履き替えると、打楽器の連打に身を任せる。ひとたび被りものを脱ぎ捨てたときに、ある種の人格の変容が生じるのだろうか。わたしは予想も期待もしていなかった少女たちの大胆さに、感動的なものを感じていた。「恐るべき複数」という言葉が口を衝いて出かかったが、その出典を思い出すことはできなかった。

カルナック　1997

「幻想のなかにあるすばらしいところ、それはもはや幻想がなく、すべてがただ現実しかないということである。」

　ブルトンが『シュルレアリスム宣言』の註に小さく書きつけたこの言葉は、長らくわたしを悩ましてきた。この矛盾に満ちた表現は、突き詰めてみると、幻想という観念そのものを不可能性の彼方へと連れ去ってしまうのではないか。だがもし世界のどこかに、それが現実に存在しているという事実がすでに幻想であるような場所があるとすれば……。そう、わたしはカッパドキアとアルベロベッロで、それに近い体験をしたことがあった。そこでは人間の文明がいかなる理由からか奇怪な変容を見せ、人々はある種の昆虫、つまり膜翅目のハチやアリを強く想起させる居住生活を送っていた。それは眼前に平然と展開している現実であり、わたしがそのパノラマに眩暈に似た気持ちを抱いたことは事実だった。とはいうものの、わたしが感じた驚異は、そこではまだたかだか近過去のうちに、つまり操作されうる物語＝歴史の内側に属していた。

カルナックでわたしが見たもののことをどのように書けばいいのだろう。

ふとした気紛れからこの地を訪れてもう二〇年近い歳月が過ぎたのだが、いまだにそれが幻想ではなかったかという念から自由になることができない。地上にはまだまだ驚異というものがあり、われわれが乾ききった日々を過ごしながらもなんとか生き続けようとするのは、ひょっとして何かの偶然でそうした驚異に廻りあうことができるという微かな希望のためである。湿地帯から草原まで、また雑木林にいたるまで、丸一日をかけて彼の地を歩き回ったわたしは、みごとにこの自分の信念が報いられたのを知った。ブルターニュ半島に来て三日目のことだった。わたしは自分が人間の歴史という狭小な時間の外側に、なにかの拍子で抜け出してしまったのではないかという気に囚われた。三島由紀夫の言葉を借りるならば、カルナックはわたしに「たとしへもなく永く続くその時間」(『暁の寺』)を指し示してくれたのである。

朝早くにヴァンヌのホテルを発ち、バスでカンペールに向かう。さらにその鉄道駅の前からカルナック行きのバスに乗り換える。三月は季節外れであるらしく、バスには誰も外国人の姿は見かけない。バスは多島海の美しい光景を左手に観ながら、一時間少しでカルナックに到着する。バスの停留所を降りて急ぎ足で町を抜ける。しばらく歩くとサン・ミシェルの礼拝堂のある小高い丘に出た。丘の上に立つと遠くにのどかな青い海が見える。さあ、ここから巨石文化の探検が始まるのだ。

手前には一面に農地と牧草地が広がっている。ところどころに石造りの農家があり、こんもりとした緑の森がある。牧草地の境界には灌木の繁みが設けられていた。道はといえば、西から東へと延びる県道らしきものが一筋。ときおり車がのんびり過ぎてゆくばかりだ。典型的なフランスの田舎の光景といってもいいかもしれない。たとえ遠くの海にイカロスが墜落しようとも、羊の世話をしている農夫は、何ごともなかったかのように日々の作業を続けるだろう。ブリューゲルのそんな絵が思い出されてくるような、のどやかな田園である。

だがわたしの眼前に拡がるカルナックの台地には、違っているところがひとつあった。広々とした草原のいたるところに、石とも岩ともつかない、尖った灰白色の塊が散らばっている。石と石の間には一定の距離が設けられ、より目を凝らしてみると、それが列をなして並んでいることがわかる。石の数は五百、いや八百、ひょっとすれば千を越すかもしれない。遠目にはそれは、ギリシャ神話のカドモスが大地に播いた、たくさんの大蛇の歯のようにも見える。

これが噂にきいていたブルターニュの巨石文化なのかと、わたしは思わず固唾を呑んだ。それはわたしが奈良や出雲、また韓国の江華島《カンファド》といった場所で、機会あるたびに眺めてきた古代の墳墓や石柱とは、規模においてまったく異なっていた。わたしはただちに丘を下り、石たちの列のなかに入ってみた。どの石も高さにして一メートルほどの高さである。それがおよそ二メートルほどの距離のもとにびっしりと列をなし、規則的に配置されている。列は全部で一二。ただし端の二列だけは、南側の県道のせいで途切れている。石は上を向いて尖っていたり、ひっくり返されて平らな腹を見せていたり、それぞれに勝手な表情をしている。だがそれがひとことも口をきかず、牧草の緑のなかに整然と並んでいるのを見るのは実に奇妙だ。イヴ・タンギーの油絵の世界がいきなり硬化し、不気味な荒廃を見せ出したとすれば、このような光景になるのだろうか。石たちの沈黙は逆に、彼らが何かを訴えようとしているというふうに思えた。だがその訴えが何かはわからない。

一キロほど東へと歩いてみると、石の行列はひとたび途絶えた。あたかも終止符を打つかのように小さなストーンヘンジ、つまり環状列石が設けられている。草原は心なしか湿地帯に近くなった。

それでも足場の悪さにめげず歩き続けていくと、松林を越えたあたりで第二の石列が始まる。もっとも今度は雰囲気が異なっている。整然とした調子が崩れ、列に乱れと転調が見られるのだ。石たちは最初のうち、互いに並行しながら並んでいるのだが、途中から南側の県道の方へ大きく逸脱し、列の数を増やしていく。全体の流れが膨らんでいくような感じになる。おそらくこの第二の石列は、当初より単一のものとして計画されたのではなかったのだろう。二つ、あるいは三つの小さな石列が重なりあい、融けあって、現在見られるような形に落ち着いたのだろう。羊たちが放牧されていた。彼らは俯きながら草を食んでいた。

東端に近づいていくにつれ、石のサイズが大きくなってゆく。恐るべきことに、最後にはついに三メートルの高さに達するものまで現われた。周囲にはもはや草木の姿はなく、高い空の下で居並ぶ巨岩が剥き出しの姿を晒している。石の色も単なる灰白色ではなく、赤錆がかった獰猛さを帯びているようだ。かたわらの水溜りには、石の雄々しき影が反映している。歯が欠けたように、ところどころに石のない場所があるのは、水位が上がって石が埋没してしまったり、転倒して崩れてしまったりしたのではないかと想像してしまう。

第二の石列はこうしてダイナミックな変化を見せながら、やはり一キロほどで途切れてしまう。このとき、目の前の灌木の繁みの向こうに池が出現する。そうか、これまで湿原が続いていたのはこの池の水流に関係していたのかと、わたしは合点した。池を越したところには馬場が設けられていて、馬たちが静かに草を食んでいる。馬は好きだが、今日のわたしには別の目的がある。そう自分にいい聞かせ、さらに少し北の方へ進んでいくと、疎らな松林になった。下草に蔽われた土地には優しい雰囲気がしてくる。木漏れ日の下を優雅な気分で歩いていると、すぐ側の足元にたくさんの小さな石の群れを発見する。小石は長方形の形に並べられている。一辺が一〇メートルほどの長さだ。

カンペールのドルメン

石という石はさまざまな苔によって古さび、いちように灰緑色に染め上げられている。環状列石としては欠落がなく、みごとに保存されたものだ。先ほどの水辺の巨岩の群れは崇高さの表象であったが、ここでは逆にひっそりとしたその静かな佇まいに慰めを感じる。ひょっとしたらこのあたりで空間は神聖さの階梯を少し上ったのかもしれない。

いつしか松林は遠くに後退し、草一本生えていない空地となる。空地の中央には巨大な一枚岩がぬっと屹立している。高さはまず六メートルはあるだろう。ということは、重心を安定させるため、地下にはそれ以上の長さの部分が埋められているわけだ。ついに出た！　というのが、わたしの偽らざる感想である。この感激は山中で巨大な茸に思いがけず遭遇してしまったときの感じをさらに煮詰めたものに似ている。立派なメンヒル、いや、やはりフランスのことだからフランス風に発音しておこう。メニルである。

この大メニルまで来たとき、わたしは午後いっぱいをカルナックの散策に費やしたことが報いられた気がした。あの夥しい数の石列、あのそそり立つ岩の群れ、あの端正な環状列石は、すべてわたしをこの男根状の巨岩へと導くためにあったのだ。

このメニルは規模において他の群小な石や岩と異なっていただけではない。これは明らかに火と水をもって巨大な岩盤に罅《ひび》を入れ、ひとたび本体を分離したうえで、さらに研磨を重ねて現在の形へと整えたものだ。手ごろな自然石を運んできて、割って大きさを整えたというわけではない。それはひとたびこの場所に安置されるや、周囲の空間を聖なるものに変えた。天と地を媒介する樹木のように、宗教的崇拝の対象となったのだろう。わたしはメニルが草一本生えていない空地で、みごとに垂直性を体現していることに拍手を送りたくなった。それはまさに孤独と栄光を併せもった、理想的なオブジェだった。

巨大なメニルを通過した後も、石列はさらに次々と出現する。最初は疎らに石が散らばっていたのが、足を進めるにつれて密度を増してゆき、ついにびっしりと間を詰めた列を築き上げる。焼け崩れた壁のような岩があり、刃物のように鋭い切っ先を天に向けている岩がある。なんと際限のないことか……。わたしは溜息をつき、東の方を見やった。どこまでも石が並んでいる。だがここらで引き返しておかないと大変なことになるかもしれないなと、わたしは思った。夕暮れの空を背にシルエットと化した巨石を眺めるというのも悪くはない。だがこのあたり一帯には、灯と呼べるものなど何ひとつないではないか。暗闇のなかで石列に蹴躓《けつまず》きながら山中を迷うというのは、あまり褒められたことではない。

ひとたび引き返すことを決意すると、後は簡単だった。石から石へと迷いながら奥地へと彷徨っていった往路と違い、還路は実にすみやかだった。出発点のバス停留所に戻るのには、一時間ほどもかからなかった。

帰り道にもさまざまな発見があった。町に近づいていくにつれて、風景は少しずつ人間臭くなってゆく。ところどころに巨石を積み上げた墳墓の跡が目に入る。森から出たばかりのところにある墳墓は、一応そのままの形で放置されているのだが、農家の敷地内にあるものはさまざまだ。内部に農機具を押し込まれて、納屋代わりに使われていたり、鶏小屋として用いられていたりする。ある農家では家と家の境界線として、巨岩を十いくつも並べていた。さぞかし大変な手間がかかったことだろうと感心したが、農民としてみれば耕作地の真ん中に石列があったとしても農作業の邪魔になるばかりだ。撤去した後の巨石の行き先として、それは妥当なことだったかもしれない。わたしはふと、万里の長城の石材が長い歴史の間に近隣の住民によって切り崩され、彼らの住居や標識のために使用されてきたという話を思い出した。考古学者と観光客は興奮するかもしれない。しかし大部分の農民にとってこの地方に飽きるほど転がっている巨石とは、正体の定かでない厄介ものにすぎない。

とはいうものの、住民たちが巨石に畏怖を覚えていないわけではない。わたしが山中の彷徨を終えカルナックの町に戻ってきたとき発見した墳墓石には、上部に十字架の石柱が立てられていた。先史時代に何者かによって築きあげられた巨石文化は、キリスト教の信仰のもとに、ふたたび神聖なるものとして蘇生したということなのだろう。

カルナックからバスに乗りカンペールの町に戻る。運がいいことに、ちょうど夕暮れどきに到着することができた。さっそく本屋に飛び込むと、お誂え向きにご当地巨石文化コーナーが設けられていた。ぶ厚い専門書は荷物になるからこのさい遠慮して、なるべく薄手で綺麗な写真の載っている本がいい。とにかく目に付いた本を一冊選ぶと、運河の側にあるカフェに入り、さっそく白ワインと生牡蠣を註文した。三月とは牡蠣が終ろうとする季節だが、間に合った。ここで午後の復習となる。泥縄といえばこれほどの泥縄もないだろう。

ブルターニュの巨石文化についてはほとんど何もわかっていないと、本の著者はすでに冒頭から宣言している。二〇世紀の初頭、ある熱心な学者が修復を志し、倒れたままになっている巨石を立て直したり、全体の数やサイズを測定する作業に情熱を注いだ。修復された巨岩の後ろには、郵便切手大の赤い記章が埋め込まれた。こうした努力にもかかわらず、そもそもこうした石列やメニルが誰によって、またどのような土木技術によって築かれたのかは、いまだに解明されていない。石の並びぐあいが天体の運行に正確に照合するようになされているとか、農耕作業の暦を記録しているとか、さまざまな学説が唱えられているが、どれも仮説に過ぎない。ただ唯一わかっていることは、巨石文化が栄えたのは今から五〇〇〇年前から三五〇〇年前あたりの時期であって、青銅器時代にはまだ存在していたが、続く鉄器時代にはすっかり衰退してしまったということらしい……。

しばらくは真面目に読んでいたが、そのうち牡蠣との格闘が本格化し、ワインの酔いが廻ってくるにつれ、フランス語を追い掛けていくことが面倒くさくなった。それでも今日一日をかけて歩きまわった遺跡の名前だけは頭に入れておこうと思い頁を捲ってみると、メネク、ケルマリオ、ケルレスカン、プチ・メネクとあった。どう見てもフランス語とは思えない。ブルターニュ語である。

わたしが案内書に読み耽っているのを見て、カフェの主人が話しかけてきた。どうやらわたしが駆け回ったコースは、初心者の入門コースの最たるものであるようだ。もし船が出せるものならもっともっと巨大な遺跡を見ることができると、身振り手振りで話してくれる。わたしが感心した六メートルのメニルなどたかが知れたもので、多島海のある半島にはさらに巨大な、高さ二〇メートルのメニルがあったというのだ。かつてはこの地方ではどこにいてもその雄々しき姿を見ることができたのだが、いかんせん地震か何かで倒れてしまい、現在はバラバラになってその辺に転がっているという。

主人はそういいながら、両手で「ほら、こんなにでかく！」と笑ってサイズを示してくれる。まさか二〇メートルの石柱はないだろうと雑ぜっ返すと、真剣な顔で本当だという。どうも男性にしか通じないジョークを口にしたようなのだが、肝腎のこちらにはわからない。一日中歩き通した疲れがやってきた。もうすっかり酔っぱらってしまい、「わかった、わかった」と信じるふりをするしかない。巨石文化をになった古代人たちも、この湾に生息する牡蠣を食べていたに違いあるまい。

厄介なことになったな。わたしは思った。このまま行くと相当に面倒なことに巻き込まれちまう。何とか振りきって逃げ出さなければいけない。

わたしの眼の前ではミランダが、いつもと同じように笑っている。日本語だったら、クッキーフェイスをもう少し色濃くした感じというところだ。彼女はいう。

あなたの銀行預金の残高証明を今すぐ日本から取り寄せてほしいの。日本大使館が必要だっていってる。それさえあればあなたは身元保証人として認定され、わたしは望みどおりに日本に行くことができるのよ。

預金の残高？　わたしには一体、何のことだか、皆目見当がつかない。だってつい先日も出入国管理事務所にいっしょに行って、さんざん待たされたあげく渡航手続きを一応すませ、一五〇ドルの費用を肩代わりしてやったばかりじゃないか。あれでまだ足りないというのだろうか。

ねえ、ミランダ。渡航許可がでたとして、東京への飛行機代とか、ホテル代とかはどうするの？

それは東京に着いたら働いて返す。だから今は払ってほしい。

働くって、そんな当てはあるのかい？

今はない。でもきっと何とかなる。それより今夜はトローバを聴きに行くのよ。だいじょうぶ？


ミランダを紹介してくれたのは写真家のアッティリオだった。

アッティリオは三〇歳を少し超したばかりで、いつも一癖ありそうなものいいをする。いっしょに下町を歩いていても、わたしが崩れかけた建物や、その前でのんびりと佇《たたず》んでいる人たちの写真を撮っていると、ちょっと離れたところからそれを眺めている。のんびりと暮らしていていいなあ。わたしがそういうと、アッティリオはブツブツと呟く。まあ、表向きはな。彼はキューバという社会に対し、いつも苛立たしげな気持ちを抱いている。街角で知り合いと出会ったときには心の底から親密さを示し、延々と立ち話をしてやまないというのに、わたしが街角に掲げられた看板の意味を訊ねると、不機嫌そうに応えてみせる。「愛国か、さもなくば死か」っていうのは、革命の標語さ。俺が生れる前からいつもこればっかりだと、吐き捨てるようにいう。その癖、彼のアパートに行ってみると、書斎の壁にコルダが撮った有名なチェ・ゲバラの写真が、額装されて掲げられてあったりする。

アッティリオがあるとき連れてきた女の子がミランダだった。こいつ、大学で日本語を三カ月勉強したんだって。何とか日本に行けるように、力になってやってくれないか。アッティリオは珍しく愛想よさそうな口ぶりでいった。ミランダは「こんにちは」とだけ日本語で挨拶をしたが、後は続かないようだった。わたしたちは英語とスペイン語とイタリア語を混ぜながら、等しくカタコトで話した。
その次の日からミランダはわたしを毎日のように誘いにきた。セントロ（中心街）の安宿にいるわたしを呼び出すと、海岸に、コンサートに、食事に、そしてあげくのはては女装ショーにまで連れ出した。わたしは昼間はたいがい、国立映画研究所で一昔前のキューバ映画を見せてもらっていた。ホテルに戻り、ぼんやりと窓から夕陽を眺めていると、チャイムが鳴ってロビーにミランダの顔が覗いた。毎日がそんなぐあいとなった。彼女は仕事がハネると、ただちにわたしを呼びに来た。

一九九〇年代のハバナでは、外国人は現地通貨のペソを使うことは許されていなかった。ホテルやレストランから、中央公園にあるアイスクリーム屋の勘定にいたるまで、すべてを米ドルか、それに対応する兌換《だかん》紙幣で支払わなければならない。わたしはタクシーに乗るため、いつも大量の一ドル紙幣を準備しなければならず、おまけに市中でキャッシングマシンが見当たらないために、いつも苦労していた。ペソとドルの交換レートは二一対一だったり、二四対一だったりする。$10という表示があると、外国人は一〇ドルを、キューバ人は一〇ペソを払う。この仕組みがわかったとき、わたしは途轍もない馬鹿馬鹿しさに襲われた。そこでペソ紙幣を入手すると、思いきってコッペリアというアイスクリーム屋で使ってみた。ガイジンはペソは駄目だよというのを撥ね除け、日本には米ドルなどないと屁理屈を捏ねると、あっけらかんとそれが通った。もっともペソで払う場合には現地人と同じく、恐ろしい長さの行列の端に並ばなければならない。アイスクリームが到着したとき、それは茹《う》だるような暑さのため、半ば溶けているのだった。

ハバナという都市のすべてが、これまでわたしが訪れたことのあるいかなる都市とも異なっていた。走っている自動車は一九五〇年代のリンカーン・コンチネンタルだったり、キャデラックだったりする。それもワイパーが取れ、フロントガラスに罅《ひび》が入っている。大聖堂は左右の塔の大きさと様式がみごとに異なっていて、一七世紀のみごとなバロック風の建築が、修復されることもなく煤だらけで残っている。バスはつねに満員で、市場に並べられた数少ない果物と野菜のため、長い行列ができている。街角に看板はなく、目立つものといえば、チェ・ゲバラを描いた巨大な壁画とスローガンばかりだ。あなたのように生きたい。勝利まで。革命万歳。暑さのなかを突堤まで行くと、いつだって岸壁に高い波が打ちつけている。魚を釣っている者もいれば、磯辺で水遊びをしている者もいる。子供たちは路地で、木切れと石ころで野球をしている。

それをすべて貧しさだと断言してしまうことは簡単だった。もう四〇年近くにわたって、アメリカ合衆国による経済封鎖が続いている。亡命したい者たちはもうとうに亡命してしまい、後に残された者たちが、いまだに革命の理念を信じながら毎日に耐えている。そう結論づけてしまうことも簡単だった。だが、それだけではなかった。ハバナに到着して何日かしてわかったのは、ここでは人々は不自由のなかでそれなりに歓喜に満ち、尊厳をもって暮らしているという事実だった。彼らは苦労して手に入れた米ドルを、惜しげもなく最新流行のネイルサロンのために使っていた。深夜までサルサを聴きながら踊り、クラシック・バレエの練習に熱心だった。長椅子に腰かけ、葉っぱを巻いただけの葉巻をうまそうに嗜《たしな》みながら、夕陽を眺めてはお喋りに耽っているのだった。

ミランダはまずわたしをサンタ・マリアの海岸に連れ出した。四〇キロにわたって続いている浜辺は、海水浴の客で満員だ。黒人も、白人も、混血も、まったく分け隔てなく砂浜で寝そべったり、波打ちぎわで嬉々として水遊びをしている。海はまったく純粋な空色で、砂は柔らかく、サラサラとしている。ミランダはさすがに地元っ子だけあって、場所のコツを弁《わきま》えていた。外国人観光客用の豪華ホテルに堂々と入って行き、地下のトイレで着替えをすると、いかにも客であるという表情で出て行くのである。白とピンクのポルカドットの水着は、彼女の黒檀《こくたん》のような肢《し》体《たい》をみごとに演出してみせた。わたしたちは浜辺でパラソルを借り、遠浅の海へと駆け出した。ところどころに藁葺《わらぶき》の家があり、そこに頼むと冷たい飲みものをパラソルのところまで運んでくれるのだった。

カストロは革命の直後に、自分の出身民族への言及を公的に禁じるという発言をし、その思想は憲法に取り入れられた。浜辺では誰もが肌の色と無関係に、混ざり合って海を愉しんでいるのを見て、わたしの心は和んだ。それはわたしがアメリカ合衆国のビーチでは、一度も眼にしたことのない光景だった。わたしたちは午後いっぱいを浜辺で過ごし、ふたたび何食わぬ顔でホテルに戻って着替えをした。せっかくだからここのカフェに寄って行こうよと、わたしが提案した。やがて灼熱の大気のなかに、少しずつだが冷気が感じられてくる。ハバナ全体にわたって、大いなる安堵の時間が舞い降りてくるのだ。泳いだ後のぼんやりとした疲労感がわたしたちを襲う。夕暮れを眺めながらモヒートを呑んでいるとき、わたしは自分が完璧に幸福であると思った。

夜にサルサに誘われたときは、まったく時間が読めなかった。今晩は国立図書館の地下ホールで演奏があると、ミランダが教えてくれる。図書館が閉館した後、夜の八時からだという。けれども八時になってても彼女はいっこうに出かけようとしない。わたしたちはドルしか受け付けないレストランで食事をし、暗くなった海岸を歩き、ようやく九時ごろになって図書館に向かう。だが会場には誰もいない。演奏が始まるのは一〇時過ぎで、そのころには足の踏み場もないほどに人が詰めかけている。相当に決めた格好で来ている女の子たちもいる。わたしが目をキョロキョロさせていると、ミランダがいった。こういうところは外国人目当ての商売女がいっぱい混じっているから、気を付けてね。なるほど、確かにそうだったのかもしれない。演奏の最中にトイレに立とうとしたわたしがバーのカウンターを横切ろうとしたとき、すかさず誰かの手がわたしの股間に伸びてきた。驚いて振り返ると、ミニスカートの黒人女性がわたしにウィンクをしてみせた。

サルサという音楽は最初は軽快だが、ある時点まで来ると独特の粘着力を発揮し始め、聴いている側を不思議な陶酔感に包んでしまう。夜の二時か三時に演奏会場を出て外に出ると、周囲の冷気と静寂がひどく甘美に感じられる。ミランダは二台のサイドカーを停めると、わたしをホテルまで送り届けた。わたしは彼女の家までの車代を、少し多めに渡した。とはいうもののその額は、いつもわたしがタクシー運転手と交渉して払っていた金額よりもはるかに少ないものだった。要するに事情が分からないわたしは、タクシーを捕まえるたびにひどくボラれていたのである。

そう、ほとんどの場所では、わたしが勘定を払った。ミランダはそれを当然のことのように思っていた。外国人観光客を目当てにしたショーやレストランは、わたしが現地の混血女性を連れているのを見ると、けっして現地の紙幣を受けつけようとしなかったからである。ミランダは次々とわたしを引き回した。あたかも自分の側には無限にドルを引き出せる機械が控えていると、大威張りで宣言しているかのように。

ミランダの家に夕食に招かれたことが一度あった。彼女は両親と兄夫婦といっしょに、二階建ての家で暮していた。もっともそのときは二階を改修中らしく、一家は一階の大部屋にベニヤの仕切りを設け、部屋を分割して生活していた。わたしは家族の全員に紹介された。彼女の兄は頑丈で陽気そうな男で、両腕にびっしりと刺青《いれずみ》をしていた。彼はラムの瓶を取り出して、いっしょに呑もうといった。そして乾杯の前に、床に少しだけラムを零《こぼ》してみせた。姿こそ見えないがいたるところにいるオリシャ、つまり精霊や神々に敬意を表するための仕種だった。

その晩、わたしはいつものように食堂の食事ではなく、キューバの家庭料理というものを初めて知ることができた。出されたのは塩茹でにした牛の筋肉とバナナのフライ、それに米である。米には豆が混ぜてあって、日本人からすれば赤飯のように見えた。この献立が平常のものであったのか、それとも外国から来た客をもてなすための特別なものであったのかを、わたしは語ることができない。わたしの眼にはひどく慎ましい料理に見えたが、今から振り返って一九九〇年代末のキューバの状況を考えてみると、精一杯のご馳走なのであったのかもしれない。同盟国だったソ連が崩壊してまだ間もない頃だ。毎年当てにしていた安い石油の供給が途絶え、キューバは映画を製作できなくなったばかりか、食糧事情においても絶望の淵に立たされていた。

食事が終わった後で、ミランダはわたしを自分の部屋に通した。壁には京都の大きな写真が、パネルにされて掲げられている。日本に行きたいのだ。彼女はわたしに向かって、明日の午前中に出入国管理事務所に行くから付きあってくれないかといった。日本に旅行するにあたって保証人が必要だから、書類に署名をしてほしいという。ラムでいい気分になっていたわたしは、深く考えることもなく承諾した。

翌朝、わたしたちは官庁や大使館邸が固まっているミラマール地区へと向かった。もっとも出入国管理事務所にはひどく人が詰めかけていて、順番が回ってこないうちにお昼休みとなってしまった。食事をした後もう一度戻ってみたが、いっこうに埒が明かない。行列の大半は、外国人と結婚して国外に脱出しようという女性たちだった。それでもようやく順番が回ってきた。わたしたちは別室に連れて行かれ、ミランダがそこで長々と役人にむかって説明をした。役人はわたしに一枚の書類を差し出し、それに署名して一五〇ドルをカードで払うように命じた。たどたどしいスペイン語を頼りに書類を読み解いてみると、そこに記されていたのは、ミランダの日本滞在中に生じたいっさいの経費を、わたしが責任をもって引き受けるという内容だった。こんなのは形式よ、あなたはただサインをするだけでいいのと、ミランダがわたしを急かせた。わたしは金を払い、いわれるままに署名をした。この一五〇ドルは戻ってこないなとは、直感的に理解できた。ただ気になったのは、自分が署名したその書類が、どの程度まで法的な拘束性を持つのかということだった。仮にミランダが無事に東京に到着できたとして、わたしは彼女の滞在費のすべての面倒を本当に見なければならないのだろうか。だが午前中からの行列にすっかり疲れきっていたわたしは、もうそのことを考えるのはやめにしようと決意した。わたしたちは事務所を出るとタクシーを拾い、いつものようにドル仕立てのレストランでモヒートを呑み、食事をして別れた。

……話はここで冒頭に戻る。ミランダが数日後わたしに求めてきたのは、日本の銀行におけるわたしの預金高だった。どうやら彼女はあらかじめ計画を練り、段取りをつけていったようである。しかしいくら何でも、わたしには彼女を日本で扶養する義務もなければ、その必要もない。これ以上事態が進展し、日本大使館まで話が進むと、これは危険なことになるぞ。わたしは身構えた。とりあえずミランダの申し出は保留することにしよう。まずなすべきことは、彼女を紹介したアッティリオに相談することだ。

そうか、ミランダはやっぱりきみに白羽の矢を立てたわけか。アッティリオはニヤリと笑いながら、わたしに応えた。きみは「キューバ風売春」という言葉を聞いたことがあるかい？

わたしが否定すると、彼は、そんなことも知らなかったのかといわんばかりの表情をして説明してくれた。国外に脱出したい女性がキューバを訪れた外国人を誘惑し、結婚の約束を交わしていっしょにメキシコシティまで飛ぶと、ただちに行方を晦《くら》ませてしまう。行き先はたいがいがマイアミのキューバ人集落なのだが、一度その内側に隠れてしまうと、カモにされた外国人がどんなに努力しても、彼女を見つけ出すことは不可能に近い。あまりにこうした事件が頻繁に起きるものだから、最近ではそういう題名の社会学の書物が刊行されたりしているんだ。

それじゃあミランダも同じことを計画しているというわけかい？

いいや、そこまではないだろう。彼女はただ日本に旅行してみたいだけの話だ。でも、きみの気が進まないのなら、ここらで手を引いた方がいいかもしれないね。きみはミランダと寝たんだろ？

そうだ。逃げることだ。ジャン＝リュック・ゴダールだって、勝手に逃げろといっているではないか。わたしは大雨のなかを旅行会社に駆け込み、翌日の航空券を購入した。

こうしてわたしはハバナを離れ、しばらくサンチャゴ・デ・クーバに滞在することにした。ミランダはわたしが日本に帰ったと思い、諦めることだろう。わたしは彼女の夢を中座で毀《こわ》してしまったと考えると少し心が傷んだが、敵が明らかに滞在費のすべてをわたしに依存しようと目論んでいることは明らかだった。サンチャゴ・デ・クーバに向かう飛行機は、旧ソ連の軍用機だった。窓がひとつもない飛行機に乗るのは初めての体験で、それはけっして気持ちのいいものではなかった。一時間のフライトだと聞いていたのに、到着までに二時間半かかった。わたしの隣の席には西サハラから来た留学生が座っていた。第三世界からの医学生は無償で教育を受けることができるというキューバ政府の招聘によって、彼は医学を学んでいた。国に帰ったら何をするつもりなのかとわたしが訊ねると、彼は機関銃を打つふりをしてみせた。そして、祖国の独立を阻み不法占領を続けているモロッコを悪しざまに批判した。帰ったらもちろん解放戦線に加わって、医師として活動するんだと、彼は誇らしげに語った。

ロゼッタ　2000

ロゼッタは最初、わたしがこれまで見たことのある世界中の町のなかで、もっとも汚い場所のひとつであるように思えた。

アレクサンドリアからいつ到着するか定かでない鈍行列車を二度も乗り換え、三時間をかけて到着した駅は、これが駅かと落胆するほどにみすぼらしく、空き地で子供たちが痩せこけた犬をからかって、遊んでいるばかりである。町の中心に出るためにはそこから三〇分近く歩かなければならない。前日に雨が降ったばかりなのだろう、道は狭くぬかるんでいて、服を汚さないためにはその端を注意深く歩かなければならなかった。

気をつけなければならないことは、まだあった。いたるところに転がっている馬糞である。この田舎町では未だに馬車が堂々と用いられていた。しかもその馬糞は土地の赤茶けたぬかるみとほとんど混ざってしまっていて、素人目にはなかなか区別がつかない。いや、罪を馬だけに託すのは不公平かもしれない。街角には羊も、それから真っ黒いなりをした山羊もずいぶんと見かけたのだから。わたしはつい先週までを過ごしてきたカイロの高層建築とみごとな舗装道路を思い出した。古代からいくたの民族と文化が混ざりあい、ギリシャの廃墟と豪著なモスクをもつアレクサンドリアを思い出した。

ロゼッタに行こうと思い立ったのには、それなりの理由があった。単純にいって、ナイル河がもっとも川幅を広くし、地中海に流れ込んでいる場所を、自分の眼で確かめてみたかったのである。古代から人類の文明は巨大な河によって支えられてきた。わたしは現在なお堅固な構造をみせているピラミッドや、全身を黄金で包まれたツタンカーメンの遺骸に感嘆するにつけ、こうしたすべてを育んできた大河が、河であることの役割を終えようとしている浜辺の町に敬意を払っておきたかったのである。

町の名前は、中学生時代から親しいものであった。ナポレオンがエジプトを侵攻したとき従軍していたフランスのある考古学者が、たまたまここで不思議な石を発見する。その石には何種類もの古代文字が細かに記されていて、なかには当時解読不可能だと信じられていた、もっとも古い形のエジプトの象形文字までが含まれていた。偶然の発見に驚いた考古学者は、ただちにこの石をパリに持ち帰り、そこに並べて記されていた他の文字との比較研究の結果、象形文字の解読に成功する。こうしてヨーロッパでは古代エジプト研究が大きな発展をみることになる。やがて「ロゼッタ石」と呼ばれることになった問題の石は、今ではなぜか大英博物館に後生大事に飾られている。

もっともロゼッタには、この大発見に因んだものは何ひとつなかった。わたしは何人かの学生や町の人々に「ロゼッタ石」を知っているかと尋ねてみたが、誰も自分の町でヨーロッパ人がかくも偉大な学問的発見をなしたことを知らなかった。これが日本か韓国であったなら、ただちに記念碑を建て、観光気分でお土産の饅頭や絵葉書を売り出すことだろう。ロゼッタの人々は自分たちに直接の関係のない、数千年も過去になど、いささかも興味をもっていなかった。いやこの表現は正確ではないかもしれない。そもそも「ロゼッタ」という名前自体がフランス風なのであって、地元ではここは「ラシッド」というアラビア語で呼ばれているのだ。長い時間をかけてようやくナイル河に到達したわたしは、いかなる収穫もないまま、またふたたび馬糞だらけの道を、同じ時間をかけて帰るばかりだった。

わたしは疲労困憊の極に達していた。駅に到着したときはすでに夕暮れであり、これからまたアレクサンドリアまで何時間も鈍行を乗継いで戻るのかと思うと、気が滅入ってきた。けれども心は、一刻も早くこの退屈にして愚鈍な町を脱出しなければならないという思いでいっぱいだった。がら空きの二等車両に乗り込んだものの、出発には後一時間以上も待たねばならない。いつしかわたしの座席の周りには駅前の広場で遊んでいた子供たちが何人か集まってきて、最初はこわごわとした態度で話しかけてきた。わたしが片言のアラビア語で日本人だと答えると、たちまち噂を聞きつけて、子供たちの数は十数人にも膨れあがった。最初は相手をしていたわたしであったが、そのうちに彼らの騒がしさに閉口するようになった。列車が出発するまでの長い時間を喧騒のうちに過ごすことは、わたしには耐えがたく思われた。ある時点まで我慢してきたわたしは、思い切って英語でどなった。うるさい、外へ出て行ってくれ！

子供たちはいっせいに静かになり、ただちに列車の外へと出て行った。だが予想もしなかったことにその直後から始まったのは、容赦ない反撃だった。まず最初に列車の窓から灰が投げ込まれた。驚いて窓を閉めると、別の子供がさっと車内に躍りこんできて、小石を投げてみせる。わたしが振り返ったときには、すでにその姿はプラットフォームの間に隠れてしまって、認めることができなかった。それからも隙を狙って、投石の攻撃は執拗に繰り返された。わたしは子供たちにとって格好の獲物となってしまったのだ。

いったい何という忌々しい町だと、わたしはロゼッタを呪った。道は馬糞だらけだし、大人たちは町の来歴すら知らず、しかも子供たちは猿のように凶暴で野蛮だ。だが受難の一時間ほどが過ぎ、列車がゆっくりと動きだしてしばらくすると、わたしは別の考えにもとらわれることになった。広場で痩せた野犬をからかうのにとうに飽きていた彼らは、未知の世界から到来し、言葉も通じないわたしの気を引くために、投石という自己表現に訴えたのである。

わたしはこのロゼッタから距離にしてわずか四〇〇キロしか離れていないパレスチナのガザで起こっていることを思い出した。イスラエルの軍隊が日増しに住民に圧迫を加え、大人たちが抵抗の無力さを思い知らされていた一九八〇年代のあるとき、誰に教えられたわけでもなく、子供たちがイスラエル兵に向かって投石を始めたのである。もちろん彼らは現場で発見されるやいなや、兵士に暴行されるか射殺された。だが彼らは意気消沈した大人たちを尻目に、どこまでも石を投げ続け、発見される寸前にすばしっこく身を隠すのだった。その悪戯めいた行動に勇気づけられて、「インティファーダ」、つまり噴出と呼ばれるパレスチナ住民の抵抗運動が再開されたことは、すでに世界中が知っているとおりである。

そうなのだ。石を投げるというのは、世界でもっとも弱く貧しい立場にある者が、それでも自らを表現したいという欲求に駆られたとき、最初に思い付く手段なのだ。わたしはロゼッタの悪童たちが投げた石が、そのままガザの子供たちの石に繋がっているような感想をもった。世にいうロゼッタ石はヨーロッパの歴史学者の古代への情熱を満足させただけだが、ロゼッタで実際に投げられている無数の石は、現実に生きているアラブ人の意思の現われなのだ。こう考えだしたとき、わたしはロゼッタという田舎町への小旅行から、何かを学んだような気がしたのである。

チェジュド　2000

済州島《チェジュド》を初めて訪れたのは、ソウルの大学に二度目の長期滞在をした二〇〇〇年の晩秋だった。それまでの二十年はというと、一年に一度は何かの用事で韓国を訪れるという時期が続いていた。その結果、わたしは大都市はもちろん、かなり辺鄙なところにまで足を延ばすようになっていた。ところが一つだけ例外があって、チェジュドだけはなかなか行く機会が見つからずにいた。ソウルに住んでいて旅行を計画していても、いつも何か邪魔が入ってしまうのだ。

二〇〇〇年のときは違った。わたしはこの島の風景を真剣に見ておきたいと願った。日本のある文芸雑誌に掲載された玄基榮《ヒョンギヨン》の『順伊《スニ》おばさん』という短編を読んで、強烈な印象を受けたからである。そこには子供の眼から捉えられた恐るべき虐殺と、死体の山から這い出たときから精神の均衡を失ってしまった妊婦の運命が描かれていた。原作はチェジュドの方言で語られており、作品集は発売禁止。作者は刊行直後に逮捕され、官憲によって手酷い拷問を加えられたと聞いた。短編を翻訳したのは金石範《キムソクボム》である。このことは少し説明が必要だろう。

日本の植民地統治が終わってまもないころ、アメリカの軍政に抵抗し、武装して立ち上がったゲリラに対し徹底した殺戮がなされた。百を超える村が焼かれ、避難民すら無差別に虐殺された。ゲリラは山中に逃げ込み、戦いは十年にわたって続いた。三万人が虐殺され、それ以上が日本へと逃亡した。彼らは在日朝鮮人として生きることになった。一九四八年四月三日に始まるこの一連の事件を、韓国では「4・3事件《ササム》」という。金大中政権が真相究明と犠牲者の名誉回復のための特別法を設置する一九九九年まで、それは韓国社会のなかでは半ば禁忌の話題であった。

空港でわたしを迎えてくれたのは、日本文学と農業経済学専攻の大学教授の夫婦だった。チェジュ生まれのチェジュ人である。夫は豪胆な性格の人物で、わたしにむかって旅行の目的を単刀直入に訊ねた。ゴルフですか。グルメですか。それとも火山見物ですかな？　すみません、そのどれでもないのです。わたしは小さな声で答えた。実はササムのことで……。

ササムだって？　豪胆な農業経済学者は一瞬だが、驚いた顔をした。あんたは本気かね？　ここに来た日本人でササムのことを知りたいといったのは、あんたが初めてだ。わかった。よし、わかった。わたしもチェジュ人です。彼はそれだけをいうと、ただちにいくつかの電話をかけた。小一時間もして、三人の若者が車でやって来た。チェジュ大学の学生たちである。一人は男子で、二人は女子だった。明日からはこの学生たちに案内させます。まず今夜は地元のうまいものでも食べてみてください。

その晩に連れて行かれた食堂では、わたしの前にたちまち三皿の大皿が並べられた。刺身にされたアワビとイセエビは、まだピクピクと動いていた。さらに天麩羅が出て、アンコウの蒸しものが出て、寿司が出て、そのうちに何が何だかわからない大宴会になった。

翌朝、わたしは二日酔いを克服してホテルの外に出た。それから三日間は、前夜とはうってかわった日々となった。三人の学生たちは、すでに真面目な行程表を準備していた。彼らは地図を片手に、行く先々でわたしに細かな説明をしてくれた。彼らの日本語はわたしの韓国語と同じ程度に拙かったが、その口調には半世紀前に起きた事件をめぐる強い熱意が感じられた。

最初に連れて行かれたのは、市内にある民俗自然史博物館である。館外には巨大な溶岩の塊がいくつも陳列されている。何十もの石臼があり、大小さまざまの石像が並んでいる。石像は村と村の境を示す道標だ。朝鮮半島であるならば巨木に彫刻を施して用いるのだが、ここではイースター島のように石で造られている。それを眺めているだけでも、この地が岩だらけの火山島であることがよく理解できた。石像はみな両手を腹の前に出し、両眼を閉じながら、どこか神妙そうに諦めきったような表情をしている。館内には巨大な鮫《さめ》の剥製も展示されていた。

博物館を見学した後に向かったのは、厳しく切り立った断崖である。地図でいうと、島の北側の海にあたる。鉛色をした海がどこまでも展がり、ただ眼下の岩場でだけ白い飛沫を見せている。あの年の暮れに、ここで四〇〇人くらいの人が殺されたのですと、学生の一人がいった。何人かずつ手を縛ったままにして、いっせいに突き落としたのです。翌年はカルチ（タチウオ）がたくさん獲れたそうです。どれもとても肥えていたと聞きました。芋もそうだったといいます。芋を掘り起こしてみると、赤ん坊の頭ほどの大きさのものがいくつも、いくつも育っていたので、みんな驚いたらしいです。

断崖の名前は別途峰《ビョルドボン》だと教えられた。何か記念碑のようなものはありますかと、わたしは訊ねた。そんなものはこの島には何もありません。女子学生の一人が答えた。断崖という断崖で同じことが行なわれたからで、一つひとつ碑を建てていたらキリがなくなってしまうでしょう。先生が昨日降り立った飛行場だって、昔はアメリカ軍の飛行場で、いつも処刑が行われていました。飛行場に記念碑を建てたら、飛行機が滑走できなくなります。わたしは言葉を失って、彼らの後をついていくしかなかった。

断崖から芒《すすき》の原をかき分け道を下ってゆくと、白く輝く、美しい浜辺に出る。すでに季節は冬にさしかかっていたので無人だったが、夏には海水浴場として賑わっているらしい。ここも刑場でしたと、先ほどの学生が説明した。射殺された死体を砂に埋めてみたのですが、すぐに鳥が穿《ほじく》り出して突《つつ》き出してしまい、生き残った人たちはなすすべもなかったそうです。

本土の人たちは島民を人間だと認めようとしなかったのですと、もう一人の学生がいった。まるで動物であるかのように、ためらいもなく殺していったのです。

わたしは訊ねた。きみたちはソウルとか、どう思う?

驚くべきことに、三人の誰もソウルに行ったことがなかった。いや、それどころか、チェジュからもっとも近い全羅南道にある光州《クアンジュ》も、木浦《モッポ》も、つまり朝鮮半島に一度も足を踏み入れたことがなかった。

じゃあ、きみたちは島の外に出たことがないというわけ?

テーパン、オオサカに行ったことがありますと、一人がいった。

わたしも子供のときから三回行きましたと、もう一人がいった。

親戚がいますから。叔父さんとか、従姉妹とかと、もう一人がいった。

車は海から内陸に入っていく。草原は一面の芒の原だ。白い穂群が風に揺れ、わたしを招いているように見える。本土よりもいくぶん暖かいせいもあって、一一月だというのに畑地には緑が残っている。植えられているのは麦だ。砕けた溶岩が積み上げられて、畑と畑の境界になっている。ときおり姿を見せる家も、塀という塀はすべて石でできている。その風景はわたしに、かつて自転車で廻ったアイルランド西側の半島を思い出させた。積み上げられた岩がときおり、摩滅した地蔵菩薩のように見えた。

北村初等学校の前に出る。ここも周囲は一面の麦畑で、畑地のなかに崩れた溶岩流が積み上げられている。あるときゲリラが軍に手酷い打撃を与えた。軍はその報復に村人を全員、校庭に集めさせ、軍人と公務員の家族をわきに外すと、残りの村人に対し一斉射撃を行なった。家という家に火を放った。犠牲者は三二八人に及んだが、彼らの遺体はそのまま隣の畑地に放置された。埋葬しようにも、生き延びた少数の者たちにはもはや気力も体力もなかった。すべては何年にもわたって放置された。季節が廻ると、腐乱した死体の間から青い麦の穂が勢いよく飛び出てきた。虐殺された死体が大地に滋養をもたらすとは、何と残酷なことだろう。

ここは先に名を挙げた、玄基榮の短編の舞台となった場所である。学生たちがその名前を口にしたので、わたしは、それは知っている、読んだことがあると答えた。わたしの眼前にある緑の麦の展がりとは、かつて夥しい遺体が無造作に放り出され、朽ちるがままにされていた場所なのだ。わたしは想像する。やがて小学校が再開されたとき、そこに通ったのはどのような子供たちだったのか。ときおり風の向きが変わるたびにうっすらと漂ってくる死臭に気付きながら、教師は子供たちに、何をどう説明したのか。

事件の後、このあたりは「男無村」と呼ばれるようになったのですと、学生がいった。男という男が殺されてしまったからだ。わたしはチェジュドの有名な観光キャンペーンの一節を思い出した。この島には多いもの、三つ。石と、風と、女。最初の二つは見ての通りだ。だが女が多いとはどういう意味だろう。それは4・3事件によってほとんどの男たちが殺されるか、でなければ日本へ密航してしまったという意味ではないだろうか。

小学校の端に何体かの小さな石碑があった。六〇年代の終りごろ、事業に成功した僑胞《キヨツポ》（在日韓国人）が自費で建てたのだという。目を凝らして碑文を読んでみたが、事件への言及はなかった。朴正熙軍事政権下のことである。碑を建てるだけでも精一杯だったのだ。それを建てたのはどのような人物だったのだろうかと、わたしは考えてみた。ひょっとして何かの偶然で虐殺に居合わせることがなく、切迫した状況のなかで密航船に乗って逃亡した人物ではなかっただろうか。

土曜日だったので、小学校には誰もいなかった。一つの教室を借りて、数人の若者がミュージックヴィデオの撮影を行なっていた。

この夜もアワビとイセエビだった。刺身は山盛りで、最後にエメラルド色をした雑炊が出た。アワビの生肝《なまぎも》を溶かしたものだった。

現地探訪ツアーは翌日も、翌々日も続いた。わたしたちは旧日本軍が建設した飛行場の格納庫跡を訪れた。それは死火山の火口跡に何十と設けられていた。また人間魚雷の準備と収納のため、絶壁の下に秘密裏に掘られた洞窟を訪れた。いずれもが、今日ではすっかり廃墟と化していた。もちろんそこで虐殺が行われていたことはいうまでもなかった。

見渡すかぎりの草叢にこんもりと土が盛られ、その一つひとつに小さな石碑が添えられている。土饅頭は墓だった。それが何十何百と続いて、地形を波のように見せている。もっとも石碑には、そこに眠っている死者の名前が記されているとはかぎらない。何年にもわたって放置されていたため、死体はもはや白骨と化しており、衣服も朽ち果てていて、身元を見定めることが不可能になっていたからだ。人々はただ骨を埋め、盛り土をすることしかできなかった。

わたしは何年か前に訪れた、光州の新しい共同墓地のことを思い出した。一九八〇年に光州で生じた軍による民衆虐殺を追悼することは、今では国家の威信をかけた、大掛かりな行事と化していた。犠牲者たちの家族が危険を冒し、手作りで築き上げた墓地は見捨てられ、市販の地図からも抹殺された。代わりに巨額の費用を投じて国立墓地が建設され、かたわらの駐車場には観光バスが何台も停まることになる、観光名所となった。奇妙なことにこの新しい墓地では、いまだに遺体が発見されていないのにもかかわらず、行方不明者たちの墓標があらかじめ準備され、綺麗に列を組んで並んでいる。

チェジュドではすべてが逆であった。この島は韓国最大の観光地であったが、犠牲者の遺体を埋葬した場所は観光地でないどころか、ガイドブックには一行の記載もなかった。当然のことながらそこを訪れるものはいない。しかし、たとえ訪れたとしても、わたしはいったい何を手掛かりとして死者に接近すればよいのか。一面の芒の原に迷い、風のぐあいでときおり見え隠れする土饅頭の群れにまで辿り着いたとしても、そこに埋葬されている人については、もはやいかなる情報も存在していないのだ。

学生たちはある場所で車を停めた。眼前には高さ五メートルほどの立派な石碑が建てられていた。頂上には韓国の太極旗の石彫が置かれている。一九五〇年六月に朝鮮半島で生じた「625《ユギオ》」（朝鮮戦争）のさいの死者たちを祀った慰霊碑である。御影石を用いたこの記念碑には立派な焼香台が設けられ、周囲はコンクリで整地されている。だが学生たちはこの碑は気にも留めず、その裏側にある小さな碑の方へとわたしを案内した。厳密にいうとそれは碑ではなかった。一度は碑として建立されたものが破壊されて、その結果生じた瓦礫を丁寧に集めたものである。毀損と散逸を防ぐため、四方には鎖が張り廻らされている。もちろんその規模は、かたわらの堂々たる慰霊碑とは比較にならないほどに倹《つま》しいものだった。

これは一九五〇年七月に予備拘束され、そのまま殺害されてしまった一三二名の村人のための碑ですと、学生がいった。事件から一六年が経って遺族たちが石碑を設けたのですが、翌日にはただちに軍隊がそれを破壊してしまいました。村人は仕方なく、せめて破壊された瓦礫でも保存しておこうと決意し、こうした形ですべてを残したのです。チェジュドで生じたいっさいの殺戮を隠蔽し、表象のことごとくを破壊するという朴正熙軍事政権の方針が、そこにはありありと窺われた。それに対して村人は、崇高なる記念碑の代りに瓦礫の山を残すことで、頑強な抵抗を試みたのだ。「建てられたこんな塔ほど／死者たちは偉大ではない」という安東次男の詩の二行が思い出された。チェジュドの犠牲者はこうして碑を破壊されることで、二度にわたって貶められた。瓦礫の山はそれを告発し、かたわらにある荘重な慰霊塔をキッチュに見せかけている。この展示は、４・３事件のすべての死者の名誉が回復されるまで続けられることになるだろう。

最後の日の夕方、わたしたちが最後に到着したのはクン・ノルケだった。それが固有名詞なのかどうかを、わたしは知らない。学生たちはただ草原のなかに隠れているこの洞窟を、素気なく「大きな洞窟《クン・ノルケ》」と呼ぶだけだった。大学の歴史実習の授業で最近になって教えてもらったところなのですと、一人の学生がいった。

クン・ノルケは一九四八年の真冬に、村を焼け出され逃げてきた者たちが、二カ月にわたり隠れ住んだ洞窟だった。一二〇人が隠れたという事実は、内部が恐ろしく展がっていることを示している。学生たちがあらかじめ準備してきた軍手を着け、懐中電灯を片手に内部に入ろうと試みた。入口は腹這いにならなければいけないほどに狭く、天井が低い。苦心してそこを通過すると、急に五メートルほどの深さになる。学生たちはもっと先にまで進もうと主張したが、わたしは諦めた。ほうほうのていで狭い入口を這い上り、周囲を見回してみると、いつもながらの芒の原が拡がっている。わたしは安堵感を覚えた。少し離れたところで、牛がのんびりと草を食《は》んでいる。

さすがにこの入口の狭さでは、本土の兵士たちが発見することなどできなかっただろう。とはいえ日も差さず、いつ崩れるかわからない洞窟のなかに身を潜めるとはどのようなことか。飢えと寒さの問題はどう解決されたのか。わたしは学生たちに訊ねた。彼らはわからないといった。だって、誰もかも、結局は殺されてしまったのですから。

その夜もアワビとイセエビが出た。刺身はというと、もうこれ以上は考えられないというほどに山盛りだった。どうです。チェジュドは満喫されましたか。農業経済学の教授はそういい、豪胆に笑った。

長春から鶴崗、佳木斯へ　2000

長春は不思議な都市だった。

鉄道駅を出ると南にむかって八車線の道路が真っ直ぐに延びている。それが脇からの道路と交差して碁盤の目のような構造をなすかと思うと、ときおり六本の道が一所で重なり合って、ロータリーが設けられている。その地点に立つならいたるところをも見渡すことができる場所というのが、都市のなかにいくつも設けられている。

大通りを走っているバスの窓から眺めていると、実に緑が多い。ニセアカシアの柔らかい緑の並木がどこまでも続いていて、一瞬ではあるがパリのシャンゼリゼのあたりを歩いている錯覚に陥ってしまう。モデルとされているのは、一九世紀中ごろ、オスマンによって整備されたパリである。

大連やハルビンと違って、長春はロシア人が建設した都市ではない。日本が中国東北部を侵略し、関東軍を駐屯させて「満洲国」を樹立したとき、ほとんど何もなかった草原にゼロから作り上げた人工都市である。わずか一三年半の期間ではあったが、満洲国時代には「新京」と呼ばれていた。

二〇世紀前半の西洋建築のなかに突如として日本的なものが浮かび上がってくる。その不調和が「新京」の都市の景観の特徴である。日本の戦国時代の城にそっくりの建物があった。だが近寄ってみると、ステンドグラスをあしらった洋館だったりする。

この和洋折衷の建物は関東軍総司令部だったところで、現在は吉林省共産党の本部になっている。憲兵隊本部は公安本部となり、児玉元帥の銅像のあった児玉公園は、毛沢東の巨大な銅像を戴く勝利公園となっている。映画館やホテル、病院が名称を変えてそのまま用いられていることはいうまでもない。要するに日本人が建設した建物は、共産党政権となった後も、ほとんど同じ目的のもとに使用されている。日本を発つ前に、わたしは新京時代の地図をあらかじめ複写しておいた。それを手に現実の街角と照合しながら歩いているうちに、これはブラックユーモアではないかという気がしてきた。ただ支配者が交替しただけなのだ。唯一の例外は、日本人の医師たちが生体実験を行なった秘密施設で、さすがにこれだけは新中国でも真似ができなかったようだ。今は巨大な自動車工場になっていた。

溥儀の宮殿は、ひどく小さな建物であり、操り人形であったとはいえ、およそ一国の皇帝の住居として考えられないほどに粗末なものである。ただ仏壇だけが巨大だった。室内には、阿片を吸引しながら横たわっている第一夫人の蝋人形が陳列されている。宮殿の小ささは、関東軍総司令部の巨大さを見たとき、いっそう悲痛に感じられた。

わたしたちは二〇人だった。わたしたちというのは、かつて満洲映画協会（満映）で働いていていた四人の日本人とその家族、彼らに随行する映画研究者たちである。元満映のスタッフはいずれもが八〇歳前後という高齢ではあったが、誰もが矍鑠《かくしゃく》として元気がよく、半世紀前に自分たちが過ごした場所を再訪できるというので意気揚々としていた。

わたしたちは駅前の春誼賓館を訪れた。満映の理事であり、満洲国の闇の帝王と噂された甘粕正彦が居住していたところで、かつてはヤマトホテルと呼ばれていた。簡素ではあるが美しいステンドグラスが壁を飾り、全体としてアールデコ様式の残響がする建物である。ホテルの食堂でわたしたちは、かつて満映に属していた老優、王啓民に会った。彼は当時の雰囲気を知る、数少ない人物の一人だ。

王さんは甘粕に好意的な思い出をもっていた。彼は日人満人の区別なく、「同職同薪」という理念を身を以て貫いていた人物だったといい、その点で他の日本人職員たちとは決定的に違っていたと語った。李香蘭は「ポテト」という綽名《あだな》だった。女優になりたてのころ、ポテトという言葉を知らなくて、他の俳優仲間にからかわれていたというのが、綽名の原因だったらしい。その夜の宴席には蚕《かいこ》の唐揚げが出た。五月だとそのまま茹でるのだが、六月には大きくなりすぎてしまうので油で揚げることになると、老優は説明してくれた。

わたしたちはホテルのロビーで別れた。ロビーでは韓国語が飛び交っている。韓国人観光客が団体で来ていたのだ。彼らにとって長春とは、白頭山に登攀するのにもっとも便利な中継地にすぎなかった。

翌日、わたしたちは長春電影製作廠へ向かった。かつては東洋最大の撮影所として喧伝された、満映撮影所の後身である。正面玄関の前の広場には、白く巨大な毛沢東の像があった。これは二〇〇〇年の中国では珍しいことだろう。わたしたちは特別の計らいで甘粕のオフィスに通された。彼には訪問客が入室しても顔を合わせることがなく、いつも背を向けながら命令を下したという伝説が伝えられている。まさかそんなことはなかっただろうと誰かがいった。撮影所ではもはやほとんど映画は製作されておらず、施設のほとんどは閉鎖されている。わずかに人気がするところに行ってみると、観光客のためのコスプレ写真館だった。

わたしには確かめてみたいことがあったので、一行を離れ、そっと事務棟の裏側に設けられた中庭へ降り立った。記録によれば、『迎春花』（一九四二年）の撮影のため、真冬にそこに水が張られ、即席のスケート場が拵《こしら》えられたとある。「内地」から到来した青年建築家をめぐって、建築会社で働く秘書の李香蘭と、青年を追いかけてきた日本人女性の木暮実千代が恋の鞘当てをするのが、そのスケート場なのである。李香蘭の生気溌剌とした表情が思い出された。中庭の広さはスケート場にふさわしいものだった。それを確認できたわたしは満足した。

翌日からは苛酷な日程となった。満洲国の崩壊後、旧満映のスタッフたちが残した足跡を五日がかりで辿るという旅程である。

一九四五年八月、甘粕が青酸カリで自殺を遂げたとき、残された満映の職員たちの間には激しい動揺が生じた。ほどなくして撮影所はソ連軍に接収されるであろう。その後に共産党と国民党の両軍の間で壮絶な争奪戦が展開されることだろう。そのとき誰がここに集められた設備と資材を使いこなし、映画製作を続行することができるというのか。多くの日本人が内地への帰還に目の色を変えているとき、ごく少数ではあるが、あえて満洲の地に留まり、ひとたび中絶された映画製作の夢を新中国に託そうとする映画人がいた。彼らは内田吐夢や木村荘十二といった監督を中心に団結し、国共内戦の混乱のなかを、共産党とともに北上することになった。今回の団体旅行の中心であった岸寛身、岸富美子夫妻は、内田と行動をともにした。

とはいうものの、共産党内部の人事的混乱と日本人内部での背信行為によって、彼らの理想主義は残酷にも裏切られることになった。若い中国の映画人に満映で培われた技術を伝えたいという彼らの希望は無視された。彼らは僻地の炭坑へ送られ、飢えと寒さのなかで苛酷な肉体労働を強要された。極限状態のなかで次々と死者が生じたが、なすすべはなかった。彼らが最終的に帰国を許可されたのは、帝国崩壊の八年後、一九五三年のことである。というわけで今回の旅行は、本来はこの悲惨な流謫の生存者四人のために企画されたものであり、そこに李香蘭の評伝を書き上げたばかりのわたしが参加を許可されたのであった。

長春からまず列車でハルビンに向かう。ハルビンでバスをチャーターし、松花江《スンガリー》に沿って、依蘭《イーラン》へ、さらに佳木斯《ジャムス》、鶴崗《ホーカン》へと向かう。距離にして五〇〇キロほど、黒竜江省を文字通り南端からソ連国境近くまで横断する行路である。これは大変な強行軍になるぞとわたしは覚悟したが、四人の高齢者には臆するところがなかった。悲惨きわまりない歳月を過ごした地を、生涯にもう一度、自分の眼で確かめておきたい。その強い意志だけが、彼らを突き動かしていた。わたしは彼らの気迫に圧倒されるとともに、李香蘭論を書いてしまった以上、日中戦争史のなかで一度も顧みられることのなかったこの人たちの物語に対して、真剣に向き合わなければならないと自分にいいきかせた。

長春からハルビンへは、列車で三時間半ほどである。四角に区切られた水田には豊かに水が引かれ、幼げな稲の緑が点々と続いている。畑地の太い畝の向こうに、鉄道と並行してポプラの並木が並び、ときおり緩やかな流れの川がそれを遮っている。残余は牧草地で、その途中に煉瓦造りの集落が現われては消えてゆく。

車窓から見るかぎり、人の手の入っていない風景は皆無だった。遮るものとてひとつない地平線に赤い夕陽が沈んでゆく。満洲の野をそのように空想していたわたしは、いささか落胆した。だが無理もないことかもしれない。日本人が引き揚げ、新中国となって以来、山東省から到来したおびただしい農民によって、東北三省の人口は急速に膨れ上がってしまったのである。

ハルビンで一泊し、翌朝にバスに乗り替えてからも、水田と畑は延々と続いた。あるとき小さな集落で小休止をとることになり、わたしたちはバスから降りた。

道の両側に土の壁と藁葺《わらぶき》屋根の家が百軒ほど並んでいた。家の周りは板木で囲まれ、中が覗かれないようになっている。凸凹の道は家畜の糞だらけで、放し飼いにされた鶏がそこいらを歩き回っている。他には何もなかった。わたしは老人と子供たちの姿を認めた。彼らは不意に現れた旅行者に対し、訝《いぶか》しげな眼差しを向けていた。

バスはふたたび動きだし、風景はふたたび畑とポプラ並木になった。たしかこのあたりにも日本人の開拓村があったはずだと、一行のなかの旧満映組から声があがった。もっともそれを示す標識が残されているはずもなかった。ときおり小川で釣りをしている人や、シャベルを手に畑仕事をしている人を見かけた。広大な風景のなかで、彼らは点のように見えた。早朝に発ったバスは、お昼ごろに依蘭に到着した。

依蘭は炭坑の地で、満映を後にした百人あまりの日本人たちは、さらにそこから奥にある沙河子《サーホーズ》なる寒村に向かうよう命じられた。岸富美子さんの話では、松花江が傍を流れていることを除けば周囲は一面の原野で、日本統治時代に苦力を使役する目的で建てた小屋が一軒残っていただけだったという。内田吐夢をはじめとする日本人たちに課せられたのは、松花江に沈む沈没船の周りの氷を削り、春ともなれば船が浮かび上がることができるようにするという作業だった。零下三〇度の極寒での作業は苛酷きわまりなく、次々と病人が、そして死者が出た。男たちが屋外で作業をしている間、女たちは電気もない小屋のなかでトウモロコシの粉と赤丸大根だけの食事を準備し、作業用の手袋を繕った。

わたしたちは沙河子の岸辺に立った。かつての原野は今では石炭の屑の散乱する、黒々とした風景に変わっていた。ただ松花江の水だけが、変わることなく滔々と流れている。この場所の荒涼とした雰囲気を前にすると、絶句するしかなかった。誰もが押し黙って、ただ風景に圧倒されていた。

小屋の跡を訪れるにあたって、岸さんはあらかじめ花束を準備していた。重労働のさなかに没した三人の同胞の死を追悼するためである。わたしたちは彼女の後に従って碑文のあるところまで進み、そこで一人ずつ焼香を行なった。

誰かお経をあげてくれる人はいないだろうかと、旧満映組のなかから声があがった。若者組の面々は当惑した。そこでわたしが思い切って前に出、子供の頃に祖母から教えられた簡単な経文を碑の前で唱えた。四十年近く口にしたことのない「南無妙法蓮華経」なので、ところどころ怪しげなところもあったが、これはひどく感謝された。岸さんから「今日はありがたいお経をあげていただいて」といわれ、深々と頭を下げられたときには、幼少時に意味も解らないままに覚えさせられた文句がはからずも善行と化したことに、ある感動を覚えた。日蓮宗の熱心な信者であった祖父母に感謝したい気持ちになった。

この碑の訪問と焼香は、旧満映組の面々を昂揚させたようである。満映の企画部にいたことのある一人の老人は、炭坑を目の当たりにし、かつて通い馴れた道を通るときに、「抗美援朝の歌」を大声で歌いだした。「抗美」とは、日本語では「反米」であり、朝鮮戦争のさいに人民解放軍が北朝鮮へ入るとき歌われた軍歌である。おそらく彼は沙河子での絶望的な作業のさなかにも、この歌を繰り返し口遊んでいたのだろう。わたしが尋ねるとこの人物は、今でも共産主義は人類の叡智であると信じていると明言した。旧満映組の人々はけっしていい争うことはなかったが、中国によせる姿勢はそれぞれ微妙に異なっていた。

沙河子から依蘭に戻り鶴崗に到着したときには、すでに夜の一二時近くになっていた。おそるべきことに丸一日をかけ、埃だらけの道を五百キロ以上にわたり走破し、ついに「ソ満国境」の町に達したことになる。若者組は誰もが疲れきっていた。宛がわれたホテルはお世辞にも清潔なところとはいえなかったが、わたしは泥のように眠った。深夜だというのに近くのカラオケ屋は繁盛しているらしく、窓のカーテンを通してピンク色のネオンの気配がした。

翌朝、わたしは鶴崗の町を散歩した。

煤《すす》と埃だらけの町だった。人口の大半は解放後に山東省から移ってきた労働者である。わたしたちが泊まった近くは職人街になっていて、金具の修理や刃物研ぎの小さな店が並んでいた。通りでは、汚れた背広かジャンパーを着た男たちがお喋りをしていた。

旧満映の日本人たちは最初、この町で共産党軍に協力し、映画製作の現場での技術協力を申し出た。だが抗日戦争を戦い抜いてきた延安の映画人たちは、日本人側の楽観的な交流希望の申し出を冷たく突き放し、日本人たちの多くは炭坑での労働へと回されてしまった。このあたりの事情は、先に訪れた沙河子を含めて、内田吐夢をはじめとする当事者たちが帰国後、牡蠣のように口を閉ざし語ろうとしなかったところである。鶴崗でのわたしたち一行の目的は、当時この町にあった撮影所と、町から離れたところにある炭坑を訪れることにあった。

撮影所の場所は見定めることができなかった。町の中心地は半世紀の間にすっかり様変わりをしているし、過去を記憶している住民はほとんどいない。頼りになるのは岸さんの記憶にある、撮影所の窓から見えた山の形だけだ。人間の世界がいかに変貌を遂げようとも、山だけは変わらないとみえる。町中を巡り歩いた結果、どうやら撮影所は現在の市庁の近くにあったらしいという結論になった。もちろんそれを示す痕跡などない。そこでわたしたちはバスに乗り、炭坑の跡地へ向かった。露天掘りである。若者組はなかば気力を失っていたが、旧満映組の姿勢にはいささかも弛緩したところがなかった。彼らは真剣な表情を崩してはいなかった。

鶴崗を出たバスは最後の目的地である佳木斯へと向かった。佳木斯はかつて日本人入植の最北端の場所のひとつであり、詩人の財部鳥子が自伝的回想記である『天府 冥府』のなかで（その後半の凄惨な叙述にもかかわらず）ある懐かしさのもとに回想している町である。現在は人口百万の大都会となっている。わたしたちが夕食のために入ったレストランには、およそこれまで中国で見たなかで、もっとも悪趣味極まりない内装がなされていた。『グランド・オダリスク』や『泉』といったアングルの裸体画が壁一面に拡大され、顔の部分だけが中国人女性に挿げ替えられていた。これはいうまでもなくキッチュであったが、現代中国における女性の身体表象をめぐって、興味深い事実を語っているように思われた。わたしたちはそれを冗談半分に揶揄したが、実をいえばこの数日にわたる強行軍で見聞した光景から、少しでも離れておきたかったというのが本心だった。夕食の後で全員による会合がもたれた。岸さんをはじめ、旧満映組の面々が今回の旅行の感想を語り、若者組からいくつかの質問が出た。わたしは彼らが八年にわたる残留の後、帰国した後でさまざまな差別に晒されたという事実を知らされた。彼らは「中共」によって洗脳された「アカ」であるという風評に長く苦しめられ、映画界に再就職することは困難を極めた。内田吐夢は生涯にわたって、この時代について語ろうとはしなかった。

ハルビンに到着したときには、誰もがすっかり疲れきっていた。無理もない。佳木斯から埃だらけの道を、さらに一日かけて戻ってきたのだ。ロシア人が建設し、いまでも聖ソフィア大聖堂を誇るこの都市は、わたしには慰めそのもののように思われた。わたしたちは松花江で舟に乗り、岸辺で水遊びをしている人たちを眺めながら西瓜を食べた。ロシア料理店の前には、ぴっちりとした白のホットパンツを穿いたロシア人女性が二人立っていた。いかにも娼婦のようだった。

旧満洲国辺境をめぐるこの旅は、これまでわたしが体験したいかなる旅とも異なっていた。それは単なる空間の移動ではなく、時間を遡行する旅でもあった。当時七九歳であった岸富美子さんは、それから一五年後、九四歳にして自伝『満映とわたし』(石井妙子との共著、文藝春秋)をついに刊行した。帝国崩壊後の苦難の八年のことをどうしても書き記しておきたいという執念が、彼女に筆を執らせたのである。その書物の評を求められたわたしは、こうなった以上、自分も内田吐夢と満洲について書物を執筆する時期が近付いてきたことを、いよいよ認めないわけにはいかなくなった。

パラオ　2002

書物が増えて仕方がない。自分で買う本もあれば、縁のある人から寄贈される本もある。外国に行けば行ったで、その国の本をトランクいっぱいに買いこんでしまう。カイロでもリスボンでも、ロクに言葉を読めもしないのにごっそりと現地の書物を買ってしまい、帰国して始末に困ることになる。わたしの宿命とも呼べる病気だ。

というわけで摂ちゃんに家まで来てもらって、本の整理を手伝ってもらうことにした。摂ちゃんは写真家志望の女性である。書店の娘ということもあって、無類の本好きだ。ときどき突拍子もないことを口にするので吃驚《びっくり》することもあるが、本の扱いは本を好きな人にかぎる。

その摂ちゃんがいつものように、突然わたしを驚かせた。

「先生、実はわたしの親戚はみんな南洋なんです」

「えっ、今、なんていった?」

「お祖父ちゃんがパラオで結婚して、叔父さんや叔母さん、従姉妹たちも、みんなパラオとか、ハワイとか、太平洋のあちこちに住んでいるんです」

「?!」

いきなりパラオといわれても、何の映像も頭に浮ばない。太平洋戦争の激戦地であり、現在は日本のダイバーにとって憧れの島である。せいぜいその程度の貧しい知識しか持ち合わせていない。しかし眼の前にいる摂ちゃんはどう見ても普通の日本人だ。わたしが興味をもっているとわかって、彼女は少しずつ一家の物語を語りだした。

摂ちゃんの祖父、杉山隼人は、一九世紀の終り頃、御殿場の旧家に長男として生まれた。彼が青年に達したとき、日本は「日独戦争」（第一次大戦を当時はそう呼んでいた）で勝利を収め、ドイツ領であった南洋諸島を信託統治領として譲り受けた。いわゆる「内南洋」である。隼人は勢いよく横浜港を後にすると、サイパンを経てカロリン諸島のパラオへと向かった。ほどなくしてパラオのコロール島に南洋庁が設けられ、日本人が次々と入植することになった。

隼人が最初に得た仕事は、日本語の教師である。その後、土地仲介業やら代書業、製菓業、農場経営とさまざまな仕事に就き、とうとう現地の娘と結婚した。彼女はコロールの隣島バベルダオブの名家の娘であり、褐色の肌と大きく美しい瞳をしていた。家は代々が女系であり、人類学的に厳密にいえば、女たちは酋長を選出する神聖な権限を与えられていた。いうなれば島は、女王ともいうべきその女領主によって、長い間統治されてきたのである。

隼人は両親の大反対を押し切って花嫁と結婚すると、二人の間に二人の娘と四人の息子を得た。この話を間接的に耳にした内地の演歌師が、それを流行歌にした。「私のラバさん、酋長の娘。色は黒いが、南洋じゃ美人」という歌詞は、戦前では知らない者はいない。『酋長の娘』という曲である。

富裕な一家は完璧なまでに日本風の生活を営んだ。妻は流暢な日本語を話し、夫に教えられるままに和食を作った。『主婦之友』や『婦人倶楽部』を定期購読し、洋服はすべて銀座から特注で取り寄せた。夫は子供たちに自転車を買い与え、みずからはヴァイオリンを嗜んだ。二人の娘たちは海を渡り、横浜高等女学校に学んだ。そこでは中島敦が教師として国語を教えていた。中島はやがて南洋庁の職員としてパラオに渡り、隼人の家を親しげに訪れることになった。

一家の幸福な生活は戦争によって中断された。島嶼の南端にあるペリリュー島は、日本軍とアメリカ軍の間で激戦地となった。幸いなことに、一家が住むコロール島には直接の戦禍は及ばなかった。しかし日本の敗北を期にアメリカ軍がパラオに駐留を始めると、隼人は日本への帰還を強制された。彼は泣く泣く家族を残して横須賀に「戻る」と、五〇歳にして銀行に再就職し、まったく別の人生を送ることになった。彼は暇を見てはGHQを訪れ、パラオへの帰還を陳情した。もちろんそれは聞き届けられなかった。やがて隼人は日本人女性と改めて結婚し、一人娘を得た。この新家庭に生まれた孫娘が、わたしに大物語を話してくれた摂ちゃんである。

「でも、どうして突然、そんな話をする気になったわけ？」と、わたしは訊ねた。

実は摂ちゃんは子供のとき夏休みになると、親戚に会いにパラオを訪れていた。ところが中学生のときに親友にその話をしたところ、パラオなど知らないという。説明するのも面倒なので、親戚はみんなグアムとかハワイなのよと簡単に説明すると、じゃあネイビーのアメリカ人なんだと勘違いされてしまった。こういう反応がただちに戻って来るのが、基地の町、横須賀である。摂ちゃんはそれ以来、パラオのことは人に話しても無駄だと思った。小学生のころから伯父さんや従姉妹たちとの交信や往来が普通であった自分にとって、パラオは特に意識することもない、まったく普通の、身近な場所である。にもかかわらず、同級生にはまったく関心外の、想像不可能な土地であったことが、ひどく奇妙に感じられたからだ。ところがわたしの蔵書を片付けているうちに、ゴーギャンとか文化人類学の本とか、南洋関係の本がごっそりと本棚にあるのがわかった。この人なら南洋に真面目な関心を持っているみたいだから話してみてもいいと、彼女は思ったのだという。

なるほど、とわたしは思った。ずいぶん信用されちゃったわけだ。わたしが感心して話に頷いていると、摂ちゃんは、実は自分も写真家の卵としてあの島々の風景や叔母さんの肖像を撮っておきたいのだと、心中の抱負を語った。これから今の仕事をやめ、ハワイで下の叔母さんのところに行った後、パラオに長く滞在するつもりだから、その間に遊びに来ませんかという。もうそこまで話を聞いてしまえば、後はパラオに行くしかない。しばらくして摂ちゃんから連絡が入り、パラオで愉しく過ごしているとあった。そこでわたしは新年に三段重ねのおせち料理セットを抱えながら、サイパン経由でパラオ行の飛行機に乗ったのである。

空港はひどく可愛らしく、のんびりとしたところだった。機内から出て建物の方まで歩いていくと、もうそこに摂ちゃんが立っている。顔はいつもと変わりないのだが、心なしか悠々とした雰囲気である。よく見ると不思議な首飾りをしている。パラオ語で「ウドウド」といい、神聖な家に生まれた女性だけが着用を許されているマネービーズらしい。ウドウドを着用していると島の人の態度がまったく違ってくる。一応国際空港だからセキュリティ・システムはあるのだろうが、彼女はまるでフリーパスであるかのように、滑走路までやって来たような気がする。

ホテルの予約もしないで来ちゃったけど、大丈夫かなあ。わたしがそういっても、摂ちゃんは一向に気にもしていない。どことなく高貴な血筋を引いているという雰囲気になっている。みっちゃん叔母さんの家があちこちにあるから、そのうちのどれかに泊まるといいですよなどと、事なげにいう。車に乗ってしばらく経つと、その叔母さんのお屋敷に到着した。「みっちゃん」というのは本名を「道江」という、祖父の長女に当たる高齢の女性である。

代々にわたってパラオ社会で象徴的な役割を果たしてきた名家の、それも女系の長に会うというのに、まったく緊張がなかったといえば嘘になる。バベルダオブの島では住民に長く慕われ、女王として尊敬を受けてきた女性である。そもそも何語で挨拶をすればよいのか。パラオ語はフィリピンのタガログ語の系統の言語であると聞いたが、こちらは挨拶言葉の一つも出来ないのだ。とはいうものの女王に会ってみると、わたしの緊張は杞憂であったことが判明した。道江さんは実に美しい、繊細な日本語を話されたのである。

わたしが内地に行ってしばらく経つと戦争が激しくなりました。横浜の女学校に進んだというのに、もう毎日が勤労奉仕で工場に行かされるばかりで、気が付くと戦争に負けて、パラオに帰らなければいけなくなっていたのです。父親は道江を、さらにヨーロッパへと留学させるつもりでいたのだが、敗戦のおかげで計画はすべて頓挫してしまった。それどころか父娘は行き違いで、生涯を別々に過ごすことになってしまったのである。島に引き戻された道江さんは、まず小学校の先生になった。先生であった日本人がみんな追放されてしまったからだ。とにかく何でもいいから教えてほしいというので、算数と理科を担当しましたと、女王は静かな声で語った。

さて、翌日からは夢のような毎日が始まった。わたしは一家を挙げて歓迎を受け、パラオのあちこちを案内してもらうことになった。

道江さんにはノブさん、ジャンさん、ジョージさん、ピーターさんと四人の弟がいて、それぞれに夫人と子供たちがいる。文字通りの大家族が島のあちらこちらに住んでいるのである。年長の人たちは日本名をもち流暢な日本語を話すが、戦後世代となるとみんな会話はパラオ語と英語となり、ロサリンとかジェニファーといった英語名である。もっとも讃美歌を歌うときはやっぱり日本語で歌うと聞かされた。

パラオ共和国は大小さまざまな島から構成されている。人口は一万八千人ほどで、他にフィリピン人が六千人、また沖縄からも若干の労働者が来て居住している。人口の大半が住むコロール島がパラオの中心であり、観光客向けのホテルや食堂が若干ある。日本人がかつて建設した南洋神社はきれいに手入れされ、みごとに残されていた。

わたしはまず一家の人に案内されて舟に乗せられ、オモカン島に向かった。ボートに乗って港を出た瞬間から、不思議な多島海の風景が始まる。やがて強烈な太陽の下に、美しく静かな浜辺が見えてきた。わずか三、四メートルの幅しかない砂州が、何百メートルにもわたって延びている。砂はどこまでも白く、太陽に反射して目が開けていられないくらいの眩しさだ。わたしはただちに上陸して歩き出した。

砂州は歩いているとすぐ両脇に波が打ち寄せてきて、ひどく心地がいい。水辺に目をやると、赤や黒の色をした海鼠《なまこ》がところどころに、砂の浅い下に隠れている。手にすると最初は柔らかいのだが、ただちに緊張して硬く縮みあがってしまう。以前、能登半島で広大な海鼠養殖場を見学したことがあったが、パラオの海鼠は日本のそれと違ってゴム質であり、とうてい食用になりそうには思えない。

砂州といっても、砂地と海との間に明確な境界があるわけではない。陸地はまるでクレープの生地のように薄く、台風が来るたびに地形が変化するのだと教えられた。足の赴くままにどんどん砂州を進んでいき、ふと後方を振り返ってみると、島がはるかに小さく見えてくる。浜辺にはまるで芝居の書割りのように背の高い椰子が群生していて、子供たちが登って遊んでいるのが見える。静けさのなかでときおり水音がするのは、波の上を小魚が跳ねている音だ。砂州の先端に立って遠浅の海を眺めると、なにか黒い物体が海から突き出ているのが見えた。ひどく朽ち果ててはいたが、日本の軍用機であった。

オモカン島からふたたび舟に乗る。こちらには皆目わからないのだが、一家の人たちはどうやら海の〈根〉なるものを押さえているらしい。海に出ていても、ある場所まで来て突然に舟を停め、さあ、ここいらでちょっと潜っておこうということになる。たちまち若い衆が海に飛び込み、しばらくするとシャコガイを抱えて戻って来る。二度目に潜ったときには、小さな巻貝をビニール袋にいっぱい詰めて現われる。シャコガイはひとたび舟に上げてしまうと処理は早い。貝を抉《こ》じ開け、あっという間に黒いワタの部分を取り除き、即席で刺身を拵えてしまう。それを見て真似をしたくなったのか、小さな女の子が海に飛び込み、三〇センチほどのシャコガイを見つけてくる。もっとも大人たちは、これはまだ小さすぎると判断したようだ。女の子に説明をすると、無造作に海に投げ返してしまった。

　こうなるとどうしても自分も海に潜ってみたくなる。といってもダイバーの訓練などしたことがないから、ごく簡単にシュノーケルをつけて水中に飛び込む。そのときソーセージを一本手渡されたのだが、飛び込んでみてその意味がわかった。海中にはそれこそ大小さまざまな魚が無数に泳いでいる。どれもが青や赤、緑や黄といった原色をしている。魚たちは突然に出現した巨大な物体であるわたしに驚いた。しかし次の瞬間には手にしていたソーセージに群がり、小さな歯でそれを齧《かじ》り始めた。完全に食べ尽くされるまでにさほどの時間はかからなかった。何とか一匹でも手で捕まえてみようと試みても、魚たちの敏捷《びんしょう》さはとうてい歯が立つものではない。これは予期せざる愉しい体験だった。おそらくもしわたしが何かの原因で水死を遂げたとしたならば、この魚たちはたちまちわたしの屍体を取り囲み、微小にして鋭利な歯を駆使して、腐肉を骨から削りとってしまうだろう。熱帯の海の魚たちの旺盛な欲望を前に、自分の肉体がそうして瞬時のうちに解体されることを空想するのは愉快なことであった。

　海上ではもうひとつ仰天したことがあった。夕暮れに舟が帰路に就こうとするとき、誰かが思い出したように、「今日は知り合いの何某が海に出ているらしいから、ひとつ拾って帰ろう」と口にしたことである。ここでも彼らは海の〈根〉をめぐる独特の方法で、その人物の位置を探し出した。驚くべきことに彼は身に何ももたず、ただ波の上にのんびりと浮かんでいるだけだった。この人物は何匹かの小蛸を入れた袋を手に、悠々と舟に上ってきた。もしこの舟がそばを通り過ぎなかったら、彼はいつまでも海に浮かんでいたのだろうか。たぶんそうなのだろう。いずれにしても、別の舟が彼を拾い上げるだろう。パラオの男たちにとって海とは、陸の道といささかも違いがないようだ。彼らは道端で一休みでもするかのように、平然と波の上に漂っている。

その晩には夕食にシャコガイの貝柱の刺身と、巨大なマングローブの蟹をココナッツミルクで茹でたものが出た。相変わらず大勢での食事である。人々は食事をしながら、パラオの非核宣言と憲法改正問題について熱心に話し込んでいた。わたしは次々といろいろな人に紹介された。一人は元国会の議長であり、もう一人は次回の大統領選挙の立候補者であった。もっともこのように書けばひどく厳粛な食事会のように見えるが、実際には屋外での気さくなバーベキューパーティであり、誰もがカジュアルな服装だった。

わたしは一家の遠縁にあたる青年医師に紹介された。パラオでは中学までを島ですごすと、グアム高校に行き、ハワイ大学に進むというのが常道であり、彼もまたこのコースを取って、二四人しかいないパラオの医師の一人となった。パラオには映画館がないから、わざわざグアムまで映画を観にいかなければならない。『スターウォーズ』を見るのだってレンタルショップで半年遅れだと、彼は不満を零した。この医師の世代ではアメリカの西海岸に行ったきりで、もう二度と島に戻ってこない若者が少なくないらしい。

わたしはパラオに滞在している間に、一度はペリリュー島に足を運んでおきたいと思っていた。先にも述べたが、第二次世界大戦の末期に二万人の日本兵と六千人のアメリカ兵が戦死したという、悲愴な戦闘のあった島である。この希望はいとも簡単に実現した。一家の長男であるノブさんの夫人が、島の半分を所有する家の出身であったためである。そこでわたしは島にあるノブさんの別荘へと、舟に乗せられて向かうことになった。モーターボートはコロール島を出発して一時間ほどで、ペリリューの北港に到着した。

別荘はみごとな景観のもとにあり、窓からは浅瀬を眺めることができた。マングローブの鬱蒼とした繁みが水面に反映している。ときおり水上を小魚が跳ねる音以外には、まったくの静寂があった。マングローブというのは一本の樹を伐ってしばらくすると、そこにもう何十本もの小さな芽が生えているのだと、ノブさんがいった。表からは見えないが、わたしの眼前の群生の麓には、巨大な蟹が無数に隠れているらしい。

車で島を南下し、激戦地を訪れてみる。いたるところに植物が繁茂していた。ノブさんはこれまで何回となく、日本からの慰霊団を案内した。最初のうちは洞窟のなかを覗くと、白骨や鉄兜が重なっていることが珍しくなかった。アメリカ軍が火炎放射器を洞窟の内部に向けた跡である。今でも密林を歩いていて白骨に出くわすことはままあるらしい。戦争が終わって最初にここに来たときはいたるところが焼き尽くされ、草や木などどこにもなかったというのに、今ではまた密林に戻ってしまった。いったいどこから種が飛んできたのだろうと、ノブさんはいった。日本軍司令部の跡では、崩れ果てたコンクリートの間に巨大なタコノキが鬚根を降ろしていた。

いつしか夕暮れとなっていた。わたしたちはもうペリリュー島を発ち、コロール島に戻らなければならなかった。きっと今夜もバーベキューだろうと、わたしは予想した。

わたしは都合、一週間ほどパラオに滞在した。この島々はわたしに、自然の脅威というものを思い知らせてくれた数少ない場所となった。いよいよ帰国という直前、わたしは杉山家の人々に挨拶に行った。摂ちゃんは甲斐甲斐しく写真を撮っていた。ノブさんがいった。司馬遼太郎という人はまだお元気ですか。新しい小説が出たら、送ってもらえるとありがたいのですが。

ウルル　2003

アリス・スプリングスでは、しなければいけないことが一つ、できればしておきたいことが二つあった。正午過ぎに飛行場に降り立ったわたしは、すべてをその日のうちに片づけておこうと決めた。

最初に足を向けたのは地元の観光会社である。わたしに応対してくれたのはキャシーという若い女性だった。明日にウルルに行くバスツアーを申し込みたいのですがというと、それじゃあここに名前を書いて朝五時までに来てねといわれた。それから現地は猛暑だから、一キロに一リットルの感じで水を持参してくるようにと、彼女は付け加えた。

あっという間に用件が片付いたので、わたしは午後の時間を、かねてから果たしてみたかった二つのことに向けることができた。わたしがしたかったのはオパールを買うことと、ある小さな記念館に行くことだった。

オパールといっても、何も高価な指輪やネックレスがほしかったわけではない。わたしは子供のころ、親戚の誰かから海外のお土産だといって、オパールの原石の砕片《かけら》をもらったことがあった。一見では灰色に曇っているだけの表面が、わずかに見る角度を変えるだけでたちまち様相を変え、ピンク色や空色の色彩が跳梁《ちょうりょう》する魔術的な舞台となる。わたしはこの小石にたちまち夢中になり、それを大切に抽匣《ひきだし》に仕舞い込むと、一人で取り出しては慈しんでいた。じつはこの原石が長い歳月の間にいつの間にかなくなっていたので、代わりとなる石を探そうと思い立ったのである。アリス・スプリングスの周辺はハンガリーの某山と並んでオパールの産地として知られ、今でも採掘者が後を絶たない。わたしはオーストラリアの砂漠の中央にあるこの小さな町でこそ、自分がかつて喪ったものを再発見できるという期待を抱いていたのだ。

土産物を売る通りに入ると、オパール屋はいたるところにあった。というより町の売り物は、アボリジニの描いた絵画を別とすれば、それしかなかったのである。高価な指輪や装身具はショーケースに陳列され、細かな説明書きが添えられていたが、原石の砕片は店の前に無造作に山盛りにされている。わたしはそのなかから気に入ったものを選び、もう一つ、腕時計を買った。ある女優について書いた本が紆余曲折の末、ようやく刊行された直後で、わたしは自分に向かってこっそりとご褒美を与えてみたかったのである。

繁華街でオパールを買ったわたしは、その足で鉄道線路を横切り、地図を頼りに文化保存区域へと向かった。この地区は町の中心から二キロのところにあり、二つの小高い丘のまわりに博物館や彫刻展示場、記念墓地などが設けられている。わたしの目的はその一角にある、ストリーロウ研究センターの展示を見ることだった。

T・G・H・ストリーロウは一九〇八年、ドイツ人の宣教師の息子として中央オーストラリアに生まれた。幼いときからアランダ族のなかで育ち、アランダ語をさながら母国語のように話した。彼は父親から西洋の古典語を教えられ、アデレードの大学で学業を修めると、アボリジニの移動する広大な領域を巡回する官職に就いた。新約聖書をアランダ語に翻訳すると同時に、アランダの神話と伝承を記録し、アランダ語の文法書を作成した。彼らの文化がヨーロッパ人のそれと比較してけっして劣ったものでないことを立証しようとし、宗教儀礼に用いるさまざまな道具を蒐集した。アボリジニの文化が圧倒的な白人文化の前に消滅しかかっている状況を前にして、彼はみずからを、沈みゆく夕陽を前に最後の宗教儀礼を執り行なう祭司に準えた。一九七一年、六二歳になったストリーロウは、それまで採集してきた、九〇〇編に及ぶアランダの歌を英語に翻訳し出版した。だがその畢生の仕事は充分に認められず、失意のうちに七年後に逝去した。

ストリーロウの訳業は、二つの角度から批判された。一つは文化人類学者の側からのもので、彼らは訳文があまりにギリシャ・ローマの古典詩を規範に記されているため、アボリジニ文化に独自の本質を歪曲していると非難した。もう一つはアボリジニの側からのもので、部族の秘儀に関わる神聖な歌を彼は白人にむかって公開し、重大な禁忌を犯してしまったというのがその主張だった。

二〇〇二年にストリーロウの精密な伝記が初めて刊行されたとき、たまたまシドニーに来ていたわたしはそれを書店の店頭で見つけ、八〇〇頁という分量にもかかわらず、一気に読み通したことがあった。わたしは歌の採集者にして支配者の言語への翻訳者であるという彼の微妙な立ち位置を、自分が個人的に知っていた金素《キムソ》雲《ウン》と比較してみたいという誘惑に駆られた。金素雲もまた、植民地朝鮮の言語が文学語として消滅してしまうのではないかという怖れのなかで、朝鮮詩を原文からひどく隔たった、雅な古典日本語に直すことに腐心したからである。

ストリーロウの記念館には、彼が生涯の情熱を傾けて蒐集した、さまざまな民芸品や宗教儀礼のための資料が展示されている。売店にはわたしがかつて読んだ伝記をはじめ、本人が撮影した映像資料のヴィデオなどが売られていた。ただアランダの歌の翻訳集は置かれていなかった。彼の死後、二度と再刊されることがなかったからだ。記念館のスタッフによれば、蒐集品のなかでも部族の秘儀に関わるものは陳列できず、アランダの者だけが閲覧を許されているのだという。文化人類学とその対象となる部族社会の文化破壊をめぐって、今日ではそれなりに慎重な態度がとられていることが理解できた。二つの文化に跨《また》がって生きたストリーロウの足跡は、今日的観点からすれば、かくも微妙なものであった。わたしは死の床で彼を見舞った深い孤独を想像してみた。物心ついた頃から親しんできたアランダ族の面々から裏切り者として糾弾されたとき、彼の心中はいかばかりのものであったことだろう。彼のライフワークは二度と顧みられることがなく、残酷な忘却の犠牲と化してしまったのだ。

翌日は文字通り強行軍となった。約束の時間に観光会社の前に行くと、すでに十人ほど、ツアーの参加者が来ていた。キャシーは長い金髪を後ろで束ね、デニムのシャツに黒い短パンを穿いている。前日には事務員だと思っていた彼女が、実は運転手でありガイドを兼ねていた。その軽敏な恰好はキングス・キャニオンに立ち寄り、その日のうちに最終目的地であるウルルに到達するために、あらかじめ考え抜かれたものだった。

キングス・キャニオンはアリス・スプリングスから南西に四五〇キロの地点にある、巨大な渓谷である。ガイドブックには、アメリカのグランド・キャニオンに勝るとも劣らないといった記述がなされている。キャシーは赤い土に覆われた荒野を、最初から恐ろしい速度でバスを走らせた。九月というのはオーストラリアの季節としては春の始まりに当たるのだが、乾燥しきった砂漠ではそうした分類は何も意味をなさない。とにかく午前中に到着して歩き出しておかないと、大変な暑さに見舞われてしまうというのが彼女の考えである。そしてそれは正しい、いや正しすぎると、後になってわたしは実感することになった。

バスは巨大な岩山の手前で停まった。わたしたちはまず眼前にある石段を登ることから見学を開始した。石段はなかば崩れかけていて、凸凹が目立ち、全部で五百段ほどあっただろうか。登りきったときには、もうそれだけで一仕事し終えたような気になった。

周囲は見渡すかぎり赤い砂岩である。空はどこまでも青く晴れている。ときおり灌木の姿を見かけるが、鳥の姿もなく、完璧な静寂だけがその場を支配している。岩のなかにはミルフィユのように色の違う無数の層が水平に走っているものもあれば、鋭利な刃物で削り落としたかのように、つるりとした断面を剥き出しにしているものもある。石器時代の鏃や斧が、何か不可思議な力によって、突然何千倍もの大きさに拡大されてしまったという感じだ。早くも汗が流れてきたので、ペットボトルの生ぬるい水を飲みながら、先を進んだ。

巨岩と巨岩の間に設けられた狭い橋を渡り、見晴台で一服した後、さらに歩き続けていくと、広大な台地に出た。直径二〇メートルほどの岩の塊が、お椀を伏せたような形でいくつも転がっていることを除けば、もはや視界を遮るものは何もない、まるで飛行機の滑走路のような場所である。この台地の端は絶壁になっていて、こわごわ覗きこんでみると、はるか下方に水が流れている気配がする。台地の上では強烈な陽光から身を隠すことができないが、渓谷のあたりは暗くなっている。樹々が繁っているのは、おそらく椰子だろう。向こう側の断崖には陽があたっていないので、空を背景に黒々とした影しか見えない。

この景色はどこかで見たことがあるなと、わたしは直感した。ロンドンのテート・ギャラリーで見た、ジョン・マーティンの描いた世界の終末の光景だ。正確にいうと、わたしの眼前に展開していたのは美しい風景ではなかった。それは一九世紀のイギリスの美学者の表現を借りるならば、人をして嫌でも応でも恐怖と卑小感を感じさせてしまう風景、つまり崇高さの現前であった。

ウルルに到着したのは日没の寸前だった。信じられないことではあるが、キャシーはキングス・キャニオンを案内し、簡単な昼食をとると、そのままわたしたちをバスに乗せ、さらに南方の目的地まで、距離にして三〇〇キロにわたって運んでいったのである。

ウルルは長い間、白人の発見者の名前に因んで、「エアーズ・ロック」と呼ばれていた。「アリス・スプリングス」と同じ命名法である。それが住民であるアナング族の文化を尊重して、「ウルル」という現地語に戻されるようになってからは、まださほどの時間が経っていないらしい。キャシーの説明でも、二通りの表現が用いられていた。

アナングの神話によれば、それは天地が創造されたとき、彼らの先祖が築き上げた岩山に他ならず、岩の深奥には祖先の霊である蛇が隠れ住んでいるとされている。ウルルは荒涼たる砂漠を移動してやまないアボリジニにとって聖地であり、世界の臍《へそ》として魂が回帰すべき場所である。宇宙の中心というのは、わたしとわたしの文化が現在ではとうに見失ってしまった、アルカイックな観念である。私はその観念を所有しているアボリジニを羨ましく思うとともに、彼らが長い旅を重ねた末に、遠い地平線の彼方にウルルの姿を認めるときの歓びを心に描いた。

　わたしたちは少し離れた丘の上から聖地を眺めた。広々とした荒野の彼方に巨大な台形の山がただひとつ、まるで蜃気楼であるかのように浮かんでいる。そのあり方はあまりに特異であり、いかに遠くからでも姿を認めることができる。わたしたちが茫然とした気持ちで眺めているうちに太陽は段々と沈んでいき、残照に赤く映えていた山は、ほどなくして黒いシルエットと化してしまった。それでもしばらくの間は、空に光の記憶が漂っているように感じられた。

ウルル遠望

　キャシーは長時間の運転と山歩きにもかかわらず、まるで疲れを知らないかのように迅速に行動した。彼女はわたしたちをウルルの真下にあるキャンプ場まで連れて行くと、一人ひとりにテントや寝袋を渡し、バーベキューの準備にとりかかった。肉が焼けてくる匂いが漂ってくると、ツアーの参加者の誰もが安堵の表情を見せた。わたしたちは缶ビールを呑みながら、少しずつ打ち解けて話し出した。夜は涼しく気持ちがよかった。蠍《さそり》に気を付けてねとキャシーがいった。わたしは満天の星を仰ぎながら、寝袋に包《くる》まってぐっすりと眠った。

　翌朝、目覚めてみると、何人かの参加者の姿が見えなかった。彼らはウルルの山頂から夜明けを眺めようと、暗い時分に起きて出発していた。わたしにはもとより山に登る気持ちはなかった。それが神聖なる場所であり、原住民でも滅多に登ることがないと知らされていたからである。彼らは観光客の登山を表だって拒んではいなかったが、かといって勧めていたわけでもないようだった。キャシーの話によれば、この聖地には部族の者以外には立ち入ることが禁止の場所が少なからず存在しているが、それがどこであるかを明言することも禁忌であるようだ。彼女もその正確な場所は知らないという。もっとも外部から来た観光客にとってはウルルの驚異を目の当たりにしているだけで充分であって、ときおり強風によって登山中に起きる転落事故を除けば、厄介ごとが生じることはないらしい。

朝に光のなかで改めて見るウルルは、やはりその異様さでわたしを圧倒した。それは恐るべき高さをもった赤い岩の塊であり、ただそこに何もいわず、ぬっと存在しているだけで、天地創造の秘密をわたしに啓示してくれるような印象を与えた。もし造物主がいて、巨大なパンを焼くために水で溶いた粉を寝かしているとしたら、おそらくその形はウルルに似たものになっていただろう。

わたしは周囲を一回りしてみようと思った。だが、いざそれを実行に移そうとしてみると、それだけでも大仕事だと判明した。麓の荒地にはただまばらに灌木が生えているばかりではなく、場所によっては密林になっていたり、儀礼のための施設が設けられていて、結局のところ、一周するだけで二時間ほどの時間がかかった。その間、ウルルは眺める角度に応じてさまざまに細かな表情を見せた。あるところでは、つるりとした表面にいく筋も深い亀裂が走っていた。太い皺もあれば、細い皺もあった。別のところでは、蟹の穴のような陥没がいくつも目立っていた。太陽と雲のぐあいによって、赤い色彩は目まぐるしく変化した。わたしはひょっとしてこの岩山自体が巨大な生命体であるかのような幻想に、一瞬ではあるが捕らわれた。

キングス・キャニオンとウルルはともに自然の驚異であったが、そのあり方において対照的であるように思われた。前者は大地に穿たれた亀裂であり、後者はそこから突然変異的に生じた隆起であった。だがそれ以上に、大渓谷は人間の認識の卑小さをわれわれに思い知らせる崇高なる光景であり、当初より人間の眼差しを越えた次元にあって生じた現象であった。ウルルは逆に、人間の文化が神聖なる意味づけを与えた事象であり、自然に形成されたものでありながらも、創世神話の物語に属していた。キングス・キャニオンは世界の外側に位置していたが、ウルルは世界の中心であった。そして一介の観光客であるわたしには、前者は世界の荒涼とした終末を、後者は生成直後の無垢を体現しているように感じられた。こうした正反対の光景が地球上にあって、ほんのわずかの距離のもとに共存しているとは、何という奇跡だろう。

アリス・スプリングスへと帰るバスのなかでは、誰もが疲れきって眠り込んでいた。わたしは眠気に襲われながら、車窓から見える赤茶けた荒地を見るともなく眺めていた。キャシーだけは一向に疲れたようすを見せず、前日と同じように、恐ろしい速度でバスを運転していた。いったい彼女はひと月に何回、このツアーを繰り返しているのだろうかと、わたしは考えた。わたしにとって驚異以外の何ものでもない光景が、彼女にとっては日常そのものなのだ。彼女は文字通り、世界の中心に向かって日常的にバスを走らせているのだった。

わたしは別れしなに彼女に話しかけた。だが期待に反してキャシーは自分が大学の農学部の学生だといい、ウルル・ツアーの仕事は、友だちに頼まれた臨時のアルバイトなのだと軽やかに答えた。

西エルサレム　2004

テルアヴィヴの新しいバスターミナルに入るためには、都合三回のチェックを受けなければいけない。最初が市営バスがゲートを潜る直前で、エチオピア系の女性職員がバスに乗り込んできて乗客の身分証を確認する。バスから降りて建物に入るところでもう一度チェックがある。チケットを求め、いよいよ長距離バスに乗り込もうとするとき、最後の念入りのチェックがある。「セキュリティ」というのが、イスラエルのユダヤ人社会では最優先されている言葉なのだ。

バスターミナルはいつも混雑している。軍服姿の兵士の姿が目立つ。きっと高校を出たばかりなのだろう。兵士のなかには人前で平然といちゃついているカップルもいれば、銃を肩に掲げ、ウォークマンを聴きつつ車内に入って来る女性兵士もいる。幼い孫娘を連れ、三代の大家族を引連れて移動するパレスチナ人の老女もいれば、耳のところで髪をお下げにして束ね顎鬚を伸ばした、ユダヤ教正統派の青年がいる。バス乗り場に並んでいると女乞食が小銭を強請《ねだ》りにやって来る。女性兵士の多くは煙草を吸っている。

こうしてわたしは朝一番でテルアヴィヴを出発した。幹線道路を五〇分も走れば、バスはエルサレムに到着するだろう。テルアヴィヴはエジプトからの熱風《ハムシン》のおかげで、五月にはもう三五度の暑さになってしまった。エルサレムでわたしは冷気に慰められるだろう。

バスの窓から最初に見えるのは、いくつもの巨大なゴミの山だ。それが終るとトスカナを思わせる牧草地となり、黄色い花が咲き乱れている。羊の群れがのんびりと草を食んでいる。ときおり見かける道路標識は、上からヘブライ語、アラビア語、英語で記されている。もっとも二回に一回は、アラビア語の部分が省略されている。

バスは少しずつ高所へと移動してゆく。エルサレムに近づくにつれいくつも峡谷が現われては消え、植生が変化してゆく。丘の上から下まで、赤い屋根と白い壁の小さな家がびっしりと並んでいる。これからわたしが赴こうとする古都は、標高九〇〇メートルの内陸にあるのだ。わたしが後にして来たテルアヴィヴは、二〇世紀になって人工的に造成された海岸町であった。エルサレムは何もかもが対照的だ。それは侵略と逃亡、占領と解放の物語を四千年にわたって生きてきた、まさに満身創痍の都市なのである。


エルサレムではいくつかするべきことがあった。ヘブライ大学で日本文化について講演をし、ユダヤ映画アーカイヴでイスラエル国家成立以前に製作されたプロパガンダ映画の調査をすることになっていた。だがその前に二日ほど時間をとって、都市の見学をしておきたい。わたしは漠然とそう考えていたが、バスターミナルを出て旧市街に足を踏み入れたときから、たちまち眩暈《めまい》の感覚に見舞われた。何もかもがあまりに凝縮されていて、空間の狭さに対する時間の濃度に圧倒されたのである。

地図を拡げてみれば、旧市街はわずか一キロ四方ほどの大きさしかない。周囲は中世に設けられた城壁で囲まれ、全体が四つの部分に分かれている。北から東にかけてはパレスチナ人地区であり、それがキリスト教とイスラーム教という宗教の違いによって二つに分かれている。前者の象徴的中心は救世主キリストの墓のある聖墳墓教会であり、後者のそれは黄金色に輝く「岩のドーム」である。この巨大なドームは、最後の預言者ムハンマドが昇天した場所に建てられている。そうしたわけでいずれの宗教もエルサレムを聖都（アル・クッズ）と見做し巡礼者が絶えない。

ひどく汚れて擦り減った石段。凸凹の石畳。昼間でも薄暗く、曲がりくねった路地。狭い通りに向かってはみ出んばかりの品物を陳列した商店。何もすることがなく、路上でお喋りばかりしている若者。パレスチナ人地区を特徴づけているのはこうした要素である。いきおい散策は、雑踏のなかを押し合いへし合いして歩くことになる。どこを歩いていてもそこに、膨大な時間が煮詰められ、剥き出しに放置されているという感じだ。そのため歩き疲れてくると、名状しがたい閉塞感に圧倒されてしまう。

都市の南側にはユダヤ人地区とアルメニア人地区がある。ユダヤ人地区はどこも空間がすっきりしており、古代の様式を意図的に再現した建築物はどれも新しい。建てられたばかりといった印象のシナゴーグと、計画的に設けられた公園があちこちに目立つ。街角を歩いていてもいっこうに経年価値を感じさせるものがない。これには理由がないわけではなかった。現在のイスラエル国家の宣伝工作はひとまず別において、正確に歴史を振り返ってみると、ユダヤ人がこの都市に居住していた時期はきわめて短い。イスラエル国家が成立してからでも、一九六七年の第三次中東戦争のとき、イスラエル軍が急襲して占領するまで、東エルサレムはヨルダン領であった。

つまりユダヤ的なるものは一切の痕跡が取り払われていた。有名な「嘆きの壁」は近年の考案であり、律法の書にもユダヤ教の伝承にも、それを教義的に正統化できる文献は存在していない。

最後に旧市街の最南端にあるアルメニア人地区は、きわめて特殊な地域である。崩壊寸前のオスマン帝国で一九一五年に生じた大虐殺から逃げてきた者たちが、エルサレムの一角に避難してコロニーを形成したというのがその起源だ。街角のあちこちにこの虐殺を訴えるポスターが貼られていることもあって、この地区に足を踏み入れたことはただちにわかる。アルメニア正教会があり、アルメニア料理の食堂がある。もっとも観光客でこの地区まで散策する者はほとんどいない。

わたしを当惑させたのは、この猫の額ほどにもない旧市街の内外に、聖書に登場する神聖な場所が、きわめて世俗的な形で集中して存在していることである。

キリストの墓は巨大な教会、というより十数もの宗派が共同で管理する巨大な建築物の中央にあった。内部はひどく薄暗く、乱雑で喧騒に満ちている。西暦二〇〇〇年の生誕祭のときには世界中の観光客が長蛇の列をなし、二時間以上待ってようやくその内側に入ることができるというほどの盛況であったらしい。だが四年後にわたしが訪れたときには、頻繁となった自爆攻撃のおかげで観光客はほとんど見かけず、簡単に内部を覗きこむことができた。エチオピアのコプト教会からロシア正教会、ローマ・カトリック教会まで多くの宗派が、磯辺に群生するフジツボや巻貝のように、狭い場所にびっしりと集まり、思い思いの祭壇画を掲げている。彼らはいずれも大教会のなかにあるわずかな領地をめぐって争いあい、互いの存在を無視しあっていた。

加えてプロテスタントの一派は、この聖墳墓教会の歴史的正統性を真っ向から否定していた。

彼らはキリストの墓は旧市街東側のある通りの角にあったと、熱心に主張していた。わたしはそこも訪れてみた。瀟洒な庭園のなかに巨岩の祠が安置されていた。案内図にはすぐ近くにゴルゴダの丘があったと記されている。信じられないことに、それはわたしがテルアヴィヴから乗ってきた長距離バスのターミナルで、公衆便所の設けられているあたりだった。後にわたしは帰国してからハーヴァード大学の美術史家が著した研究書を読んでみたところ、エルサレムにおける聖所発掘と考古学史跡の学問的認定が、植民地主義とシオニズム、さらにアラブ・ナショナリズムの三つ巴の状況のなかで人為的になされ、政治と観光主義のための神話造りに貢献していたという事情を知ることになった。

旧市街の南の城門から外に出るとシオンの丘となる。坂の途中には何の変哲もない住宅があり、ところどころにニワトリの標識が立てられている。イエスが連行されたとき、師を三度にわたって否認した聖ペテロのための教会がその先にある。否認のたびにニワトリが三度にわたって鳴いたという『マタイ福音書』の記述に基づいて、この標識は作られたのだろう。何だか悪い冗談を見ているように思えた。「シオニズム」という政治運動の語源となった丘は、そのあまりの凡庸さにおいてわたしを驚かせた。

旧市街を出て東に足を向けると、そこにも聖書にいわれある旧跡がズラリと並んでいる。強い陽射しのなかを少し歩くと、ゲッセマネに出る。イエスが逮捕される前日の夜、寄る辺ない心を抱いて散策したと伝えられるオリーヴ園である。信じられないことではあるが、そこには（かたわらの解説パネルを信じるならば）樹齢二千年を越えるオリーヴの巨木がまだ残っていた。といってもひどく太って皺がより、内側に黒々とした洞《うろ》をもつにいたった幹を、そのまま幹として認めるには、いささか時間がかかった。それは巨大な時間によって大きく姿を歪められた幹、いや、より正確にいうならば、樹木をかくも太らせ歪形させた、巨大な時間そのものであるように思われた。老木のうち八本までがイエスの最後の晩の祈りを聞き届けていたと、パネルには記されている。本当だろうか。

ゲッセマネからまた少し歩くと、地下へ下る広い階段があり、洞窟の深奥に聖母子像を掲げた祭壇があった。黒衣の聖職者がその番をしている。マリアの墓だった。マリアの墓の隣には、イエスがユダに突然に接吻をしたという洞窟があった。さらに東側に足を向けると、アブサロムやゼカリヤといった旧約聖書の人物たちの塔や墳墓が並んでいた。もっともイスラーム教徒の住民はそこに平然と塵埃を投棄し、碑という碑はスプレーの落書きだらけだった。これはいったいどういうことなのだろう。人間の歴史においてかくも重要な物語を担った人々の痕跡が、これほどに狭小な空間に凝集して存在しているというのは、どこまで信じていいことなのだろうか。

最初のエルサレム滞在の宿を、わたしは修道院に見つけていた。修道院は旧市街のキリスト教地区の一角にあるにもかかわらず、街角の喧騒からはるかに隔絶された場所だった。

旧市街の探索に二日を費やした後、わたしはヘブライ大学へと向かった。城門でタクシーを拾い、旧市街の北側にある丘陵をどんどん登っていくと、しばらくしてスコパス校舎に達する。わたしを迎えてくれたのは東アジア学科のベン＝アミー・シロニー教授である。わたしはこの碩学の天皇研究にかねがね学ぶところがあったのだが、直接にお会いするのはこれが初めてだった。シロニー先生はニコニコとした表情で、わたしをまず校舎の屋上まで連れていった。

スコパス校舎はそれ自体が堅固な要塞のような建物である。屋上からはみごとな展望が開けていた。眼前には鬱蒼とした緑の森があり、その向こうにはわたしが二日にかけて歩き回った旧市街があった。高所に立って眺めてみるとそれは猫の額ほどの狭い地区であり、わたしは昨日までの自分が、さながら蟻塚のなかを彷徨う一匹の蟻であったかのような気分になった。旧市街のさらに後方は一面の砂漠である。今日は少し曇っているので見えませんが、晴れた日には遠くにうっすらと死海が見えることもありますと、シロニー先生がいった。

講演までには時間があるというので、シロニー先生はわたしを何人かの同僚の研究室へと連れて行ってあげようといってくださる。多くの外国の大学がそうであるように、ヘブライ大学でも東アジア学科に属する研究者たちは、日本、韓国、中国、台湾を共同の研究領域としている。わたしが紹介された一人の教授は、日本の自衛隊の研究をしていた。その側にいた博士課程の学生は漫画の研究家で、手塚治虫の『アドルフに告ぐ』の結末はどうにも理解がいかないとわたしに語った。またキューバと北朝鮮の相違について熱心に語る教授がいた。彼は平和運動に邁進していた。

最後にシロニー先生はわたしを中国文学の研究ゾーンへと連れて行って、一人の年配の教授を紹介した。小柄で温和そうな女性で、魯迅をずっとヘブライ語に翻訳してきたのだという。そこで自然と話題は魯迅のことになった。彼女は魯迅の最初の妻である朱安の顔を、一度も写真で見たことがないといい、わたしもそれに同意した。

「そうそう、この人にはもうひとつ専攻がありましてね」とシロニー先生が口を挿んだ。「それは鶏なんですよ」

「いやですねえ、またその話をして」と、教授は苦笑いをした。
「鶏なんですか」とわたし。
「そう、鶏なんです」とシロニー先生。
「そうよ、鶏なの」と教授。
その後に彼女は、わたしが予想もしなかった物語を語りだした。

教授はポーランドの田舎で生まれ育った。幼いころヒトラーの軍隊が村を襲い、家族の全員を連行していった。ただ一人、彼女だけはとっさに隣家の広大な養鶏場に身を隠した。ドイツ兵たちは養鶏場の前を通り過ぎると、そのまま行ってしまった。それから彼女の凄惨な生活が始まった。養鶏場の奥深くに身を潜めながら、生存のためにあらゆることをしたという。鶏の餌を横から奪って口にしたばかりではない。産みたての生卵を啜り、暴れ騒ぐ鶏を小さな手で縊《くび》り殺し、羽を毟って生肉を喰らった。冬になって寒くなると、殺した鶏の羽を集めて毛布代わりにした。もっとも用心しなければならないのは、養鶏場の管理人に自分の存在を気付かれることだった。潜伏生活を続けているうちに、まもなく彼女は鶏の習性から行動パターン、感情表現まで、いっさいがわかるようになった。こうして一年ほどが過ぎたときソ連軍が進駐してきたので、運よく救助されたのだという。

当然のことながら家族は全員、絶滅収容所で殺されていた。だが天涯の孤児となった少女の前に思わぬ幸運が訪れる。ヘブライ大学に多額の寄附を続けてきた者のなかに、たまたまポーランドの同じ村出身の富豪がいて、村でただ一人の生存者に救いの手を差し伸べたのである。彼女はかくして建国がなったばかりのイスラエルに渡り、エルサレムで中国文学を学ぶことになった。
「それじゃあもう鶏はこりごりで、二度と食べないというわけですか」と、わたしは訊ねた。
「そんなことはありません。ゼミの学生たちといっしょにフライドチキンでも何でも、平気で食べてますよ」と、教授は笑いながらいった。

幼少時に家族の全員と切り離され、孤独と絶望のうちに生き延びる術をみずから見つけ出していった少女。わたしの眼の前で教授は六〇年前に自分が体験した悲惨を、笑いを交えながら話していた。おそらくこれまでに何十回となく話してきたのだろう。シロニー教授も彼女の語り口があまりに面白いので、つられて笑っていた。だがもし彼女が笑っていなかったとしたら、わたしはこの物語に耐えることができただろうか。そこには苛酷な状況にもかかわらず生き延びた者だけが持ちうるユーモアがあった。教授が後に魯迅の研究を思い立ったことは、この鶏の体験と関係があるだろうか。そう訊ねてみたい気持ちがないわけではなかったが、不用意に馬鹿な質問をしても呆れられるだけだと、わたしは自制した。もっとももし魯迅が生きていたら、教授の物語に耳を傾けるはずだとは想像しながら。

講演の翌日はシャバト（休息日）だった。大学が休みであるばかりか、ユダヤ人地区ではすべての商店が店を畳んでしまう。あらゆる作業を停止し、休息しなければならないのだ。人によってはエレベーターのボタンを押すことも拒否し、生唾を呑みこむことにも躊躇《ためら》う人もあるという。わたしはこの時こそと思って、夕方にメア・シェリムを訪れることにした。旧市街を出て北西に二キロほど歩いたところにあり、正統派のユダヤ教徒が固まって住んでいる集落である。

メア・シェリムの表通りはほとんど人影がなかった。すべての商店は閉じられ、何人かフィリピン人のメイドの姿を見かけただけだった。路地に入ると、いかにも正統派のユダヤ教徒らしく、黒い帽子に黒い背広、白いワイシャツという格好の男たちの姿があった。もっとも宗派の細かな違いによるのだろうか、茶色のガウンに茶色の毛の帽子の者もいれば、髭は伸ばしていても頭を短く刈り上げ、左右の耳のあたりの髪だけを長く伸ばし、編んで垂らしている者もいた。礼拝のためのキッパは被っていても、髪はひどく短い者も見かけた。大概の者たちは食料品を入れたビニール袋を手に、お喋りをするでもなく帰路を急いでいるように見えた。

しばらく街角を歩いているうちに、この地区がけっして裕福なところではないと理解できた。トタン板を張り付けただけの壁。埃っぽい路地。家々の多くは古く傷んでいて、改修の跡が見られない。ベニヤ板で周囲を囲んだだけの家もあった。植物を植えた鉢もときおり見かけたが、どうやら丁寧に手入れをする気持ちがないのか、等閑《なおざり》に放置されている感じがした。女性の姿は絶えてなかった。ただいたるところに子供がいる。子供たちは大なり小なり大人たちを真似た服装をしている。路地を歩いていてふと頭上を見上げると、一軒の家の二階のベランダで少女が本を読んでいるのが見えた。ひどく地味な服装だった。ベランダからは黒幕が垂れており、英語とアラビア語で次のように書かれていた。

「ユダヤ人はシオニストではない。シオニストは民族差別主義者である。シオニストが聖地を占領し、ユダヤ国家が成立して五六年になったことを追悼しよう。彼らの野心がただちに終結することを、神に祈ろう」

本来ユダヤ教の教義によれば、イスラエルという国家が成立するのは最後の審判の直前、地上のあらゆるキリスト教徒が悔悛してユダヤ教に帰依したときでなければならない。一九四八年にパレスチナ人を追放して一方的に建国を宣言した現行のイスラエル国家は、この教義を蔑ろにした、悪魔の手によるものである。パレスチナ人を差別し迫害するシオニストは民族差別主義者に他ならない。メア・シェリムの住民たちは、こうした教えのもとに禁欲的な生活を続けていた。

ああ、この都は自分の手に負える相手ではないという実感を、わたしは持った。エルサレムはとうてい余所者が気楽に口を差し挟んだりできる都市ではないのだ。わたしはイェフダ・アミハイの詩を思い出した。彼は自分とエルサレムとの関係を、盲人と躄《いざり》のそれに喩えている。眼の見えない自分が歩くことのできないエルサレムを肩に乗せ、最後の日まで闇のなかを歩いていくのだと、彼は書いていた。

とはいえ眩暈を感じて佇んでいる時間はなかった。わたしは翌日からヘブライ大学の地下にあるユダヤ映画アーカイヴに日参し、シオニストが両大戦間に製作したプロパガンダ映画を片っ端から観てメモを取るという作業に従事しなければならない。そもそもの目的は、論文執筆である。アーカイヴはスピルバーグが、『シンドラーのリスト』で得た巨額の配給収益を寄附したことで成り立っていた。わたしは自分が、世界の内側に築かれたひどく困難な迷路の前に佇んでいるという事実に、愕然とした気持ちを抱いた。ヘブライ大学で出会った鶏の専門家の教授のように、すべてを笑いながら語ることの強靭さを獲得するためには何をすればいいのか。

旧市街の修道院に戻ると、受付の前には韓国からの巡礼者が二十人ほどいた。おそらく一日中、イエスにゆかりの史跡を廻ってきたのだろう。彼らは疲れていて、石段のうえに腰を下ろし、あたかもそこが韓国であるかのように屈託なくお喋りをしていた。

クスコ　2004

二〇〇四年は緊張が解けることのない一年だった。文化庁の文化交流使第一号として、イスラエルとセルビア・モンテネグロに派遣されることになったからである。

わたしはまず春から夏にかけてテルアヴィヴ大学に赴き、日本文化について講義をした。秋から冬にかけてはベオグラードの民族学博物館に籍を置いて、いくつかの場所で講演をすることになっていた。いずれの地域も外務省から邦人渡航自粛の勧告がなされて久しいところであったが、わたしは一向に意に介さなかった。そんなものをいちいち気にしていたら、世界のどこにも行けないではないか。

とはいえテルアヴィヴでの滞在は緊張の連続であった。この年、イスラエル空軍がガザを急襲し、ピンポイント攻撃で要人暗殺を続けていた。パレスチナ自治区の西岸からは、それに対抗してイスラエル側へと頻繁に自爆攻撃がなされていた。イスラエル滞在を終え、パリに到着した翌朝、わたしは『ル・モンド』を読んでいて驚愕した。新聞はテルアヴィヴで起きた大爆発を報じていたが、それはわたしが毎日のように利用していたバスターミナルだった。

ペルーを旅行しようと思ったのは、どこかで息抜きをしたいと思ったからである。文化庁との約束でバルカン半島に向かうには、まだ二ヵ月ほど間があった。その間に思いっきり寛ぐことができる場所ですごしたい。シナイ半島から吹きつけて来る熱風から完全に逃れ、空気が涼しく、人々が憎悪や怨恨とは無縁に生きている場所でしばらく息抜きをしたい。きっとアンデス山脈のような高地に立てば、自分の夢が叶うのではないか。そう考えたわたしは、東京に戻るやいなや、トランクにもう一度荷物を詰め直した。

ペルーは長い間、気になっていた場所であった。わたしの従姉がリマの大学に留学し、ジャガイモの起源をめぐる論文に長らく従事していたからである。彼女は帰国したが、その人脈は残っていた。わたしはまさに芋の蔓を手繰り寄せるようにそれを辿り、ペルーに接近した。ある時からわたしは気が付いていた。自分を未知の世界へと誘《いざな》うのは、ほとんど決まって女性なのである。

その年の九月、わたしはクスコに到着した。

老婆はわたしにむかって、とにかく持っている硬貨をみんな出してみなという意味の言葉をいった。といってもケチュア語であったから、たぶんそんな意味だったとしか、いいようがない。わたしがそれに従い、ポケットのなかの一ソル貨幣をすべて出すと、彼女は一枚一枚手に取り、大きさを確かめたり、模様の細部を調べたりした。何枚かの硬貨は合格したが、疑わしいものが五、六枚残った。彼女はそれを脇に置き、今度は一枚ずつ舌で舐め始めた。あたかも本物か贋物かは、舌先で触れたときの金属の感じで識別がつくといわんばかりに。結果として四枚が贋物だということになった。

わたしは念のためにそれを手に取ってみた。どの貨幣も製造年代が違うためか異なった模様をしており、それが歳月のせいですっかり摩滅している。疑わしげな表情をしているわたしを見て、老婆は指先で合図をした。あんたも舐めてみればすぐわかるよと、彼女の顔は告げていた。わたしが納得をすると、彼女は貨幣を地面へ放り投げた。塵《ごみ》でも払いのけるかのような調子である。それから「ボリビア」とだけ、吐き捨てるかのように口にした。

ペルーとボリビアは隣どうしではあるが、けっして仲がいいわけではない。ペルーで流通している贋金は、社会を攪乱するためにもっぱらボリビアで製造されている。おそらく彼女の言葉を敷衍してみると、そのような意味になったのだろう。老婆だけではなかった。貨幣の真贋を見分けることはクスコでは日常生活の必要事だった。市場の店は一〇枚ほど偽の硬貨を並べ、確認用に用いていた。硬貨どころか紙幣の贋物も出回っているという。といっても一ソルとは日本円にして四〇円ほどの価値しかない。高額紙幣ならともかく、そんなものの贋物を大量に製造したところで採算が取れるだろうか。わたしは不思議に思ったが、日本とは比べようもなく低い所得水準で生きているインディオにとって、一枚の硬貨の真贋は深刻な問題なのだろう。

老婆は赤地に青と白の縞の入ったショールを肩にかけ、市場の多くの売り子と同じく、黒い帽子を被っていた。石畳のうえにショールと同じ赤い色の布を拡げ、実に雑多なものを並べていた。コカの葉。植物の痩せて乾いた根と枯枝。木の実。香草。土くれ。豆。花の蕾《つぼみ》。青や黄の鉱物。色とりどりの紙片《コンフェティ》。彼女は客の注文を聞くとしばらく思案し、それから註文に見合った薬草や鉱物を調合し紙に包んで渡すのだった。

どんな願いごとのためなのか。老婆はわたしに訊ねた。わたしは「二〇年にわたる困難な愛のために」と、片言のスペイン語で答えた。どうしてこんな科白がとっさに口から出たのだろう。おそらくスペイン語でなかったとしたら、わたしが一生口にすることのない、芝居じみた文句だ。すると彼女はただちに近くの花屋にまで行って、小さな赤いカーネーションの蕾を二〇本求めてきた。そして花びらを細かく千切ると、あらかじめ紙包みのなかにあった鉱物や香料のなかに混ぜてわたしに渡した。その勘定を払う段になって、彼女はわたしの所持金の貨幣を調べ出したのである。

クスコに到着して二日目の午後のことだった。

クスコでは空港に到着した次の瞬間から、何ともいいようのないだるさが全身を襲った。無理もない。標高三三六〇メートルの高地である。大気が薄いため、いきなり駆け出したりすることは御法度なのだ。そう思って周囲を見回してみると、誰もがひどくゆっくりと歩いている。わたしはあらかじめマチュピチュまでの運転手を手配しておいた。ダリオというその男はきちんと約束の時間にやって来た。

クスコは色彩に統一感のある美しい都市である。車の窓から眺めると、家々の屋根も壁も、例外なく赤褐色で纏められている。土地の土の色なのだろう。整然と築かれた石組みの間を、道路が真直ぐに延びている。路地は石畳が美しく、あちらこちらに古色蒼然としたカトリック教会がある。

わたしはダリオに訊ねた。高山病になるのを防ぐにはどうしたらいい？

ダリオの答えは簡単だった。コカの葉を口に入れて噛《しが》んでいればいい。

わたしたちはただちに市場へと向かった。市場は白衣のうえにさまざまな色のショールをかけた女たちで賑わっている。ダリオはわたしをどんどん市場の奥へと引っ張っていくと、ある一角まで来て足を止めた。何人もの女たちが眼の前にコカの葉を積み上げている。ダリオはそのうちの一人に馴れ馴れしく声をかけると、ビニール袋いっぱいに生乾きの葉を詰めさせた。一ソルだった。

朝起きたらこの葉っぱを噛んでみるといい。気分がスッキリするはずだ。一日中、ずっと噛み続けていても問題はない。ダリオはぶっきら棒にそう説明した。それからニヤリとして、「山《シエラ》にいる間はいいが、浜《コスタ》には持って帰らない方がいいな。もし国の外に出るとき持って出ると面倒なことになるぜ」と付け加えた。

試しに二、三枚を口に含むと、うっすらとではあるが、独特の薬臭い味がした。コカ・コーラの味に似ているのかもしれないと一瞬思ってもみたのだが、どうやらそれは名前から来る暗示にすぎなかったようだ。しばらく噛んで吐き出してみる。口のなかに微かな清涼感が残った。気になるというほどでもない。とはいえ一日の間、思い出しては口にしている間に、すっかりこの味に馴染んでしまった。

ダリオは次にわたしを野菜市場へと連れて行った。石畳に拡げられた襤褸《ぼろ》布のうえに、ありとあらゆる種類の芋《パパ》が並べられている。黒く小さなものもあれば、大きく薩摩芋のようなものもある。小さな芋虫のように捻じれたものはパパ・ウアイロ。大ぶりでピンクのものはパパ・ペッリチョーリ。小判形をしたものはパパ・トゥムバイ。ダリオはいささか得意げに、次々と説明を続けた。そうだ、そもそもジャガイモはインカ帝国が起源だったはずだと、わたしは思い出した。いや、ジャガイモだけではない。トウガラシも、アヴォガドも、トマトも、およそわれわれの食卓を毎日彩っている野菜の多くは、一六世紀にスペイン人がこの地で発見し、それをヨーロッパへ持ち帰ることによって、全世界へと普及することになったのだ。

コカの葉を知って以来、すべては順調に進んだ。わたしはダリオの案内でマチュピチュの遺跡に登り、風景の崇高さに圧倒された。下山すると温泉に入り、現地の料理を食べた。黄や緑、赤といった色彩が乱舞している美しい料理だった。

オリヤンタイタンボの路地では赤いビニール袋を掻きつけた標識を頼りに、人々がチチャ・デ・マイスなる地酒を酌み交わしている場所に行きあたった。若い女性がトウモロコシの粒の一つひとつを噛んでは吐きだし、唾液によって粒を発酵させて造る酒である。うっすらと酸味の漂う弱い酒で、表面は白い泡で蔽われていた。わたしが躊躇わずに杯を傾けると、かたわらの男たちがもう一杯呑めと御馳走してくれた。こうしてわたしはふたたびクスコに戻り、晴れきった空の下、赤茶けた壁と壁の間を散策して過ごした。

クスコからリマへは一時間ほどのフライトである。

飛行機の窓から眺めていると、あっという間に風景がパノラマのように変化していく。最初は暗緑色の険しい峰の連なりばかりで、遠くに雪山が聳えている。それがやがて赤茶けた荒地となり、細い道が途切れることなく蛇行しているさまが見える。小さな湖がいくつか現われては消えていくのだが、いっこうに人間が住んでいる形跡は見えない。飛行機がしだいに高度を下げ、首都に近づいてくると、白い雲が山裾にびっしり真綿のように固まっているのがわかり、そのうち雲のなかに突入してしまう。太陽の光が上方に煌めいている。雲のなかに白いひと筋の線がうっすらと見える。いきなり雲が終わってしまうと、それが海岸線だと判明する。飛行機は海側からリマへ接近しているのだ。

リマはクスコとはまったく異なった世界だった。わたしはこの都に一週間ほど滞在したが、その間一度として晴れることはなく、空はつねに灰色に曇っていた。人はクスコの空の高さをここでは体験するすべもない。ただ垂れこめた雲の下で、卑小に騒々しく生きているように思えた。建物の色調は淡く単調で、曇り空を反映している。緑にも青にも、壁を塗り潰したばかりの白にも、どこかしら灰色のくぐもった色調が混じっていた。寂しげな空色と淡い南瓜の黄色。ここには同じラテンアメリカでも、ハバナのようなアップルグリーンの新鮮さもなければ、リオデジャネイロのような原色の突拍子もない組み合わせもなかった。わたしはビニール袋のなかに残ったコカの葉を、断崖絶壁の上から一気にばら撒いた。

リマからニューヨークへ。もうすぐ休暇は終わろうとしていた。ケネディ空港に到着したとき、わたしは長い夢から醒めたような気分を感じた。さあ、これから現実の世界がもう一度始まるのだ。

トランクのなかにはクスコで老女に調合してもらった魔法の媚薬が、手つかずに残っていた。そうだ、最後にこれを片付けておかなければならない。そこで居候を決め込んだ先の友人に説明すると、彼女の協力を得て、床で火にくべてみることにした。枯葉と香料が焼けるような匂いがし、室内にはたちまち煙が立ち込めた。誰かが廊下を走って来る音が聴こえ、ほどなくして抗議のノックの音に代わった。

わたしの話はこれでお終いである。二〇年にわたる困難な愛が実ったという気配は、そのときも、その後もまったくなかった。

いや、実はまだ話は終わっていない。ニューヨークから成田に到着し、無事に帰宅をすませたわたしは、トランクとリュックサックを置くと、ただちに翌月からのセルビア・モンテネグロ行きの準備を始めた。そのときリュックのポケットから十数枚、コカの葉っぱが零れ落ちてきたのである。わたしはリマですべてを捨てて来たと信じていたが、荷物に紛れてリュックの底の方にまだ隠れているやつがあったのだ。

ものを知らずにいるというのは実に怖ろしいことだ。わたしは麻薬犬があちらこちらを徘徊しているニューヨークと成田の税関を、何にも臆することなくどうどうと通過してきたのだった。もし荷物検査でコカの葉が発見されていたら、どうなっていただろうか。それを想像すると、背筋がぞっとした。

法律と道徳とは本来的に無関係である。法律は全人類に普遍的なものでも、絶対的なものでも何でもない。それは単に国境線の内と外を分割する抑圧的な言説にすぎない。わたしは高校生時代にバリケード闘争に多少なりとも関わって以来、この事実を冷静に理解している。ペルーでは違法ではないコカの葉が、合衆国と日本では物議を醸すことの愚かしさも、充分に承知している。とはいえ真っ先にしなければならないのは、リュックから零れ落ちた枯葉を始末することだ。わたしは躊躇うことなくそれを口に含んだ。誰も見てないよな。それはつい先ほどまで親しんできた、懐かしい風味がした。

ベイルート　2006

——おい、どうしよう。このままじゃあレバノンに行けない。レバノンどころか、近隣のアラブ諸国はほとんど入国御法度だ。昨年、テルアヴィヴに長期滞在したおかげで、パスポートにはイスラエル入国の証明印が堂々と押されちまった。

——だいじょうぶだよ。いいかい、新しいパスポートを手に入れれば、問題はたちどころに解決するわけだろ。

——でもこのパスポートはまだ期限は切れていないのだぜ。

——まずきみが今、穿いているジーパンの後ろポケットにパスポートを突っ込むんだ。それで洗濯機にかける。三〇分後、パスポートは千切れかかって、ボロボロになっている。

——パスポートがボロボロになれば、出国だってできないだろ?

——馬鹿だなあ。それをもって都道府県旅券課に再申請するんだよ。うっかりジーパンに入れて洗っちゃってとか、トボけてね。敵は一瞬、このオッチョコチョイめといわんばかりにきみを見つめるだろうが、写真と若干のお金さえ払えば、自動的に新しいパスポートをくれる。だってキレイなパスポートを手にするというのは、この国に税金を払ってるわれわれの権利だからね。

こうしてわたしは、レバノンへ発つことになった。

ベイルートは美しい都市である。しかも軽やかに。到着した瞬間から、わたしは目が醒めるような気持ちになった。

わたしは毎朝、ハムラ街のホテルを出ると、デンマーク領事館の近くにひっそりと佇んでいる階段を下り、パリ・アヴニューに出た。北の海岸に沿って延びている大通りだ。道路の向こうには群青色の海が無限に拡がっている。ジョギングに精を出している人もいれば、岩場に降り立ってダイビングを試みている人もいる。二月だというのに、ビキニで日光浴をしている女性までいる。海を右手に眺めながらこの大通りを歩いていると、どこまでも、いつまでも歩き続けていたいという気持ちになってくる。波の上には小さな鳩岩が二つ、可愛らしげに浮かんでいる。夕暮れどきに歩いていると、自分が西の海にまさに沈もうとする太陽に向かって歩いているような気になった。

ハムラは雑然とした繁華街で、商店の看板にはアラビア語、フランス語、英語が氾濫している。車道にまで敷石が敷き詰められているので、自然と車は徐行しなければならない。化粧品から下着、水着まで、エロティックな媚態を誇示する女性モデルの映像が目立つ（以前に訪れたアンマンやラッマラーではありえなかったことだ）。四つ角では信号がないので、交通巡査が中央に立って、手で合図をしている。

書店のショウウィンドウにはパリ同様に、バルトやジュネの書物が飾られている。文具コーナーにはフランス製の巨大な地球儀が飾られていて、イスラエルの部分だけが黒いマジックインクで塗り潰されている。わたしはアドニスの詩集とイスラーム陶器の写真集を買った。アドニスはシリア人だが、若いころにベイルートに亡命し、それからパリへ移った。彼はやがてノーベル文学賞をとるかもしれない。

国立博物館は、ダマスカス通りを南に下り、墓地と聖ジョセフ大学を過ぎたところにある。二階建ての小さな建物だ。地中海文明の蒐集品が中心なのだが、とりわけフェニキア文化に重点を置いている。自分たちはアラブでもユダヤでもない。コスモポリタンな海洋民族として活躍したフェニキア人の末裔であると、主張したいかのようだ。ダマスカス通りはかつて激戦地であった。別の美術館では、二人の人物が黙々と蒐集品の修復を行なっている。イスラエル軍による爆撃と侵攻によって、多くの古文書と古書籍が破壊された。脱落した頁を揃え、紙の汚れを拭い、改めて糸をかがって書物の形を復元しなければならない。美術館のロビーにはキラキラと光るステンドグラスが飾られ、伝統的なイスラーム風の装飾で統一されている。常連らしい老婦人が二人、ソファに腰かけ、フランス語でお喋りをしていた。

展示室の端にある一角には別のコーナーがあり、彫刻や陶器の破片が陳列されている。爆撃で破壊されたものだった。

繁華街の違い。

イスラーム地区にあるハムラは建物が無秩序に並び、活気を帯びている。キリスト教地区にあるアシュラフィエは万事において落ち着いていて、見えない秩序が街角に存在している。オシャレなブティックやカフェ、CDショップ、デザイン専門店などが並んでいる。この二つを繋ぐ市の中心地は、相次ぐ爆撃によって徹底的に破壊され、今日ではがらんとした空地だ。

パーティに招かれることが続くと、だんだん知り合いが増えてくる。あるパーティでカルロスという人物に会った。TVディレクターだという。どうしてレバノン人なのにそんなラテン的な名なんだいと尋ねると、ちょっと苦笑いをしながら、いやあ、親父がPFLP（パレスチナ人民解放戦線）のシンパで、初めて息子が生まれたとき、あの有名なカルロスにあやかるようにって名付けたんだといった。本物のカルロスは今頃どうしてるのだろうねと、カルロスはいった。たぶんパリのサンテ刑務所のなかで、決定版の回想録でも執筆しているのじゃないかなあ。

芝居を観る。ル・トゥルヌソル劇場の『サナヤー・ガーデン』。

一九八四年に行われた大量の処刑の光景を、俳優たちが集まって、舞台で再現しようとする。生き延びた俳優たちがそれぞれの体験を持ち寄り、体験に基づいた演技を組み立てようとする。しかし彼らは事件の内側に隠されていた対立関係を蒸し返すことになってしまい、さらなる悲惨が到来する。

ザカックはレバノン人には珍しく、パレスチナ難民に強い関心を抱いている。彼はベイルートについてドキュメンタリー映画を撮り、ミシェル・クレイフィと親交をもち、イスラエル映画さえ観たことがある。昨日までベルリンに出かけていたのは別に映画祭のためではなく、目下取材している難民の親族があっちにいるから会ってきたのだという。彼は今、レバノン南部のキャンプにいる三人の難民について、ドキュを撮っているところだ。

難民には居住地の限定以外に、たくさんの制約がある。就くことのできない職業は七三にのぼる。難民としてのカードさえあれば国連から食料と生活物資の配給を受けることができるが、失業率はひどく高く、大学進学は現実的に難しい。もちろん土地の所有は禁止だ。

レバノンには二〇の難民キャンプが存在しているが、そのなかでもシリア派とパレスチナ派は仲が悪く、対立がときに殺し合いにまで発展することがある。いかなるキャンプも同一ではなく、それぞれに固有の事情を抱えている。キャンプから別のキャンプへの移動もままならない。ザカックは冷静に、しかし心中では悲しみと憤慨をこめて、わたしにそう語る。わたしはイスラエルとの国境地帯まで行ってみたいと希望を洩らした。彼はそれならサイダに信頼のおける友人がいるから、紹介してやろうといった。

サイダは聖書の時代にはシドンと呼ばれていた。ベイルートを出たバスは、広々とした国道を走っていく。両脇は白い石灰岩と緑の牧草地であり、岩の合間に青い海が覗けた。ときおりマッチ箱を並べたような家が並んでいる。それからバナナとオレンジの果樹園が見えた。それはわたしが長い間心に描いてきた、理想的な地中海の映像だった。

バスターミナルから長距離バスで海沿いに南下すれば、サイダには一時間弱で着いてしまう。そこから先はもうイスラエル領だ。わたしは一年前、同じ岸辺の先にあるテルアヴィヴに住んでいた。国境とは何と奇妙な発明だろう。わたしが翻訳した詩人マフムード・ダルウィーシュは、幼い頃に向こう側から追放され、こっそりとまた戻って行ったため、生涯の辛酸を体験した。

サイダに到着するとただちに広場を抜け、市場《スーク》に向かった。ベイルートとはまた違った賑わいがそこにはある。キラキラとしたメタリックな装身具が、店という店に並んでいる。鍛冶屋、ミシン屋、パン屋……小部屋ごとに違った職人たちが、使い込まれた器械と器具に囲まれて、寡黙に仕事をしている。バーナーの炎がチロチロと立っているだけで、後は無人だという部屋もある。きっと部屋の主が近くにお喋りに出かけているのだろう。わたしはパン屋の炉に長い板に乗せられたパン種が次々と入れられ、ぷっくりと膨れ上がって外に戻されるさまを、じっと眺めていた。

以前は公衆浴場《ハマーム》だった建物が石鹸博物館になっていた。良質のオリーヴ油が採れたから、石鹸製造業が一七世紀このかた盛んとなった名残である。完成した石鹸は船でマルセイユへ運ばれ、高級品として扱われた。博物館のテラスからは緑に包まれて、かつての栄光に包まれていた建築群が見える。それらはすべて廃墟になっていた。市場を抜けきってしまうと、もうそこは海だ。

突堤でわたしはアブアリを待った。サイダに行くのなら会っておくといいと、ベイルートで勧められた人物である。だがそのアブアリが何者であるのか、わたしは何も知らなかった。

アブアリを待っていると、二人の若者に話しかけられた。男の方はヨルダン川西岸のビルゼイト大学に留学中のスイス人で、女の方はドイツ人、やはり西岸のナブルスに住んでいるらしい。

ナブルスと聞いてわたしは少し驚いた。前年に頻繁にパレスチナを訪れていたとき、ビルゼイトには簡単に行けたが、ナブルスだけはイスラエル側の検問が厳しく、どうしても気軽に訪問できる雰囲気ではなかったからである。

彼らは二人ともアラビア語を流暢に話し、もう五年にわたってパレスチナ問題に関わってきたという。わたしに話しかけたのは、こんなところまで来る日本人ならば、やはり自分たちと同じ人物を待っているのではないかと思ったからだといった。話を聞いているうちに、この二人が筋金入りの活動家であることがわかった。

やがてアブアリがやって来た。日焼けした顔に口髭を蓄え、気さくな感じの人物である。ガザで生まれ、一七歳で南レバノンに逃げて来て以来、PFLPに加わり、マケドニアのスコピエの大学で工学を学んだ。わたしが日本人であるからだろう、岡本公三はこのごろ元気にやっているのかと（まるで挨拶であるように）礼儀正しく訊ねてくる。東エルサレムでもいくたびか聞かれたことがあったが、現在の日本の官憲にとって国際指名手配されている岡本は、パレスチナ難民にとっては英雄であり、希望の星なのである。

アブアリはわたしたち三人を車に乗せ、まずアイン・アル・ヒルウェという難民キャンプへ連れて行った。市内最大のキャンプである。いたるところに土嚢が積まれ、鉄条網が張りめぐらされている。入口には兵士たちが銃をもって厳重に警戒している。イスラエル国境が近いので、いつまた襲撃されるかを気遣っていなければならないのだ。

キャンプの内側の家はどれもひどく貧しい。壁はブリキで、トタン屋根は雨避けにビニールで覆いがなされている。重石代わりにタイヤが乗せられている家もある。周囲はコンクリートで頑丈に囲まれている。俺はここに住んでいるんだと、アブアリはいった。ヒズボラは難民に好意的なのだが、キリスト教徒は彼らを疫病神のように嫌っているともいった。

次にアブアリはわたしたちをサイダの隣にあるソアに連れて行った。シーア派の本拠地らしく、ホメイニ師の巨大な肖像が道路脇に掲げられている。殉教したヒズボラの若者たちの顔を描いたポスターが、街角の壁に貼られている。その側では農民たちがトラックを停め、路上にジャガイモを並べて売っている。ソアを抜けた車は、やがてカナに入った。イエスが婚礼の席に訪れたことのある場所として、新約聖書に登場する町であり、わたしには親しい名前だった。

九年前の一九九六年、八百人の住民がイスラエル軍の国連平和部隊の基地への攻撃を避け、カナに避難してきた。イスラエル側は、ヒズボラのゲリラを討伐するための侵攻だといい、地下壕に隠れている一〇二人の避難民を焼き殺した。わたしたちが訪れた虐殺現場には黒い石碑が建てられ、フィジー語で追悼の言葉が刻まれていた。平和部隊の兵士たちがフィジー出身であったためである。棺を模した何十もの碑の先には、無残に焼け崩れた家と戦車の残骸があった。イスラエル軍の戦車である。

戦車はねえ、とアブアリがいった。キャタピラを攻撃し、まず停めてしまえばいいんだよ。監視カメラで四方を見つめ、時速七〇キロで走行してくる戦車はなるほど脅威かもしれないが、動けなくなったらまずしめたものだという。わたしたちは朽ち果てた戦車の上に乗り、錆びついた蓋を抉じ開けて内部に入った。それから全員で記念写真を撮った。アブアリは愉快そうだった。

わたしはベイルートに戻った。スイス人とドイツ人はそのままサイダに残った。彼らは翌日から難民キャンプに住み込み、しばらくは聞き書きとヴィデオ撮影に専心するらしい。いずれどこかのドキュメンタリー映画祭で自分たちの撮った映像を発見したら、ぜひ見てほしいと、二人はいった。

ベイルートに帰ってからも、わたしは多くの悲惨を見ることになった。わたしが会った人々は虐殺と破壊についてけっして激することなく、つとめて冷静に説明した。一九八二年に大虐殺があったシャティーラの難民キャンプでは、行き会う人たちは挨拶代わりに「ハビビー」という言葉をいい交わしていた。アラビア語で愛という意味である。

シャティーラでわたしは、一人の中年男の住む小屋へと案内された。恐ろしく人口密度の高く、建物の上にさらに建物を重ねているキャンプにあって、彼の小屋のまわりだけは何もなく、百坪ほどの空地にただ雑草が生えているばかりだった。ここは墓地なのだと、わたしを案内してきた人物はいった。

以前は四世代にわたり、三〇人あまりの大家族が住んでいたのだが、一九八二年に侵攻してきたイスラエル軍によって全員が殺害された。その日、出張でベイルートを離れていた一家の長男だけが、運よく生き延びた。彼は帰宅するや、祖父母から両親、結婚したばかりの妻、そしてまだ赤ん坊だった娘までが死体となって横たわっているのを発見した。彼はそれ以来、家の跡地に小屋を設け、喪に服しながら生きているのだった。

男はわたしと同じ年齢のようだったが、ひどく老けて見えた。穏やかな目つきをしていた。わたしが東京から来たというと目を細め、ただ一言、英語で、Remember me といった。わたしが何もいえずに黙っていると、彼はもう一度、同じ言葉を繰り返した。

わたしは三月にベイルートを後にした。それから四カ月後の七月、イスラエル軍はヒズボラ征伐を口実に、レバノンに空爆と侵攻を開始した。ベイルートはふたたび爆撃によって、多くの建物が微塵と化した。少なからぬ人々がバルベックの高地に難を逃れた。わたしが会った人たち、親しげに食事をしたり、カフェでお茶を飲んだりした人たちはどうなってしまったのか。聖ジョセフ大学で会った女性研究者からは、ガソリンも医薬品も、何もかも手に入らなくなって困っているというメイルが寄せられた。

わたしは自分が何もできないことを知りながら、マフムード・ダルウィーシュの詩集翻訳の、最後の追い込みにかかっていた。彼は書いている。

大地がわれわれを圧迫して、とうとう最後の小路にまで追い詰めてゆく
われわれはどうにか通り抜けようと、手や足まで捥ぎ取ったというのに
大地はわれわれを締め付ける
小麦だったら死してまた生まれることもできようが
(……)
ここで死ぬんだ　この最後の小路で
ここかしこで、われわれの血からオリーヴの樹々が生えるだろう

京都　2006

もう黄金のブッダは見飽きたと、モハマッド・バクリはいった。ブッダが偉大だというのは、彼が数かぎりなく存在しているからなのか。彼は少し苛立たしそうな顔をした。

わたしたち、つまりわたしとモハマッドは、大きな寺を出たばかりだった。何十何百もの、同じ姿かたちをした仏像のかたわらを過ぎるという体験は、彼には想像もつかないものだった。どうして同じ偶像が際限もなく続いているのか。彼らの一つひとつは、いったい何のために造られているのか。彼はわたしに訊ね続け、わたしはそれに答えられないでいた。

わたしたちの傍らを、修学旅行の中学生たちが騒ぎながら過ぎて行く。観光バスが何台も横付けにされていた。

モハマッドというのは、イスラエルのナザレから来た俳優である。わたしは二年前、テルアヴィヴ大学で外国人教師をしていたときに彼と知り合った。彼はこの大学の演劇学科を卒業した、最初のパレスチナ人だった。

日本では一般的に、イスラエルにはユダヤ人だけしか住んでいないと考えられているが、それは正確ではない。一九四八年にシオニストたちが強引にこの国家を成立させたとき、多くのパレスチナ人が虐殺され、追放され、難民となったのだが、例外的にごく少数がパレスチナの地に留まった。彼らは後に「イスラエル・アラブ」と大雑把に呼ばれることになるが、そのなかにはもとより広大な土地を所有していたり、歴史的な名門の出であった人が少なくない。彼らは、難民となることを潔しとしなかった誇り高き人々である。イスラエル・アラブは東欧から移住してきたユダヤ人を、最初のうちは脅威とも何とも思っていなかった。だがイスラエル国家がひとたび確立されてしまうと、彼らはただちに少数派の二級市民に転落し、絶えまない迫害と屈辱を体験するはめになった。小学校ではヘブライ語で「国歌」を歌うことを強要され、都市では下級の低賃金労働に従事することしかできない。加えて周囲のアラブ国家は彼らを擬制の国家に屈従した裏切者であると見做し、入国を認めなかった。こうしてイスラエル・アラブは二重の意味で差別され、半世紀以上にわたって、自分の帰属先をめぐり宙吊りの場所に置かれることになった。

モハマッド・バクリはこのイスラエル国内の少数派に属していた。彼はイスラエルのユダヤ人が監督した映画に出演するばかりか、パレスチナ人が独力で製作した映画にも無償で協力を惜しまなかった。それどころかギリシャやイタリアをはじめとするヨーロッパ映画にも出演し、パレスチナ自治区である西岸では俳優兼演出家として、幅広い演出活動を続けていた。

彼が今、京都にいるのは、わたしが招聘したからである。わたしはモハマッドの一人芝居の日本公演実現のため、一年半にわたり駆けずり回り、ようやく願かなってここまで彼を引っ張ってきたのだ。その日の夜には公演が予定されていた。だが午後は空き時間だったので、わたしは彼を京都見物に連れ出した。もっともわたしの目論見は外れた。パレスチナ人は仏教に何の関心ももっておらず、観光客であふれる寺院にも国宝級の仏像にもいっかな興味を示そうとしなかった。

作戦を変えなければならないなと、わたしは思った。寺院でも神社でもない、もっと世俗的な観光地に連れて行くべきだったのだ。だが一向に京都という都市のことが分からないという点では、実のところ、わたしも彼と大差がなかった。第一、自分が現在立っている場所が京都のどこであるかを、彼に説明することができない。頼りになるのはガイドブックに織り込まれた市街地図だけだ。

わたしたちは寺院の前の大通りを西へ歩き、河を渡った。河は広々としたコンクリートの岸辺を持ち、ゆるやかに流れていた。

そのまましばらく歩いていくと、ひどく寂しげな、荒廃した場所に出た。

いや、この表現がはたして適当であるのか、わたしには自信がない。喩えてみるならば、それは大洪水や津波によって本来の家屋が押し流されてしまい、ひとたび更地となってしまったかのような空間に、急ごしらえのプレハブ住宅がぽつりぽつりと並んでいるといった光景だった。もっとも更地がそのまま更地として残されているわけではない。それは青緑色の金属製の柵によって細かく分割されている。柵はところによってジグザグに入り込んでおり、並行しあって幅一メートルほどの通路を作り上げていたりする。柵の上に鉄条網が張りめぐらされていることから、内側に入ることが禁止されていると判明する。柵はどこまでも続いていて、ところどころに金属製の立て看板が結び付けられてある。

何と書いてあるのだと、モハマッドが訊ねた。

「防犯パトロール　強化中」、つまり犯罪者を取り締まるため、警察が特別に警備をしているのだと書いてあると、わたしは説明した。

どこに犯罪者がいるんだ？　どこもかしこも鉄条網だらけで、人などどこにも歩いていないじゃないかと、モハマッド。

金網はひどく複雑な形に地形を分割している。もしそれがかつての家屋の境界に沿って張られているのだとすれば、このあたり一面はもともと、迷路のように入り組んだ路地であったことになる。家々を取り壊してしまったから見晴らしがいいだけのことで、本来は小さな人家が過密状態で立ち並んでいたに違いない。

更地と更地の間にあるのはプレハブ住宅ばかりではなかった。しばらく歩いていると、ところどころにひどく粗末な住宅が残されていた。錆びたトタン屋根にブリキの塀といった家屋が単独で、また二軒三軒と取り残されている。どれも老朽化していて、人が住んでいる形跡がない。二階屋もあれば、平屋もある。網戸は木が傷み、長らく閉じられたままだ。屋根に載せられたままの蒲団が雨風に晒され、千切れんばかりになっていて、歪んだTVアンテナに絡み付いていたりする。たまに家の前の電信柱のわきに洗濯物が干してあり、自転車が留め置かれている。きっとここは人がまだ住んでいるのだろうと近づいてみると、その網籠に新聞のチラシが溜まっていて、放置された自転車であるとわかる。残余はすべて更地だ。金網、鉄条網、立て看板。

わたしたちは大通りを避けて、細い路に入った。幅一メートルほどの、小さな川が流れている。

おそらく以前は農業用水のために設えられた運河だったのだろう。だが、この川を渡ろうとしたとき、橋そのものが金網によって封鎖されていると気付いた。それでも流れに沿って川筋を辿っていくと、かつては蛇行していた流れが真直ぐに直されていて、従来の川は暗渠となっていることがわかった。コンクリートで封印された元の川筋にも金網が張りめぐらされ、誰も足を踏み入れることができないようになっている。新しい流れの側には碑が建てられている。国道の早期拡幅のため「まちづくり」を推進してくれた委員会に対し、京都市が贈った感謝の言葉が、そこには刻まれていた。

しばらくそのあたりを廻っているうちに、広々とした通りに出た。一二階建てのアパートが二棟並び、少し離れたところに、それよりいくぶん古く小振りなアパートがもう一棟、建てられている。灰色の壁をもち、いかにも無表情なアパート群だった。前の通りはいかにも区画整理をしたといった風に、がらんとしている。アパートの住人のためのゴミ捨て場があり、何に用いられているのかわからない百平米ほどの細長い空地がある。

空地に近寄ってみたとき、奇妙なものを発見した。距離を置いて、樹木の切り株が三つ並んでいる。おそらく整地する前にこのあたりには少なからぬ樹木が生えていたのだろう。小さなものは根こそぎ引き抜くことができたが、歳月を経て地中深くにまで根を張り廻らせたものは、手を付けることができなかった。仕方なしに地上部分だけを切断し、残されたのが三つの切り株だったのだ。整地を施した者はそのためこの部分の再開発を諦め、ゴミ捨て場に準ずる空間として放置するしかなかったのだろう。

この広い通りの向こう側には、まだ古い住居が何軒か残っていた。ブリキの塀で囲まれた家の周囲には、小さな植木鉢がいくつも並べられている。どの家もひどく小さく、老朽化している。共通するものがあるとすれば、高くまで伸ばされたＴＶのアンテナだ。ここの住民にとって、鉢植えに水をやることとＴＶを見ることが日々の倹《つま》しげな愉しみなのだろう。わたしはかつて自分が住んだことのある東京月島の長屋を思い出した。

家々の前にはポツリと木のベンチが置かれている。長い間にわたってここに住む人たちが夕暮れのお喋りに愛用してきたと思しきベンチだったはずだ。彼らは地域再開発への抵抗の徴としてこのベンチを残したのではないかと、わたしは想像した。

俺が何を考えているか、わかるか。モハマッドがいった。

ここはパレスチナの難民キャンプそっくりだ。いたるところに鉄条網があり、家屋を破壊して造られた更地がある。パレスチナの西岸ではイスラエル軍の戦車が好き放題に集落を踏み潰し、住民を追い出してしまう。パレスチナ人はオリーヴの樹の下にいると心の慰安を感じるが、ユダヤ人はそれが怖いので、いたるところでオリーヴを切り倒していく。どんな老木でも容赦はしない。その後で針葉樹を植え、ユダヤ人のための公園を造成する。オリーヴの樹がなくなった空地には、もうパレスチナ人はやって来ない。ただ切り株だけが、いくつもいくつも残っているだけだ。

モハマッドはアパートの方を振り返っていった。

このアパートだってパレスチナにそっくりだ。イスラエル軍の徹底した破壊の後には、かならず国際的な機関による援助が行なわれる。彼らは無味乾燥なアパートを次々と建て、家を潰された犠牲者たちをそこに収容する。だが、かつてパレスチナ人が愉しげに散歩をしていた路地の賑わいは失われてしまう。アパートの前はいつだって広々とした道路だ。イスラエル軍の戦車がいつ何時、行軍してきても不便がないように、道路は広く造成されることになる。

わたしたちはこのひどく殺風景で人気のない場所に、どれくらいの時間いたのだろうか。そこはわたしが想像していた京都とは、似ても似つかぬ空間だった。観光客もいなければ、車もほとんど通っていなかった。わたしたちは少し疲れていた。そこで何とか人通りのある道に出ようと試みた。この地区に関するかぎり、旅行ガイドに付いている地図はもう何の役にも立たない。ともあれここから移動しなければならない。

しばらく歩いてようやく車の行き来する大通りに出た。革ジャンパーの専門店があり、靴屋が何軒も並んでいる。お好み焼き屋があり、小さな八百屋がある。空地はあいかわらず目立っているが、交差点の角には、いかにも安っぽい日本家屋が何軒も並んでいる。皮肉なことにそこには、「平成の京町家　モデル住宅展示場」という看板が掲げられていた。

ここに住んでいるのは難民なのか。日本人ではないのか。モハマッドがわたしに訊ねた。わからない。でも日本人であるはずだ。わたしは答えた。だが、それ以上に詳しく説明することは、わたしにはできなかった。京都で生まれ育った知り合いが側にいれば、もっと詳しく説明をしてくれたかもしれない。しかしその人物はみずから進んでそれを行なうだろうか。とりわけ外国人の前で。

タクシーを捕まえるにはしばらく時間がかかった。何台もの車が、客を乗せていないにもかかわらず、わたしたちを無視して過ぎて行ったからである。

　お客さんら、ガイジンさんですなあ。運転手がいった。なんでこんなとこから車拾うんかと、思いましたわ。ここらに見るもんなど、ほとんどあらしまへんし。

　わたしは運転手に、このままずっと北に進んで、賑やかなところに行ってほしいと頼んだ。


　ひどく狭い路地の両脇にびっしりと小さな店が並んでいる。どの店先にもほんの少しずつ、野菜や魚、加工された食材が丁寧に並べられ、人々はその一つひとつを吟味しながら買い物をしている。タクシーの運転手が勧めてくれたのは、京都でもとりわけ有名な路地の市場だった。路地のなかでモハマッドは幸福そのものだった。漬物屋の店頭で一つひとつの漬物を味見したかと思うと、和菓子屋では金平糖から八つ橋まで、陳列されている菓子の一つひとつの説明を、わたしに求めた。そしてナザレにいる幼い娘のためにいく種類もの菓子を求めると、リュックサックに詰め込んだ。京都はすばらしい町だ。何もかもが可愛らしく、キラキラとしていて、しかも丁寧に造られていると、繰り返し口にした。彼はつい先ほどまで徘徊した「難民キャンプ」のことは、何一つ憶えていないかのように見えた。

　わたしにはその晩の公演の後が気掛かりだった。モハマッドは関空からドバイの国際映画祭に向かおうとしていたが、目的地はイスラエル国籍の彼の入国をいまだに認めていなかったからである。買い物をすませたら状況の進展を調べるため、インターネットと睨めっこしなければいけないな。わたしは憂鬱な気持ちになったが、娘へのお土産に夢中のモハマッドにそれをいうことは憚《はばか》られた。

タナ・トラジャ　2007

インドネシアに長期滞在中、ふとトラジャ高原を訪れてみようと思いついた。ジャカルタでの映画のリサーチの単調さにそろそろ飽きてきたこともあったが、噂に聞く葬礼のさいの壮絶な供犠とやらを、自分の眼で確かめてみたかったのである。スラヴェシ島の漁港マカッサルまで、遅れに遅れを重ねるガルーダ航空で飛び、翌朝早くに内陸部に向かって車で出発した。山道の途中で露店の果物を買ったり、魚市場を冷やかしたりしたものだから、高原の中心地ランテパオに到着した頃にはもうすっかり暗くなっていた

インドネシアには公式的に認められているだけでも三〇〇以上の民族が存在している。もちろんどの民族にも固有の言語と文化習慣がある。日本ではバリ島とボロブドールだけがなぜか有名で、大方の観光客はそれ以上に足を延ばさないのだが、少し首を突っ込んでみると、たちまち文化のあまりの多様性に眼がクラクラとなってしまう気がする。その最たるもののひとつがトラジャ族だ。コーヒーで有名だから、名前に聞き覚えのある人も多いだろう。だがその社会の実態を知る人はいまだに少ない。わたしは彼らのもとに一週間ほど滞在したが、見聞することのほとん

どが驚きの連続であった。

トラジャ族の集落で最初に目に入るのは、巨大な舟を屋根として戴いた家屋である。舟は何十本もの竹の幹を器用に組み合わせて作り、釘を一本も用いない。最大のものは全長が二〇メートルほどもあり、歳月が経過して苔生《む》していたりする。トラジャの神話によると、一族はかつて舟に乗って、遠いところからスラヴェシ島へ渡来してきた。これは人類学的にも検証されているらしく、現在のカンボジアあたりが発祥の地であるようだ。わたしを案内してくれた現地人ガイドの青年の説明によれば、トラジャ族は先祖が海を渡ってきたことを忘却しないために、一二〇〇メートルの高地に住むようになっても、家屋の上にその舟を戴いているということらしい。大きく前屈みになった屋根がいくつも並んでいる光景は壮観である。家の正面には水牛の角や両顎、さらに頭蓋骨が、白く脱色した姿で積み上げられている。家々の格は、どうやらその数で決まったりするようだ。

トラジャ族にとって最大の関心は葬送の儀礼である。一家のなかで死者が出ると、ただちに埋葬するのではない。生物学的に生を終えただけでは死者はまだ死者として認められず、二階の風通しのいい部屋に安置されて、毎日三度三度の食物を捧げられることになる。もちろん死体は腐敗して悪臭を立てるだろう。昔は椰子の葉で包んで乾燥させたりした。現在ではホルマリンを注射して腐敗を食い止めようとする。もちろんそれでも臭気を防ぐことはできないのだが、それを苦にして言及することは禁じられている。遺体はまだ死者に到達していないからである。

案内人に導かれて、葬送儀礼に二日立ち会った。ランテパオから西に少し行ったバレという集落である。連日の雨で山道は恐ろしく泥濘《ぬかる》んでいた。葬礼の会場は大勢の参加者を当て込んで、中央の広場を取り囲むように仮設の桟敷席がいくつも設けられている。わたしは午前中に到着したが、すでにいくつもの桟敷席は近隣の村から到来したと思しき人々で、ほぼ満員に近い状態だった。儀礼に参加するには死者に捧げる供物を準備しておかなければならない。その便を計るかのように、会場の手前に何人もの老婆が露店を開いていて、そこで一カートンの煙草を寄進用に買い求めた。

今回の葬儀は一族の長の未亡人である。二階建ての本部の上の階に美しい刺繍の布で飾られた棺が安置され、遺影が飾られている。実際に死んだのは半年前らしい。ということは葬儀の財政的な準備にそれだけの時間がかかったということだろう。

参加者は一様に黒い服装をしている。わたしが到着したときには、すでに広場には屠殺された水牛が一匹、横たわっていた。六人の男が刀を手にして、効率よくそれを捌いてゆく。最初に蹄のあたりの筋肉と皮を丁寧に処理すると、次に肛門から解体に向かう。少し離れたところにいても、臭気が強く立ちのぼってくる。解体の間中、何匹も犬が様子を窺っていて、地面に零れた血を舐めにくる。解体作業のすぐ傍では、黄色や黒の衣装で正装した親族一同が整列し、厳粛な表情で記念撮影をしている。誰も水牛の屍体にまったく無関心である。

葬礼が本格的に開始される。祝詞に似た口承がなされ、わたしの坐っている桟敷席のわきから、一族の者たちが楽師を先頭に仕立てて入場してくる。竹笛を演奏する者が二人、それに物悲しげな調子で歌い続ける中年女性が一人。彼女は職業歌手として死者の経歴をとうとうと述べた上で、親族の悲嘆の深さを延々と描写する歌を歌う。次に一族の男たちが四〇人ほど、全員黒衣で円陣を組み、手を繋ぎあって木遣りに似た合唱を始める。

案内人の説明によると、実はその日は儀礼の三日目に当たっていた。最初の日にはまず遺体が米蔵に運ばれ、内輪だけの儀式が営まれた。翌日には親戚と知人友人が棺を担いで、村中を練り歩いた。今日は遠方から来た来客たちを迎えるのが中心だという。なるほど桟敷から出て舞台裏を覗いてみると、これも仮設の台所で女性たちがかいがいしく食事の準備をしている。先に屠った水牛の肉を細切れにし、米と混ぜて竹筒に入れて蒸し、客たちに配っている。

翌日つまり四日目には、葬礼においてもっとも派手なスペクタクルである水牛の供犠が行なわれた。この日には噂を聞きつけてか、西洋人の観光客が数人、桟敷に混じっていて、ヴィデオカメラを几帳面に廻している。広場はすでに黒い水牛たちでいっぱいだった。

水牛は一匹ずつ中央に引き出されると、杭に紐を通して足を固定させられる。いかにもベテランといった老人がその鼻の手綱を左手で持ちながら、右手の刀で一気に水牛の頸動脈に切りつける。水牛はその途端、血を噴出させて倒れる。斬られた首はあんぐりと開き、地面には鮮血の溜まりができる。倒れた水牛の足からは、杭に通じる綱が取り除かれる。綱はただちに次の水牛に結わえられる。初心者らしき若者が真似をしようとするが、失敗して何回も水牛を斬りつけてしまう。水牛の中には倒れたものの、なんとか身を立て直そうと、ゼイゼイと荒い息をしながら首をもたげるものもいる。しばらく努力したものの力尽きて、血溜まりに再度倒れるものもいる。いつまでも息絶えないので、見るに見かねて熟練者が止《とど》めの一撃を与えるさまも、一度ならず目撃した。水牛から零れ出る血は、竹筒に入れて保存される。横になって死を待つばかりの水牛には、これまでどこに隠れていたのか、ただちに夥しい蠅が集り始める。

あっという間に一二頭の水牛が屠殺されていった。供犠の間、他の水牛は仲間の死を見ないように、後ろ向きにされている。彼らは抵抗もせず、実に大人しい。ひとたび倒れた水牛がもう一度首をもちあげて、首からどくどくと鮮血を流しながらも、あたかもこの世の最後の光景を見定めるかのように両眼を見開くさまには、いささか観ている側の感動をそそるものがある。

興味深かったのは、一二頭目の水牛を寄進したのがイスラーム教徒であったらしく、これまでの一一頭とは別の形で供犠が行なわれたことだった。最後の水牛は四人の人間によって横に倒され、手足を押さえつけられた上で、ゆっくりと時間をかけて屠殺された。わたしの案内人はどうやらこの方法に反対らしい。このやり方では動物の苦痛を長引かせるだけだという。ともあれかくして供犠は無事に終了した。

風葬の墓所

最後の五日目である翌日、死体は棺ごと村はずれの岩山のなかに放置される。と同時に、生前の死者そっくりの木彫りの人形が準備され、その岩の中央あたりにくり抜かれた窪みに安置される。そこにはすでに、先に死んだ他の家族のメンバーの木彫り人形が何十体も並んでいて、さながら新参の死者を迎え入れるかのようである。

水牛は六頭単位で供犠にかけるようだ。わたしが見たのは一二頭だったから、まあまあ中程度の葬式であった。家の格や富裕のぐあいによって、それが四二頭になったり、多い時には一二〇頭になったりするようだ。水牛一匹は安いものでおよそ八〇〇万ルピア(約一〇万円)。トラジャでは公務員の月給が大体一〇〇万ルピアだから、一年分の収入などすぐに飛んでしまう。その高価な水牛を何十匹も集めるのだから、葬式の準備は大変である。

だがこれは見方を逆にして考えてみるべきかもしれない。トラジャ族の生活はすべて死者のための儀礼を中心として構成されているのだ。死者こそは村の共同体の見えざる中心であり、一族と村とを不断に統合してやまない役割を果たしている。死者をメディアとすることで、生者たちは水牛を送り、送られあう。それを屠り、ともに肉を口にする。もしこの儀礼が正しく実行されなくなってしまえば、共同体の存続は覚束なくなってしまうだろう。

ランテパオの周囲にある岩山とその裏側を訪れてみると、白骨と髑髏が夥しく散乱している。そのかたわらの岩の上にも、家屋と同じ形の舟が飾られている。死者と生き写しの人形がいたるところに並べられ、それが朽ち果てて放置されている。葬式の際にはかくも豪奢な供犠を施すのに、儀礼がひとたび済んでしまうと遺体はひどく無頓着に扱われるというのが、わたしには不思議に感じられた。

トラジャは、徹頭徹尾、死者たちに捧げられた文化である。わたしのこうした印象は、食肉処理場の内側に屠蓄行為を閉じ込め、人間の死体が公衆の視線に晒されることを忌避してやまない日本の社会とは対照的なものである。と同時に、ここでは死者が社会の内側で媒介者として大きな意味をもっていることに、わたしは気付いた。われわれの社会にあって隠蔽されてはいるが、本来的にトラジャと通底しているものとは、それでは一体何だろうか。両大戦間にパリでジョルジュ・バタイユが探究を志し、岡本太郎が影響を受けた供犠の思想は、今日の日本ではどのような形で痕跡を留めているのだろうか。わたしは漠然とこうした思いを抱きながら、ジャカルタまでの長い帰路に就いたのだった。

ラサ　2007

チベットへの旅は、これまでわたしが体験したいかなる旅とも違うものとなった。一つには個人旅行が許可されていなかったので、日本人ツアーに参加せざるをえなかったことである。もう一つは、酸素欠乏による高山病を防ぐため、朝ごとに細かく体調を検査しなければならないことだった。急に走り出してはいけない。だからといって、眠り込んで呼吸が浅くなってしまってもいけない。深い腹式呼吸をし、水分を多めにとることが大切だと、あらかじめ添乗員にいわれた。なにしろわたしたちが向かう目的地は、標高が四〇〇〇メートル近い都市なのだ。

旅行団はまず成都からラサに飛び、ただちに専用車に乗って、東の町ツェタンへと向かった。それから今度は西に進み、シガツェに達した。最後にラサに戻り、数日を過ごしてから成都に戻った。その間に二十ほどの寺院を訪れ、宮殿と離宮を見学した。聖なる湖のほとりで休息をとり、チベット医学の病院を訪れた。わたしは何十もの地獄極楽図を観、生者の骨肉を貪り喰らう悪鬼と、偉大なる救済の女神タラの似姿を観た。町の裏通りにある庶民の家の簡素さを観、宮殿の豪奢を観た。そして中国共産党政権がいかにチベット文化を破壊してきたか、その無惨な痕跡を観た。ある寺では大仏の首が切断され、胴体だけが中庭に放置されていた。別の寺では生命の輪廻を示す細密な六道図が白ペンキで塗り潰され、赤字で「毛沢東思想万歳」と大書され、さらにそれがふたたび白ペンキで消されていた。だがこうした困難な状況のなかでチベット人が揺るぎなき信仰を保っている光景を、わたしはいくたびも目にすることになった。ここではラサでもっとも印象に残った二つの寺院のことから、書いておきたい。

市内にあるジョカン寺を訪れたのは、小雨の降る午前中だった。寺の正門前の広場はすっかり泥濘《ぬかるみ》と化していた。だが、それにもかかわらず、大勢の巡礼者がそこに詰めかけ、五体投地の業を積んでいた。

五体投地とはすべてに無防備のまま、自分を大地に委ねることである。巡礼者はチベットのいたるところから、長い時間をかけて徒歩でラサに到着する。彼らは朝早くにジョカン寺に着くと、自分の場所を確保し、荷物のすべてを脇に置く。荷物といっても擦り切れた上着と座布団、野宿用のビニールシートか莫蓙くらいのものだ。靴をきれいに揃えると、いよいよ業が開始される。

両掌を合わせて額に当て、次にそれを口に、胸に移していく。やおら両手を拡げて地面にうつ伏せになると、額を地面に擦りつける。ひと呼吸すると起き上がり、また最初に戻って同じことを繰り返す。これをいつまでも繰り返す。場合によっては、自分の家を出発するときから五体投地を開始し、ラサに着くまで三ヵ月を費やす者もいると聞いた。巡礼者の誰もが日に焼けて、顔に険しい皹《ひび》を走らせているのは、強烈な太陽の下を歩いてきたからだ。

ジョカン寺では、わたしがかたわらを横切ろうとも、巡礼者はいっこうに気に掛けようとしなかった。寺の内側に入るには、夥しい巡礼者の後ろに付《つ》かなければならなかった。正門の前で泥だらけになって礼拝を繰り返す人々に圧倒されていたわたしは、長蛇の列を前に意気消沈したが、ガイドが寺の関係者に交渉し、そっと別の通用門から入ることができた。薄暗い本殿には、薬師や観音、弥勒まで、数多くの仏たちが隙間なく並んでいる。そのさまは、門の外の泥濘のなかで隙間なく並び、五体投地を行なっている人々に対応しているように思われた。わたしは観光客でしかない自分を恥じた。人々が全身全霊を懸《か》けて信仰のために訪れている場所を、わたしはただ風景として眺めていることしかできないでいた。

ガンデン寺は市内の平地にあるジョカン寺とは対照的に、ラサから五〇キロほど東、険しい山の頂から中腹にかけて建てられている寺院だった。遠くから眺めると、それはさながら城塞のように見えた。ランドクルーザーで近くまで行き、その後は砂利だらけの山道を歩いて行くしかない。

生命ある動物と人間の諸相を描き、髑髏をかたわらにあしらった大きな絵が壁に描かれている。しばらくそれに見入っていると、部屋の一角に、ひどく汚れた赤衣の僧侶がいて、ジャラジャラと何か小石のようなものを混ぜ合わせ、それを振っては金属の鉢に入れたり、また出したりしている。気になったので中身を見せてもらうと、小石と思ったのは真珠の粒と大豆だった。僧侶はわたしにはお構いなしに、いつまでも同じ動作を続けている。

チベットではヤクのバターが日常の喫飯に用いられている。ある部屋ではそのバターを固めて細工を施し、少年や少女の像を並べていた。バターの塊が少しずつ溶けて崩れだし、白い鉱脈のような筋を見せている。その裂け目に何十枚もの一角紙幣が詰め込まれたり、貼り付けられてあった。

ガンデン寺は一九五九年の反中国暴動のときにも、一九六六年の文化大革命のときにも、血気に逸る青年僧たちが徹底抗戦を主張したため、大砲による砲撃によって徹底して破壊された。大量の僧侶が処刑され、曼荼羅の壁画がことごとく毀損された。八〇年代の終りにも、禁制とされているダライ・ラマ一四世の肖像を掲げたため、十年にわたって閉門を強いられたという、反権力の歴史をもっている。わたしはその一四世が修行と勉学のために過ごした部屋を見た。壁という壁にタンカが掛けられていた。地獄極楽、万物の諸相を細密に描いた絵画である。かつてはこの寺に、切り傷をつけると鮮血が吹き零れる柱があったらしいが、文革時に切り落とされたと聞いた。


病院を訪れたことも書いておきたい。

病院は二〇世紀の初め、ダライ・ラマ一三世によって建立され、現在でも日に五〇〇人の患者を診察している。現在の建築は見たところ西洋風であるが、実践されているのは一貫して伝統的なチベット医学である。

現れ出たのは精悍な表情をした中年の医師で、堪能な英語を使って医学学習と治療の方法を勢いよく説明してくれた。その学習は、まず人体の構造を描いた一二枚のタンカを並べることから開始される。ひと月ずつをかけてその一枚一枚を説明し、治療の法則を理解させる。医学は五世ダライ・ラマの時代に大きく発展し、この方式は四〇〇年にわたって変わっていない。中国の漢方は陰陽の二元論だが、チベットとインドでは、医学はすべて青《ロン》、黄《チバ》、白《ベゲ》の三元論に基づいている。チベット医学がもっとも効力を発揮するのは、高血圧や消化器系疾患といった慢性病である。もっとも現在では、かつて予期しなかった病気が次々と登場しているため、西洋医学を併用しながら治療に努めなければならない。

医師の話によると、この病院は一九五九年にダライ・ラマ一四世が亡命した時点で、ひとたび徹底的に破壊されたという。それから七年後、文化大革命が生じたときにも、すべてが迷信であると叫ぶ紅衛兵によって閉鎖された。医師たちは深夜から早朝にかけてこっそり病院に集まり、秘密裏に訪れて来る患者たちの面倒を見た。

おそるべきことに、チベット医学は八世紀の時点で、生物は系統発生を反復するという事実を知悉していた。人間の胎児は短期の間に、卵から魚、亀、豚といった生物に変化することで、人間として誕生するのだと認識していた。われわれが「チベット仏教」の名前のもとに曖昧に了解している知のなかには、高度な論理学はもとより、植物学、薬物学、医学から天文学まで、人文科学と自然科学の双方を含めた幅広い体系的知識が収蔵されており、それは西欧から隔絶した形で、独自に構築を遂げたものである。病院は天文学研究所を兼ねていて、チベット暦によるカレンダーを発行している。頼めば未来予知もしてくれるという。知の分節と配分の仕方が、日本人が無造作に踏襲してきた西欧のそれとは、まったく異なっているのだ。

ポタラ宮は小高い山の南斜面に建てられた、美しい宮殿である。かつて活仏として崇拝されたダライ・ラマが居住し、政《まつりごと》を行なった世俗の空間であるとともに、歴代のラマの霊が安置されている神聖空間でもある。その荘厳な造成は、ラサのいたるところから眺めることができた。ちなみに「ポタラ」という語は、語源的には日本でいう「補陀落」と同じである。

長い行列をしてようやく内部に入り込んでみると、文字通りその豪奢に圧倒された。部屋という部屋はすべて異なった装飾を施され、階段は鈍い黄金色に輝いていた。細やかに描きこまれたタンカ。思慮深い表情を湛える仏像。観音はいくつもの分身を従え、黄金の顔の周りを青や赤、また緑の宝石で彩られていた。頭上にさらにいくつもの頭をもち、孔雀の翼のように千手を伸ばした観音もいた。清の乾隆帝の賛辞を満漢蔵蒙の四つの言語で記した額。西欧からの献上品と思しき地球儀。扉という扉は赤く、赤壁の薄暗さに呼応して、マーク・ロスコの抽象画を思わせた。扉のノッカーには巨大な龍が二匹、刻み込まれていた。歴代のダライ・ラマの霊塔が立ち並ぶ一室には神々しさが充満していた。とりわけ黄金の地に赤珊瑚とトルコ石を散りばめた八世の霊塔は、豪奢にして崇高さが漂っていた。この宮殿のなかでは、曼荼羅は単なる平面の絵画であることをやめ、何百もの宝石を鏤《ちりば》めて森羅万象を再現した、凝縮された宇宙模型であった。

ポタラ宮の見学はひどく制限されたものだった。千を超える部屋という部屋が重なり合い、回廊と階段が複雑に交錯しているため、宮殿はさながら巨大な迷宮と化している。大量の観光客を処理するため、見学はすべて予約制となり、あらかじめ定められた道筋をわずか一時間の間に通過することが義務付けられている。ゆっくりと一つひとつの部屋を観て廻ることは不可能であり、すべては瞬間のうちに過ぎてゆく。一瞥のもとに捉えられる豪奢には、それまで見学してきたいかなる寺院とも比較にならないほど、目を見張るものがあった。

短い時間の見学であったにもかかわらず、わたしがある種の閉塞感に襲われたことも事実であった。ポタラ宮の内側には自然というものがいっさい存在していない。部屋という部屋は直射日光を遮断するように設計され、重く鈍い光沢のもとに支配されている。厳しい冬の寒さを避けるために、それは必要な処置であったのだろう。

しかし、そこへあるとき、それまで野山を駆け廻っていた田舎の少年が、観音の転生した御姿として連れてこられる。彼は数多くの配下に傅《かしず》かれ、しだいに神聖なる存在としてのみずからに目覚めていく。だがその代償として、親密な家族と行動の自由を失ってしまうのだ。少なからぬダライ・ラマが幼くして死亡し、なかには六世のように失踪してしまった者までいることは、考えてみれば不思議ではない。

ポタラ宮から西に三キロほど行ったところにあるノルブリンカにまで来て、わたしはようやく閉塞感から解放された気になった。広々とした敷地のところどころに離宮が建てられていて、ダライ・ラマはもっぱら夏をここで過ごしたという。

わたしは現在のダライ・ラマ、つまり一四世のことを考えた。まだ十歳代の少年であったこの人物がヒマラヤを越えてインドへと亡命してから、すでに半世紀以上の歳月が流れている。その間、彼はあらゆる暴力を否定しながらチベットの自治を唱え、仏教に基づく独自の思想家として、また政治的行動家として活躍してきた。もし彼がラサのポタラ宮に留まっていたとしたら、彼ははたして今日あるような思想家になりえただろうか。そう考えたとき、その思想が本質的に亡命を契機として成立した、故郷喪失者のそれであることが判明する。その意味で二〇世紀の思想家のなかでダライ・ラマと比較すべきなのは、パレスチナを追放され、難民の大義を説いたエドワード・W・サイードだろう。もっとも現在の日本では、そのどちらかを熱烈に論じる者はいても、両者を統合的に考える者はいまだ現われていない。

チベットにはもう一人、ダライ・ラマに匹敵する活仏として、パンチェン・ラマが存在している。先代のパンチェン・ラマは亡命を拒み、共産党政権のもとで十年を獄中で過ごした。その後も、チベット人の誰もが彼が殺害されたと信じきっていたころ、このラマは突然公衆の前に姿を現わした。もっともそのとき彼は、活仏としてあってはならぬ妻帯の身となっていた。彼は極寒の冬にラサを訪れ、その直後に逝去した。すべてが謎めいている。このパンチェン・ラマの短い帰還を涙して迎える者もいれば、裏切者だと罵る者もいる。早々と亡命の途についたダライ・ラマは、彼のことをどのように考えているのだろうか。ラサへの旅は、わたしにそのようなことを考えさせた。


旅行団にはチベット人のガイドが随行していた。彼女は流暢な日本語を用いて、参加者のなかの高齢者をそれとなく気遣ったり、個人的な買いものに助言を与えたりしていた。

同じ観光客でも、中国人と日本人はまったく違いますね。あるとき彼女はいった。中国人はとにかくうるさくて、態度が悪いのです。携帯電話をしながら平気でお寺のなかに入っていくし、チューインガムを床に吐き捨てたりします。日本人は静かですね。キリスト教徒だという方がいましたが、それでもやはりお寺のなかでは他の人と同じで、両手を合わせてお祈りをしていました。誰もが仏様を尊敬しているという感じで、高い撮影料を払って写真を撮るのに夢中です。

でも、最近は直通の列車もできたことだし、これからどんどん中国の観光客は増えていくでしょうねと、わたし。

中国人はチベットに来て、いったい何をするのでしょう。何もしたいことがないのです。ドイツ人やイギリス人は違います。わたしたちの先祖が千年も昔に書き記した経典を学ぶため、わざわざチベット語を習って、ここに到着します。日本人にだってそういう人はいます。彼らは人生の半ばを費やして、チベット仏教を勉強しに来るのです。それはわたしたちチベット人の誇りなのです。けれどもこの二〇世紀に中国共産党が印刷した書物のどれだけが、千年の後、外国人によって読まれたり、研究されたりするでしょうか。中国人自体がとうに読まなくなっているでしょうし。

表現を丁寧に選んだ、穏やかな口ぶりであったが、わたしには彼女がはっきり中国人を軽蔑していることが見て取れた。彼女はけっしてチベット仏教の専門家ではなかったが、自分を育んでくれた文化に強い矜持を抱いていた。わたしは日本の卑小な醜聞を思い出した。わたしの同世代に、一度もチベットに足を踏み入れたことがないにもかかわらず、チベットと名のつく書物を発表して話題となり、その舌の根が乾かぬうちに毛沢東を礼賛した人物がいたことを。だがそんな話をしたところで、このガイドは関心をもたないだろう。

旅行団にはさまざまな日本人が参加していた。あたかもスタンプラリーでもするかのように、世界の秘境を廻っている母と娘。全身に癌が転移するという危機的な状況を克服して、人生の折り目を確認しに来た医師。大学で仏教学を専攻している若い学生。何を勘違いしたのか、わざわざチベットの民族衣装を着込んで、旅行に参加してきた市役所職員。こうした団体客のなかにただ一人、ほとんど何も喋らず、いつも目立たずに振る舞っている高齢の女性がいた。彼女は仏画にも人々の信仰の儀礼にも、ほとんど無関心のように見えた。一二日にわたる旅が終るころ、わたしはこのYさんという女性の秘められた事情を、偶然知らされることになった。

Yさんの父親は日清戦争の直後、成都からチベットへ、二回にわたって密入国を行なった。目的はチベットの軍隊を近代日本の軍隊に倣って組織し、清国との戦いに備えることだった。それが明治の野心的な青年の発案であったのか、それとも日本政府からの秘密指令であったのかは、今となってはわからない。ともあれ彼はお雇い外国人として先代のダライ・ラマ一三世に篤く信頼され、富裕な商人の娘を下賜された。一九〇三年、インド兵をともなったイギリス軍がチベットに侵攻し、翌年にラサ条約が締結されると、Y氏は国外追放に処せられた。仕方なく妻と息子を連れて故郷の前橋に戻ったが、妻は日本に馴染めず病死。息子はニューギニアで戦死をとげた。Y氏は再婚し、そこで生れたのがYさんだという。

Yさんにとってラサとは、残酷にして神聖な地獄極楽図の中心地でも、際限なく五体投地を繰り返す苦行者の巡礼地でもなかった。ポタラ宮とは若き日の父親がダライ・ラマ一三世に近代兵術の進講を行なった場所であり、ノルブリンカとは彼らが親しげに語りあった夏の離宮であった。でも一世紀前のお雇い日本人のことなど、憶えている人は誰もいませんよと、Yさんは寂しげにいった。日本の側に記録が残されているわけでもないし、ましてやチベットの側にもね。

ラサを発った飛行機が成都に到着すると、たちまち喧騒がわたしを取り囲んだ。午後八時だというのに大気には恐ろしい暑気が立ち込めていて、男たちが上半身裸のまま大通りを歩いている。路上にはあちこちに火鍋が設けられている。人々は鍋いっぱいの煮えたぎる油のなかに大量のトウガラシを投げ込み、食事に夢中になっていた。チベットの慎ましやかな涼気はたちどころに霧消した。団体旅行の他のメンバーは帰国の支度にとりかかっていた。わたしはというと、北京に立ち寄る用事があった。そのための航空券の手配をするため、炎天下の街角を徘徊しなければならなかった。

バナーラス　2008

デリー駅からバナーラスに向かう寝台車は、とうに一等寝台が売り切れていた。無理もない。一便に一両しかないのだ。二等寝台ならまだ切符があった。わたしは八人一部屋の寝台車の一番奥に、自分の寝台を見つけることができた。さあ、長旅が始まるのだぞ。荷物を置いて一息ついていると、ボーイが夕食の註文に来た。まもなく野菜のカレーが二種とヨーグルト、それにナンと米が届けられた。

他の乗客たちはみな中年男性で、たぶん商用での出張なのだろう。ヒンドゥー語で話し込んでいる。一人だけとりわけ色の黒い人物がいて、察するに南インド出身のようだ。彼はヒンドゥー語の対話に加わらず、あらかじめ持参した弁当を使うと、さっそうと寝袋に潜り込んだ。いかにも長距離の夜の旅に慣れているといった感じだった。

インド人は話好きだと聞いていてはいたが、その通りだった。列車がデリーを発ったときから、休みなく喋っている。それが九時になると、誰もがいいあわせたかのように大人しくなり、めいめい寝台を作ると就寝してしまった。

バナーラスは正確に発音するならば、ヴァーラーナスィである。「ベナレス」という呼称は、イギリス人がこの地を「ベナリース」と呼んだものの、日本的な変形にすぎない。ヴァルナ川とアッスィー川に挟まれた場所というので、ヴァーラーナスィという名がついた。二つの細い川は蛇行に蛇行を重ね、悠久のガンガー河に流れ込む。日本人が「ガンジス河」と呼び慣わしている大河である。言語から言語へと移っていく間に、固有名詞の微妙な音の響きはどんどん角がとれ、簡単なものになっていく。それには植民地主義と観光主義が大きく与っている。

翌朝、列車はバナーラスに一時間遅れで到着した。わたしは新市街のホテルに入ると休息をとり、翌日に備えた。新市街は埃と喧騒に満ちており、路上にはいたるところに牛がいる。主人もなく、野良犬のように徘徊しているのだから、野良牛とでも呼ぶべきかもしれない。街角を行く人々を眺めていると、何かを外に向かって強烈に押し出すばかりで、引きというものがいっこうに感じられないという印象がした。自動車とオートバイがひっきりなしにクラクションを鳴らしている。大通りのわきにはおびただしい露店が店を展げ、人々は地べたに座りながらチャイ(茶)を呑み、油で揚げた菓子を摘んでいる。

翌朝、まだ夜が明けきっていないころ新市街を抜け、ガンガーの岸辺へと向かった。車を降りてしばらく歩いていくと、路地の角で巡礼の一団に遭遇した。ちらほらと観光客の姿も見える。誰もが同じ方向に向かって歩いてゆく。薄暗い街角には昨晩の喧騒とはうってかわって、言葉を交わしている者がほとんど見当たらない。予想していたように冷気は強かった。

　ガンガーの岸辺には六五のガートが並んでいる。ガートはあえて日本語に直すならば突堤だろうか。三島由紀夫は『暁の寺』のなかで、これに「水浴階段」という巧みな訳語を当てている。城塞や寺院、豪邸の隙間を縫って河へ向かう路地という路地が、途中から階段となり、そのまま水に没している。そのため人は路地を歩いていくうちに、自然と河に入ることができるのだ。人々の流れに導かれてわたしが向かったのは、ダシャーシュワメードというガートだった。この言葉は十頭の馬を供犠に捧げたという言葉に由来している。ガートの手前にはシヴァを祀る寺院があり、早朝だというのに早くも門前町の賑わいを見せていた。屋台が軒を並べ、土産ものを扱う露店が出ている。わたしは勧められて、ここで黄色の花飾りのついた蝋燭を求めた。ガンガーに寄進するためである。

　ガートの階段はまるで『戦艦ポチョムキン』に登場するオデッサの階段のように、広々とした幅を誇っている。下まで降りていくと、緩やかに岸辺に打ちつける波に身を委ね、沐浴をしている人たちが大勢いた。男もいれば女もいる。衣服は石段の上の台に預け、薄ものだけを身に纏って水を浴びている。少しずつ明るんできた大気のなかで、わたしは彼らに歓喜の表情を認めた。

　向こう岸は見えない。うっすらと霧が出ているせいもあるが、もとよりガンガーが恐ろしい川幅をもっているのだろう。そのため彼岸が文字通り、生を終えた後に向かうべき世界であるように見えてくる。

　しばらくガートからガートへと横移動していくと、どのガートにも個性と特徴があるとわかる。白衣の老人が香を焚いている前で、大勢の人々が声を合わせて歌っているガートもあれば、金色の衣裳をした修行者が厳粛に行を積んでいるガートもある。案内人が値段の交渉をしてくれたので、わたしは小舟に乗り河の側から岸辺を眺めることにした。

霧のなかに太陽がぼんやりと現れた気配がする。小舟は最初、航路を南にとり、居並ぶガートの最南端へと向かってゆく。水に触れてみると重たげで冷たく、とても流れているようには見えない。岸辺での連祷や合唱の声が遠ざかっていくと、聴こえてくるのは舟を漕ぐ櫂の音だけだ。

南に向かうにつれて、ガートの賑わいはしだいに遠のいていく。半裸の行者が松明を片手に踊っている。信者たちが彼を取り囲んで歌っている。もっとも宗教儀礼ばかりがなされているわけではない。水辺で遊んでいる子供も、お喋りをしながら洗濯をしている女たちもいる。ガンガーは神聖な水であると同時に、日常を司る水でもあるのだ。

あるところまで進むと、小舟は方向を変え、北へと戻ろうとした。ハリシュチャンドラ・ガートまで来たからだ。ここは葬礼のためのガートだから写真撮影は遠慮してほしいと、案内人がいった。彼は毎日のように同じコースを観光客に示しているせいか、いくぶんシニックになっているようだ。このあたりの水は汚いから、本当に沐浴をしたければもっと上流の方に行った方がいいですねと語る。わたしが見たときハリシュチャンドラ・ガートは無人で、犬と子供がぽつりと立っているだけだった。

船頭は流れを下り、葬礼のためのもう一つのガートであるマニカルニカー・ガートまで来ると、わたしを岸辺へと引き渡した。黒い旗が三本、風に靡きながら立てられているのが、このガートの徴《しるし》である。ここでは煙が激しく立ち昇っていて、何体かの葬礼が目下なされている最中だとわかった。葬礼に携わる者たちは寒さを避けるため、首にマフラーを巻き、頭に被りものをしている。ひょっとしてそれは、彼らのカーストを示す記号なのかもしれない。ガートの奥には薪が山のように積み上げられ、黒い灰を含んだ土が水に洗われ溶け出している。人を焼いた灰だ。

焼場の土が温かいからなのだろう、何匹もの犬がその上に身を横たえ、気持ちよさそうに眠っている。いや、犬ばかりではない。山羊も、牛も、空を飛んでいるはずの鳩までが集まってきている。しばらく眺めていると、二十人ほどの人々がガートに降り来り、美しい布に飾られた遺体がゆっくりと運ばれてきた。長老格にあたる人物が遺体の顔を覆っている布を捲ると、老婆の顔が現われた。額に赤い徴が付けられている。周囲の者たちがデジカメで撮影をする。おそらくは息子であろう人物が死に顔に近づき、最後の別れの言葉を述べる。彼は何かに頷いている。

わたしは以前にヨシ・オイダから、彼が初めてバナーラスを訪れたときの感想を聞かされたことがあった。ピーター・ブルック劇団に所属し、俳優として長い経歴をもつヨシさんは、わたしと同じように小舟に乗ってガンガーの中央まで出たところで、あることに気が付いたという。振り返って岸辺を眺めてみると、死者を焼く薪の炎のまわりにいる者たちが、一人ひとりの個を離れ、全体として大地から生えてきた茸のように見えた。われわれはあの茸の塊の一部にすぎず、死ねばあの火のなかに投げ込まれ、そのかわりまた新しい茸がチョロリと生えてくるにすぎないだけなんだよ。ヨシさんはそう付け加えた。ガンガーの静止した水の上から眺めていると、水の上に土があり、その上に死体を焼く火、煙を揺らす風、すべてが消えていく空がある。「空風火土水」という順序は、インドで五世紀になった『倶舎論』の説く教え、つまり風輪、水輪、金輪といった輪の重なりによる宇宙観に通じており、日本でも寺院の仏塔にはそれが反映されている。ヨシさんはそうした仏教の哲理が、人間がこの世に生きている現実そのものを表していることに強く印象付けられたという。

わたしもまたガンガーの岸辺で実践されている葬礼を目の当たりにして、同じ感想をもった。西欧人の記したバナーラス訪問記では、この光景をショッキングだと受け取ったものが目立つが、少なくともわたしは悲惨だとも脅威だとも感じず、光景のすべてを静謐にして親密な気持ちで受け止めることができたと思う。それは一つには、幼いころより日本の霊場における火葬の習慣に慣れていたからであった。キリスト教徒のように、死して地獄の業火に永遠に苛まれるという映像に囚われている者にとっては、火の葬礼は衝撃的であるかもしれない。だが平均的な日本人であるわたしには、それはきわめて自然の光景に映った。土の温かさを求めて犬や山羊が集まってくるさまは、釈迦の逝去の近きを知ってさまざまな動物がその元に駆けつけるという、子供のときに聞かされた物語を、わたしに思い出させた。


ガンガーの岸辺を後にするころには、もう太陽は高く上り、すっかり朝になっていた。わたしは階段を登って旧市街の路地に入ると、いくつかの寺院を見学して廻った。路地にはあちこちに小さな祠があり、ドゥルガーが祀られている。男根状のリンガを安置しただけの祠もあった。赤く塗られたガネーシャを奉る祠の傍では、壁に牛糞を塗りつけている男がいた。

わたしのインド訪問の直前にムンバイでパキスタン人による爆破テロが生じたこともあって、当局はさらなるテロを警戒していた。ヒンドゥー寺院の周囲には武装した警官が大勢待機し、入場するにはボディーチェックが必要だった。街角には土嚢が積まれ、兵士たちの姿をよく見かけた。だがこの大都市にあってインド人とパキスタン人を、いや、もといヒンドゥー教徒とイスラーム教徒をどうやって識別し、後者を隔離することができるというのか。インドではいたるところで暴力が露出していたが、それを解決する手立てを想像しようとすると、眩暈に似た感覚に襲われた。

バナーラスでもう一つ印象に残ったのは、ドゥルガー寺院である。

ドゥルガーはあまたあるシヴァの妃の一人で、すでに『ヴェーダ』や『プラーナ』にもその名が記されている。といってもパールヴァティのように優しく慈愛に満ちた妃ではない。殺戮と血を好み、おどろおどろしい様相のもとに周囲に汚穢を蔓延させる。かと思うと、一転して家内安全の守り神となったり、善悪二面、きわめて複雑な性格をもった神格である。破壊の女神カーリーと同一視されることも多く、水牛の姿をした悪魔マヒシャと戦っている姿がつとに有名である。

わたしにとって興味深いのは、別の地方では彼女がアンバーと呼ばれていることだ。アンバーは『マハーバーラタ』に登場する悲運の王女で、自死した後、かつて自分を拒んだ男を殺害し復讐するという一念で、美少年に変身する。わたしがもっとも好きな古代叙事詩のなかの登場人物である。

一般に知られている図像では、ドゥルガーはかっと見開いた三つの眼をもち、十本の手に槍や剣、斧といった武器を握っている。掌はつねに鮮血でべっとりと染まっている。わたしが以前に見た画集では、彼女は九つの顔と十本の足をもち、真っ赤な舌をダラリと垂らして、威嚇的な姿勢をとっていた。男の生首を片手に、髑髏で作られた数珠と蛇を首に巻き付けている図像を見たこともある。ドゥルガー信仰はベンガルに始まるとされているが、まだコルカタに到着する前に、早くもバナーラスの地でこの残虐な女神の姿を拝めることになったのはうれしく、わたしは早くも心のときめきを感じた。
ドゥルガー寺院はひどく込みあった路地の奥にあった。ヒンドゥー教徒以外の者は入場できないと聞いていたが、靴を脱ぎさえすれば拝観してもかまわないらしい。そこでさっそく堂内に入ってみると、もっとも奥まったところに、黄金のドゥルガー像が静かに安置されていた。周囲は暗い赤の壁である。どうやら寺院は過去に火事に遭ったらしく、壁には焼け焦げた痕がある。傷んだ装身具に黄金の縫い取りのある小布が巻きつけてあるのを、わたしは好ましく思った。若干の寄進をしたところ、額に赤い徴を塗りつけてくれ、右掌に聖水を溢してくれた。それを髪にかけると御利益があるという。寺院のなかはけっして喧騒に満ちているわけではなく、わたしは女神を一対一で見つめあうことができた。

その晩、バナーラスからコルカタに向かおうとしたわたしは、列車の恐るべき遅延に振り回された。夕方の五時に発つ列車がいつまで経っても、プラットフォームに到着しない。六時となり、七時となっても、いっこうに来る気配がない。どうやらガンガーの霧があまりに深くなったため、列車が途中の駅で停車しているらしい。プラットフォームは零れんばかりに人でいっぱいとなり、わたしは人を掻き分けて夕食の弁当を買いにいかなければならなかった。元の場所に戻って一息をつこうとしたところ、物売りがやって来て、少し場所を空けてほしいという。わたしが頷くと、彼は木箱のなかから新聞紙と古布、それに若干の木屑を取り出して寝床を作り、横になるとたちどころに眠ってしまった。わたしはキオスクで買った薄っぺらいドゥルガーの絵本を、することもなくぼんやりと眺めていた。恐怖の女神の九つの相が毒々しい手法で描かれ、ヒンドゥー語で解説がなされていた。

列車が午後一一時半に到着したとき、わたしはすでに心身ともに疲労の極にあった。結局それは、さらにのろのろと徐行運転を続けた。明け方になると寝台車の狭い窓から黄色いフィルターを通して、痩せた牛たちと芭蕉の樹、刈入れが終わったばかりの水田などが見えた。最終的に列車がコルカタ駅に到着したのは翌日の午後四時、予定より八時間遅れていた。

わたしはこの広大なターミナル駅のなかを迷い、どうにかタクシーを見つけてホテルへ向かった。イギリス統治時代に築かれた旧市街には、朽ち果ててなかば廃墟と化した建物が目立った。魚市場を抜け、花市場を抜ける。裁判所とキリスト教教会の豪奢だけが目立った。何台ものバスとトラックにターバンを巻いた男たちが満載され移動している。シーク教徒の祭典に向かう者たちだった。

わたしはホテルに向かうまでに気が付いた。自分が到達したこの町には果てというものがなく、それこそ無限に続いているのだと。蟻地獄に落ちた蟻のように、ひとたび足を踏み入れてしまったが最後、もう二度と外に出られなくなった人たちがいくらでもいるはずだと。わたしは以前にパゾリーニが撮った、コルカタについてのドキュメンタリー映画を思い出した。その冒頭は居並ぶ乞食たちの、さまざまに汚れて傷んだ足の指先のショットから始まっていた。

コルカタでもわたしを魅惑したのは、ドゥルガーの分身カーリーを祀った寺院だった。あたかも砂鉄が磁石に吸い寄せられるように、わたしはこの寺院に引き寄せられた。わたしが雇った案内人はヴィクトリア記念堂やタゴールの生家といった、より外国の観光客が悦びそうなコースを提案したが、バナーラスですでに女神になかば帰依を果たしていたわたしには退屈なもののように思われた。到着の翌日、休息をとったわたしは、彼に導かれてヴォウロンギー通りを南に下ったところにあるカーリー信仰の総本山を訪れた。奇しくもそれはマザー・テレサの建てた施療院のすぐ裏側の路地にあった。

ドゥルガー／カーリー信仰の発祥の地ベンガルの中心だけあって、コルカタのカーリー寺院はバナーラスとは比較にならないほどに大きく、縁日の賑わいのなかにある。問題は寺院の前に並ぶ、何百人という参詣客の列だった。まともに並ぶならばまず二時間は待たされるだろう。しかも異教徒の入場は不可とされている。わたしが落胆した表情を見せたのを知って、案内人が機転を利かせた。彼は寺の若い作男を一人捕まえると、いくばくかのルピーを握らせ、わたしを通用門の隙間からスルリと内側に入れることに成功したのである。

潜り戸を抜けると、そこは闇のなか、赤い光線だけが差し込む、ひどく狭い空間となっている。いきなりカーリー神の本体が鎮座しているのが見えた。女神は黒い顔に三つの眼を付けただけの、きわめて単純で抽象的な半円形の顔をしており、首や肩の上には何十もの花飾りがかけられていた。もっともあまりに強い照明に赤く染め上げられていたので、細部を一つひとつ見定めることは難しかった。

潜り戸の内側では、ひと目でも女神の顔を見ようとして、多くの人々が押し合いへし合いをしている。そのため、混乱を制しようとする者との間に、絶え間ない対立が生じていた。わたしはかろうじて最前列に躍り出たのだが、その途端に側にいた係員から五〇〇ルピーのチップを要求された。わたしがそれを撥《は》ね除けると、後ろにいた誰かがなにがしかの金を払い、わたしの前に躍り出た。ここで異教徒だと判明すると面倒なことになるな。そう直感したわたしは、ただちに潜り戸の外に出た。内側の混乱はさらに度合いを強めていくようだった。

本堂の裏手に廻ると、不思議な空地に出た。一メートルほどの高さの柱が四本、赤く塗られて四方に立てられている。毎朝、女神に捧げるために生贄の山羊が首を刎ねられる場所だった。わたしが訪れたときにはすでにその日の作業は終わっていて、床一面に水が流されていた。微かに血の跡が窺われる。三人の老女が柱に水をかけながら、熱心に祈っていた。

コルカタのドゥルガー神像

本堂のもう一方の側には、これも真っ赤に塗られた巨大な石が三体並べられていた。ヒンドゥー教の三大神を象った石である。人々はこの石に指先をつけ、額に赤い徴を塗りつけていた。

これがわたしの見た、ベンガルの土地の神の姿である。毎年、秋になると、コルカタの人々はドゥルガーの大きな神像を拵え、それを祭壇に乗せて街角へ担ぎ出す。祭礼は十日にわたって続き、その間に女神は九つの姿を披露するという。この祭りが終わりを迎えるころ、神像は舟で河の中央へと運ばれ、ガンガーの水に委ねられる。いかなる豪奢と精緻をきわめた像であっても例外ではない。案内人がそう説明してくれた。悪魔を退治する恐怖の女神は、世界に蔓延する汚れをわが身に引き寄せると、最後にみずからの身体を供犠に委ねるのである。

わたしはその祭礼を間近に見てみたいものだと思った。だが、今にもまして人々がごった返す雑踏のなかに十日にわたって身を晒すことは、体力的に無理だろうという自制の念が先に立った。そこで寺院を出たところに並んでいる土産物屋の一軒で小さなカーリーの木像を買い求めた。三つの眼をもつこの女神が、書斎を訪れる邪悪な霊を封じてくれることを、心の底で願った。もっともそのために何を供犠としなければならないかについては、見当がつかなかった。

バラーナスとコルカタを訪問してから六年後、台湾の大学に滞在していたわたしは、台湾人にとって偉大なる土地神である媽祖《マーツ》のための巡礼に出たことがあった。四日間にわたって廟から廟へと渡り歩いてその縁の下に泊まり、街道筋に並ぶ人々の喜捨を受けて進むという荒行である。わたしは一〇〇キロを越すその行程をなんとか歩き終えた。そのときに感じたのは、同じ女神であってもドゥルガーと媽祖の性格の違いであった。媽祖はそもそも航海の女神であり、船乗りや漁師を海難から守ることはあっても、破壊的な要素をいささかももちあわせていない。また大がかりな供犠を求めることもない。媽祖は無限に慈しみの女神であり、台湾人は親しげに「お婆ちゃん」といい慣わしていた。わたしを加護してくれるのは、いったいどちらの女神なのだろうかと、巡礼のさなかにわたしは考えていた。この差異はどこから来るのだろうか。

オスロ　2010

森を見たいんだって？　それだったら家《うち》に来るといいよ。

マーク・テーウェン教授は事もなげにいった。彼は伊勢の皇學館に学び、『古事記』をノルウェー語に翻訳した。神道研究家である。家族とともに住んでいる郊外の家は二〇世紀の初頭に建てられ、玄関を出るとすぐにもう森が始まっているという。

オスロ大学前から地下鉄に乗り一〇分ほどすると、地上を走る列車の窓からは雪に覆われた家屋と黒く聳え立つ枯木の群しか見えてこない。車内には雪のついたスキーをそのまま持ち込んでいる男女が何人もいる。どうやら自宅から地下鉄駅に行くまでに必要らしい。クロスカントリーはこの国では競走遊戯ではなく、単に日常生活の手段なのだ。

教授の家は最寄り駅から少し車で丘を登ったところにある。家の前には二人の娘が築いたという、巨大な雪の塊があった。彼女たちはそこに、子供しか潜り抜けることのできないトンネルをいくつも拵え、一日中遊んでいるらしい。

家の前の道を渡ると、森が始まっていた。カラマツとシラカバの裸の幹がどこまでも続き、ときおり見かける緑はモミノキのものだ。ただ思ったほどに背丈の高い樹木はない。日本の別荘地などとは比較にならない寒さが影響しているのだろう。教授に連れられて深雪のなかをしばらく歩くと湖に出た。といっても雪を深く積もらせた広大な拡がりがあるだけで、それは樹木の不在から湖だと判断できるにすぎない。

森はどこまでも続いている。そのまま辿っていくなら、スカンジナヴィア山脈に沿って北極圏に至るだろう。見渡すかぎり雪の白と樹木の黒という二つの色彩しか存在していない。ときおり犬を遊ばせている人を見かける。犬は黒か茶色に決まっていて、白い犬は見当たらない。雪の純白に負けてしまうからだろうか。犬は飼主の命令で雪原を疾走しては戻ってきたりしている。森の道を支配しているのは恐ろしいまでの静寂だ。しばらく歩いていると雪原に巨大な裂け目を見つけた。裂け目は途切れながら、遠く湖の向こうの森まで続いている。この足跡はヘラジカですよと、教授がいう。ヘラジカは冬になると食べ物に困って、よく家の外の塵箱に残飯を漁りに来るので、見慣れてます。

ノルウェーという国の地形をどう頭に思い描けばいいだろうか。地図を広げると、スカンジナヴィア半島の全体が巨大なサーモンに見えてくる。サーモンの肥え太った腹の部分がスウェーデンで、鱗に覆われた痩せた皮の部分がノルウェーだ。この国では耕作が可能な土地はわずかに三パーセントしかなく、残余は森と荒地である。フィヨルドなす海岸は複雑な地形を見せ、聳え立つ絶壁は外部からの者を寄せ付けない。バルザックが幻想小説『セラフィータ』の舞台をこのフィヨルドの奥に置いたのも、ひとえに人間の認識を超えた風景の崇高さに魅惑されてのことだろう。そしてこの圧倒的な風景の下で貧しいわずかの土地を耕し、鯨と鰊を漁《すなど》ることで、ノルウェー人は長らく生きてきた。

一時間も森のなかを散策すると、すっかり軀が冷えてしまった。テーウェン教授の家ではトナカイの肉のシチューが出た。教授によれば森は今は一面の雪だが、春ともなればブルーベリーが灌木の下にいくらでも実っているらしい。


二月から四月までオスロに滞在した。ノルウェーの首都であるこの町はフィヨルドのひどく奥まったところにあり、メキシコ湾流の流れる外海から一〇〇キロ近く離れている。首都としての都市の面積はヨーロッパ有数だが人口は六〇万あまりしかなく、繁華街ともいうべき市の中心部は地下鉄の駅で三つも行けば終わってしまう。わたしが訪れた当初は一面の銀世界で、埠頭のあたりの海は凍っていた。だがやがて最低気温が氷点を越え、東京に戻るころには、路上で雪の占める割合はだいぶ小さくなっていた。

わたしを招いたのはオスロ大学である。日本語を専攻している学生を中心に、日本文化について英語で集中講義をするというのが、わたしに与えられた仕事だった。わたしは大学院の学生には現代思想と詩、小説を、学部の学生には漫画を教材に選んだ。田村隆一から吉増剛造、中上健次、杉浦茂、手塚治虫、白土三平、水木しげるといった人たちのテクストを準備し、沖縄の文化について別にプログラムを組んだ。この選択は、昨今の日本サブカルチャーの世界的ブームを微妙に反映させた点で、まずは成功したと思う。

大学院のゼミには、中上健次の『奇蹟』について博士論文を執筆した研究者が参加したり、ノルウェー人と結婚し、ノルウェー生活についてギャグ漫画を描いているという日本人主婦が参加していた。学部の方はもっと賑やかで、英訳を通して日本漫画をめぐり「おたく」的な質問をする者がいた。授業中に平然とバナナを食べていたりする女子学生もいる。水木しげるの妖怪画についてスクリーンを用いて説明をしたときには、「水木先生にノーベル賞をあげるとすれば文学賞と平和賞のどちらがふさわしいのでしょうか」という質問を一学生から受けた。思いがけない発想の質問であったが、彼女がこの漫画家の世界観を理解していると思うと嬉しい気持ちになった。高嶺剛のフィルムについて論じた日には急に学生の数が若干増えた。尋ねてみると、日本語とは別に琉球語を勉強しているという。彼らはスクリーンを通して生《なま》の琉球語が聞けると期待していた。

学生のエスニシティは千差万別だった。いかにもノルウェー人という金髪長身の女性もいれば、中国やフィリピンから渡ってきた移民の子弟もいた。大学院での集中講義が終わると、参加者のレポートの題目をめぐり相談を受けた。わたしが講義した吉増や中上を題目として選んだ者はおらず、もっぱら『ケロロ軍曹』、押井守、日本のお笑い番組、グルメ漫画『美味しんぼ』などが対象として選ばれていた。わたしはいささか落胆したが、これは世界的傾向なのだ。若い世代の日本への関心は、もっぱらそのサブカルチャーを契機としている。彼らのうちの何人かがその後も日本語を根気よく続け、大岡昇平を読みこなせるまでを見守っていかなければならない。

わたしはまた市内のシネマテックで、寺山修司から吉田喜重、若松孝二までのフィルムの上映に合わせて連続講演をした。これは大学の授業と比べて、いささか骨の折れることだった。観客が対象となっている映画作品の文化的社会的背景についてほとんど何も知らない場合、たとえ字幕が添えられていても、フィルムを深さにおいて理解することはできない。わたしは寺山の『田園に死す』の物語の背後にある恐山のイタコ文化を説明するために、シベリア以南のシャーマニズム文化の存在に言及せねばならず、若松の『実録・連合赤軍』の前口上としては、戦後の日本共産党史から語り起こし、赤軍派のさまざまな分裂までを説明する必要に迫られた。このときには座席の後方でシネマテックのスタッフが懸命に合図を送っているのに気がついた。実はわたしは三〇分で話し終える予定の講演を、何と一時間半にわたって続けていたのである。事情を知らない観客は引き続いて三時間半のフィルムを観させられることになり、深夜、極寒の無人の街角に放り出される結果となった。

滞在の期間を通してわたしは、ノルウェー人とは控え目であり、いくぶん内気な人たちであるという印象をもった。彼らはモノを尋ねると親切に教えてくれたが、外国人を前に露骨な好奇心を剥き出しにすることはなかった。ましてや攻撃的な口吻を口にすることからは遠かった。これには政府が四〇年間にわたって積極的に難民を受け入れ、移民の子弟に国籍を与えてきたことが与っているのだろう。ときおり美人を見かけた。怜悧な眼差しをもった、彫像のような女性である。だがそこにはトルコ人や南のイタリア人が見せる、生きていることをめぐる無防備な甘やかさの表情を認めることはどうしてもできなかった。あれは地中海に独自のものだと、わたしは諦めた。わたしが滞在していたのは、国土の三分の一が北極圏にある〈北方〉だったのである。

先にわたしは、ノルウェーの映画観客の日本文化に対する知識を訝ったわけだが、では逆にお前はどうかと反問されると、やはり答えに窮せざるをえない。わたしのこの国に対する知識はあまりに貧しく古典的であり、劇作家イプセンと画家ムンク、それに小説家ハムスンの域に留まっている。また佐伯一麦が書いた『ノルゲ』であり、谷川俊太郎の『トロムソコラージュ』にすぎない。ちなみに佐伯の滞在体験に基づく長編小説は、さながらモートン・フェルドマンの音楽のように、同一の旋律が繰り返し形を変えて登場する構造をもち、緩やかな時間をわたしに体験させてくれた。

オスロでわたしが出会った何人かの外国文学者と翻訳家は、日本文学について強い専門的な関心を示していた。マグネという若い日本文学者は、村上春樹の『スプートニクの恋人』を訳出刊行したばかりで、次の仕事として小林多喜二の『蟹工船』の翻訳に取り組んでいた。彼は宣教師の息子として大阪で生まれ育ち、わたしよりもはるかに完璧な関西弁を話した。多喜二の作品はプロレタリア文学として以上に、同じ漁業国の細民を描いた小説として読まれるだろうと、彼は考えていた。もう一人の翻訳家であるイカ・カミンカは、建築史を学ぶ留学生として東京に滞在中、『ノルウェイの森』に出会い、ある直感から中味も読まないまま出版社に持ち込んで翻訳書を出した。彼女は目下『1Q84』の翻訳の下準備で忙しくしていた。じゃあ肝心の翻訳はどこでするつもりと訊ねると、すでにマジョルカ島にヴィラの長期予約をすましてあるという。イカはいった。ノルウェー人の悩みには誰も手がつけられないのよ。それは国土分断でも民族対立でもない。寒いってことなの。わたしはこんな寒冷の地で陰気臭く翻訳をしてるわけにはいかないわ。彼女はそういって、颯爽と地中海へと旅立っていった。

ノルウェーの人口は四八〇万ほどである。これは日本の四〇分の一に近い。おのずから書籍の出版部数も限られていて、海外文学の翻訳はまず八〇〇部の部数が出れば上等だと教えられた。このような状況では日本のように職業的な翻訳家は成立しないし、翻訳家がスター気取りで雑文を書くこともありえない。人を翻訳に向かわせるのは純粋に文学への情熱であり、その情熱を人と共有したいという意志である。イカは『1Q84』がそこそこに売れてくれれば、同じ出版社から大好きな日本の現代詩の詩集を刊行できるかもと期待していた。

ノルウェーといえばヴァイキング、ヴァイキングといえば山盛りの肉や魚を食べ放題という連想が日本人にはあるが、どうやらこれは何の根拠もないことのようだ。現実に木造船に乗り、ヨーロッパからアメリカ大陸にかけて交易に赴いた中世北欧人の食事は質素なもので、船中では煮炊きはできず、もっぱら乾パンや干し魚を口にするばかりであったという。まさかその延長に今日のオスロの食卓があるとは思えないが、わたしが滞在中に味わうことのできた食事は、いずれもきわめて倹《つま》しいものであった。

なるほどオスロの港湾では、倉庫跡を改造して何軒ものヤッピー風のレストランが並んでいた。誘われて一度足を運んでみたが、世界のどこにでもある巨大な皿のうえに、軽めの魚料理がごく少量盛られたものが出てくる。料理と料理屋を成立させるためにもっとも重要な要素、つまり土地と風土の記憶が、そこには微塵も感じられなかった。シドニーでも香港でも少し前に行なわれていた、港湾の再開発の結果である。だがとりわけオスロでは料理の倹しさは無理もないことかもしれない。野菜をイスラエルから、肉をデンマークからの輸入に頼り、スーパーマーケットを訪れてみても、サーモンと鱈《たら》、オヒョウ、それに瓶詰めのニシンを除けばろくに魚が並んでいない。こうした状況では、創造的な料理を開発していこうという意欲など生じないのだろう。わたしは隣国の首都コペンハーゲンの下町の、活気に満ちた食堂を思い出した。デンマーク人はオープンサンドウィッチの飾り立てをめぐって異常なまでの競争心と情熱を見せ、カウンターには何十種類もの見本が、あたかも海洋生物のように彩色豊かに陳列されていた。

それでもわたしは、伝統的なノルウェー料理に接する機会に恵まれた。あるレストランでは、生の鱈を卵や臓物も含めて茹でたものにジャガイモを添えたものが出た。驚くべきは、一皿を平らげた後に、それとまったく同じものがもう一度供されたことだ。推測するに、本来は極寒の冬に漁に出た漁民たちが親しんできた料理なのだろう。彼らは獲れたてで乾燥処理を施されていない山盛りの鱈を、とにかく食べられる間に食べておきたかったのだ。

鯨とトナカイの肉はスーパーで普通に売られている。鯨は日本と同様に伝統的に重要な食材である。だが寒冷地ゆえに保存食が目立つことも事実である。魚の酢漬けの瓶詰めばかりではない。多くの食品が歯磨きのようにチューブに入れられ、スーパーに並べられている。だがもう一つ指摘しておくべきなのは、食品の恐るべき値段の高さだ。これには二四パーセントを越す消費税がかけられていることが絡んでいるのだが、ちょっと手ごろに食事をといった経済的な店がない。大学の学生食堂でサンドウィッチを買っても、たちどころに一五〇〇円くらい払わなければならない。いったいどうやって暮らしているのだと訊ねると、教師も学生も、朝食の残りの茶色いパンを薄切りにして簡単な自家製サンドウィッチを作り、それを昼食としているのだと教えられた。クヌート・ハムスンが長編小説『飢え』を執筆したこの国では、おそらく今後も美食文化の確立は覚束ないだろう。

オスロにしばらく滞在しているうちに、わたしはある種の無重力状態を体験しているような気がしてきた。ここはわたしが後にしてきた日本という社会とはあらゆる点で正反対であり、しかもそれに対して苛立たしい反撥の契機も見当たらない場所だった。

地下鉄の国立劇場前の駅から地上に出ると、オスロ大学法学部や国立美術館といった公的な性格をもった建物が並んでいる。海側に眼を向けると、毎年一二月にノーベル平和賞を授与する市政庁と記念館がある。そうしたなかにひとつ、少し奥まったところに存在している建物があって、王宮だと教えられた。厳重な警備や堅固な壁に守られているわけでもなく、裏側の庭園は自由に歩くことができるようになっている。説明されなかったとしたら、わたしはそのまま通り過ぎたことだろう。

ノルウェー史を繙くと、長らくスウェーデンとの連合王国を強いられていたこの国は、一九〇五年にようやく分離独立を果たしたとき、国会の決議で王制の更新を選択した。そこでデンマークの王子に王位に就いてもらうことを改めて国民投票で決議し、彼に請願した。これが現在のノルウェー王室の始まりである。ナチス・ドイツが侵略してきたとき、王家はパルチザンに助けられ、ロンドンに亡命した。戦後に帰国したものの生活に贅沢は許されず、それを見かねた市民たちが募金をつのって夏用のヨットを贈ったという逸話が残されている。王室は開放的であり、八年前には王子がシングルマザーの女性と結婚し、国民の喝采を浴びた。

外交面から見たときに、ノルウェーの独自性はいっそう明らかとなる。一九七〇年代に海底油田の開発が着手されるまで、この国は西欧のなかでも最貧困国のひとつという地位に甘んじていた。国境を接しているソ連はつねに脅威であり、ためにNATOの傘の下に身を置かざるをえなかった。にもかかわらずノルウェー政府はアメリカ軍の基地を国内にひとつも許そうとしなかった。現在でもこの国はEUに参加することを、頑として拒否している。EUの許容する害虫駆除のための農薬使用のレベルが森の生態系を破壊するというのが、その最たる理由である。

だが近年のノルウェーをもっとも特徴付けているのは、その積極的な難民受け入れ政策である。六〇年代までは貧困ゆえに人口流出の方が目立っていたこの国は、七〇年代にいたって俄然と方向を転換し、ヴェトナム、チリ、エリトリアといった紛争地からの難民を次々と迎え容れた。九〇年代にユーゴスラビアが解体する途上ではただちに三万人のボスニア難民を引き受け、今日でも中東に門戸を開放している。わたしが訪れたケバブのチェーン店には故アラファト議長の写真と自筆の書面が額に入って飾られていて、そこがパレスチナ難民の経営する店であるとはっきりとわかった。二〇〇四年の時点で総人口のうち外国人移民が占める割合は七・六%となり、それはノルウェー社会の民族的同質性という観念を相対化したばかりか、少子化高齢社会における労働力問題を解決する強力な手立てと化している。

こうしたすべてのことがわたしに当惑をもたらした。わたしが後にしてきた社会では、戦争責任問題を含め皇室の内実に立ち入ることにはいまだに強い禁忌が横たわっており、その一方で下劣なゴシップが蔓延している。皇后や皇太子妃が次々と精神疾患に見舞われ、それをめぐり人権を無視した報道がなされている。日本文学を研究する学生がインターネットで愛子ちゃん苛めの情報を知り、わたしに問い合わせてきたとき、わたしは彼を納得させるコメントを与えることができなかった。

日本では国家はアメリカとの軍事条約に基づいて中東に兵士を派遣し、難民と亡命者に対しては拒否の姿勢を崩そうとしない。沖縄は過重な米軍基地を強要され、内地ではいたるところに見えない差別が存在している。連合赤軍の仲間殺しと地下鉄サリン事件のトラウマは相変わらず解決されておらず、人々はそれを隠蔽することに忙しい。そして攻撃的な衝動のはけ口を求め、ヘイトスピーチとインターネットにおける匿名のお喋りに殺到する。

こうした事がらのすべてが、ノルウェーにはみごとに存在していなかった。誤解がないように断っておくと、わたしは何もこの国をユートピアとして理想的に語ろうとなど思わない。わずかな期間の滞在、それも現地の言語を解さぬ者の観察では、そこに横たわるさまざまな矛盾や停滞を知るには不充分だ。だがオスロがわたしに奇妙な無重力状態を体験させたことは事実である。わたしはこれまで自分を押さえ込んできたさまざまな記憶の重力から自分が解き放たれるのを知り、重力が日本という狭小な場所においてのみ生起する宿命的な現象であると感じた。コンドームの内側に放出された夥しい精子がそのまま繁殖し、ゴムに閉じ込められた世界のなかだけで右往左往している。オスロから見たとき、東京はそのように映った。と同時にわたしは大学院のゼミで沖縄問題を語り、英訳を通して中上健次の『重力の都』を読みあうという作業をしたものの、はたしてノルウェー人がどこまで日本という問題を理解できるのかという懐疑にも囚われることとなった。

森に戻る。わたしを取り囲むのはふたたび静寂である。

すでに犬はなく、クロスカントリーに勤しむ人の姿も見えない。晴天の空には夕暮れの陰りが見え始めている。それはノルウェー人が子供のころから親しんできた風景であり、彼らにとっては安息感に満ちたものだ。

わたしはT・S・エリオットが『荒地』に書き付けた「忘却の雪」という言葉を思い出す。すべての怨恨と後悔を一様に消し去り、白一色の空間に引き戻してしまう雪の力のことである。だがわたしは雪をめぐる歴史的意味の含みから、どうしても自由になることができない。二月二六日に帝都を震撼させたクーデタの雪。幼い永山則夫が親に置去りにされてただただ眺めていた雪。連合赤軍が銃撃戦を戦った山荘に降りしきる雪。そしてすべてが秘密に閉ざされた上九一色村のサティアンに降る雪。どこまでも続くノルウェーの森はわたしを、そして二度とふたたび見ないであろう日本の雪の記憶へと拉致してゆく。わたしの想像力のなかでは不幸なことに、ノルウェーの森の雪景色は若松孝二が『実録・連合赤軍』で描いてみせた、あの軽井沢の山荘の光景に繋がっているのだ。ノルウェー人が安息を見て取るところに、わたしは悔恨と服喪を感じることしかできない。この雪にはいつ忘却がもたらされることか。非業のうちに息絶えた者たちへの喪の作業は、いつ終焉を告げることになるのか。

エクス・アン・プロヴァンス　2011

エクス・アン・プロヴァンスへの旅には少し躊躇いがあった。パリに半年ほど滞在していたときのことである。古い友だちに会うためリヨンに行くことになり、ついでだからTGV（新幹線）で同じ方向にある南仏の町にもひとつ立ち寄ってみようと思ったのである。

アヴィニョンとマルセイユには、以前に国際演劇祭で立ち寄ったことがあるから、ひとまずこれは外そう。ポール・ヴァレリーにはさほど思い入れがないから、モンペリエもわざわざ行こうとも思わない。そこでエクス・アン・プロヴァンスが最終候補地として挙がったのだが、はたしてこの町が自分の気に入るかどうかには自信がなかった。というのもわたしにとってフランス国内の旅行は、イタリアのそれよりもはるか後に始まったことであり、パレルモやらナポリといった南イタリアの大気に漂っている、どこかしら淫蕩な雰囲気に親しんできた者にとって、エクスは希薄すぎて物足りないのではないかという懸念を抱いていたのである。

わたしはもし自分が十九歳であったならと空想してみた。その若さで最初に訪れた外国の町がエクスであったとしたら、おそらく夢中になっていたかもしれない。だがすでにわたしはいたずらに年を重ねていた。南仏で歓喜を感じるにはいくぶん遅すぎるのではないだろうか。南イタリアの重たげな頽廃を知る者に、エクスが退屈に感じられることをわたしは怖れた。

結論からいうならば、すべては杞憂だった。わたしは光と緑と熱気という三要素からなるこの小さな町を、すっかり気に入ってしまったのである。そこにはプラタナスによって飾られた瀟洒な目抜き通りがあり、乾ききって、今にも発火せんばかりのサン・ヴィクトワール山があった。そして何よりも、暑さのなかで目の慰めとなる、さまざまな噴水があった。わたしはただ、強烈な太陽が作り上げるくっきりとした影の戯れを愉しみに行けばよかったのである。

TGVをエクス・アン・プロヴァンス駅で降りると、その瞬間から熱気が軀を取り囲む。日本の新幹線と同じように、TGVの駅も本来の市からは離れている。そこでシャトルバスに乗って旧市街へ向かうわけだが、バスの窓からはセザンヌが繰り返し油絵に描いたサン・ヴィクトワール山がみごとに見える。全体が尖った岩だらけで、遠目には草一本生えていないかのようだ。セザンヌはどうしてまた、かくも奇妙な山に囚われたのかと思う。やがてバスは旧市街の手前のターミナルで停まる。家々の屋根は焦げたビスケットのような色をしている。少し歩いていくと、三人の女神を頂上に戴いた巨大な噴水がある。いかにも新しく造成した感じの、凡庸で俗悪な噴水だ。もっともここが起点となって、ミラボー通りという目抜き通りがずっと東へと延びている。

ミラボー通りの両脇には、プラタナスの並木がどこまでも続いている。樹齢五〇〇年に達する樹もあるらしい。この並木道は一九世紀にはすでにヨーロッパ規模での名所となっていたようで、ベンヤミンは幼い頃にその映像をディオラマで観て、深い憧れを抱いたと記している。なるほど陽射しは強いが、高いところにある葉むらが通りへと投げかける影の濃さが心地よい。わたしは通りの裏にあるホテルに荷物を置くと、ただちに通りに戻って散策を始めた。

なるほど沢山の噴水があった。黒い女神が口から水を吐き出しているものがあれば、キューピッドの抱える矢筒から高らかに水が噴き出しているものもある。眼を見開いた海豚をあしらったものもあれば、高く掲げた巨大な杯のうえから水が四方に零れ落ちているものもある。エクスは陽光の町であるとともにバロック趣味の噴水の町でもあると、わたしは感じ入った。これまでの人生にあって自分はいくつの噴水を見てきただろうか。ミラボー通りに張りだしたカフェで冷たいものを呑みながら、わたしはとりとめのないことを考えていた。

噴水の悦びを最初に体験したのはモロッコである。フェズの旧市街には、街角の主だった一角にはかならず噴水が設けられていた。細かくタイルを敷き詰めた壁の下に、豊かに水が溢れている。宗教が偶像崇拝を禁じているため、壁面はすべて抽象模様であったが、装飾の緻密さには驚くべきものがあり、じっと凝視しているとつい眩暈を感じるほどであった。人々はそこで日常的に水を得ていた。というより、砂漠と荒地に囲まれた古都にあって、水は悦びそのものであった。ローマでは噴水は広場の数だけあった。ただそのあり方は、イスラーム文化圏とはまったく異なっていた。噴水は目の愉しみではあっても、実用的な目的をとうに失っていた。

帆立貝や海豚をあしらった噴水があり、トリトンが掲げる巻貝から水が勢いよく噴き上がってくる噴水があった。大がかりな洞窟《グロッタ》を設えたものもあったし、前景に岩場を拵え、神々が戯れているさまを活写しているものもあった。舟の形を模したものもあれば、四大河の化身である神々を象ったものもあった。海神ネプチューンが二本の角笛を口に咥え、そこから勢いよく水が零れているというものもあった。

ローマでは噴水は、古代の異教の神々を懐柔し、キリスト教の至上の権威を確認するために、イデオロギー的役割を担わされていた。歴代の教皇によってローマ帝政以来の水道が復興され、修復に修復を重ねて都市の給水に貢献したことに対する、記念碑的な性格がそこには窺われた。

もっともローマから少し遠出をしたところにあるチヴォリのヴィラ・デステでは、事情が異なっていた。この広大な庭園は、文字通り、大小さまざまな噴水によって埋め尽くされていたのである。巨大な池の奥には人工的に設《しつら》えられた瀑布があり、その周囲の苔むした壁からも何十もの水の筋が池に注ぎこんでいる。池の縁にズラリと並ぶ水盤からも水が噴出し、階段という階段を濡らしている。大小さまざまな洞窟にも、庭園のわきの彫像の並びにも、ほんのちょっとした道路脇の装飾にも例外なく噴水が仕込まれていて、噴きあがる水と水が交差すると、虹が現われては消えていく。極めつきは庭園のもっとも奥にある巨大なアルテミス像で、その何十もの乳房の一つひとつから、惜しげもなく水が吹き零れている。チヴォリでわたしが見たのは、純粋に遊戯的な水の戯れであった。そこでは水こそが、花々や樹木、また神々の彫像にまして、宇宙の雛形としての庭園を演出するもっとも重要な要素だった。

わたしはイタリアでほぼ一生分の噴水を見たと思った。どの町にも、どの庭園にも、思いがけないところに噴水が仕掛けられていた。ただひとつ、噴水の存在がまったく印象に残らなかった町があった。ヴェネツィアである。

エクス・アン・プロヴァンスにもまた、おびただしい数の噴水があった。ただそれはフェズのように日常的な水汲みの場でもなければ、ローマのように彫像を鏤《ちりば》め、華美にして頽廃的なバロック趣味を顕示するものでもなかった。エクスの噴水は小さく可憐であり、南フランスの強烈な明暗法《キアロスクーロ》の下で、もっぱら人々に心の慰めを与えるために設けられているように思えた。

ミラボー通りには、信じがたい形状をした噴水がふたつあった。ひとつは高さにして四メートルほどの、水盤が二段構えになっている噴水である。本来は細かな彫刻が施されていたと思われるが、長い歳月の間にすっかり苔に蔽われてしまい、上の方の水盤がどうなっているのかは皆目わからない。二つの水盤の間はあまりに植物が繁茂しているため、さながら洞窟のようになっていて、内側を窺い知ることができない。ただ水盤の端から緑の滴りが休みなく落ちて来るのを認めるばかりである。少し離れて見ると、全体が巨大な緑色のデザートのようにも見える。

もうひとつの噴水もびっしりと苔で蔽われている。こちらは一段であり、直径一メートルほどの緑の岩の塊といってよい。目を凝らしてみると、この噴水も苔と苔の間に微かに彫像の痕跡がみえる。説明を読むと、この噴水は「フォンテーヌ・ド・テルマレ」と呼ばれ、

ミラボー通りの噴水

他のあまたの噴水とは違って、三四度の温水を噴出しているのだという。噴水そのものは一八世紀に築かれたものではあるが、これは町の来歴を考えるにあたり興味深い事実を指示している。というのもエクスは紀元前にはゲール人が住み、その後ローマ帝国の植民市として栄えた町であった。入浴に目のないローマ人がここに拠点を定めたのも、自然に噴出する温泉が一因であったからだろう。わたしが目の当たりにしている奇怪な緑の巨岩は、いうなればその残滓なのである。

ふたつの噴水はいずれも大通りのど真ん中にある。しばらく眺めていると、左右を過ぎていく車は徐行運転をし、器用に噴水を避けて通っている。日本であれば公共の便という理由で、たちどころに噴水を撤去してしまうところだろうが、エクスの市ではさすがにそのような野暮とは無縁らしく、この町の地下に眠る水の精霊に敬意を表している。

エクスは人口にして一四万を少し超える程度の小さな市である。エクス・マルセイユ大学があるため、ミラボー通りの裏の商店街あたりは若者たちで混みあっていて、さながら原宿のごとしである。だが盛り場から少しでも離れてしまうと途端にひっそりとしてしまう。この町に滞在していた三日の間、わたしは足の赴くままに並木道から路地へ、路地から噴水のある街角へと散策を愉しんだ。

おそらく一八世紀ごろに建てられたと思しき、バロック風の装飾をあしらった門構えや壁面の家がいたるところにあった。門の上には神々の小さな顔が掲げられ、メンソーラ、つまりバルコニーの下の持ち送りには、一対の裸体の男女の像が設えられている。その簡素な顔立ちはわたしの眼に、涼しくもまた軽やかにも感じられた。崩れかかった煉瓦塀には蔦がいくえにも絡まり、その向こう側には抜けるような青空があった。これがもしナポリやアマルフィのような南イタリアの都市であったら、呪術的な文様のひとつでも壁に彫り込まれていることだろうし、熱気は宿命という意味を担っているはずだ。だがエクスではすべてが軽快であり安息感に満ちていた。わたしは自分がイタリアの淫蕩な重力から解放された気がした。

いよいよ明日にはエクスを発ってリヨンに向かうという日の朝、わたしは旧市街を出て、セザンヌのアトリエへと向かった。アトリエは北の方向に十分ほど坂を登ったところにあり、開門前だというのにすでに何人もの観光客が行列をしていた。一定の時刻になるとガイドが内部を案内するという仕組みになっているらしい。わたしはまず庭の方に廻ってみることにした。

柔らかい緑の葉がトンネルを形作っている。それを潜るとさほど広くもない庭になっていて、ところどころに古びたベンチが置かれている。葉と葉の間からときおり下方の町の家々の、ビスケット色の屋根が覗くが、いっこうに気にはならない。セザンヌはこの仕事場でさぞかし孤独を嗜んだのだろうと想像した。

建物の一階は受付と売店で、二階が画家のアトリエとなっている。着古した洋服と黒い帽子。花瓶。粗末な机と椅子。梯子。小さな箪笥。二階にはセザンヌが生前に描いたものがそのまま、がらんとした空間に無造作に並べられている。アトリエは画家の死後、長きにわたって放置されていて、ようやく最近になって若干の修復がなされたようである。本棚には皮革で改めて装丁を施した蔵書が五〇冊ほど。ミュッセの作品集を除けば文学書はなく、一八四〇年代の少女向け雑誌の合本が混じっていたのが興味深い。壁にはドラクロワの初期の『キオス島の虐殺』の写真複製とピラネージの版画が掲げられていた。

奇妙だったのは、人間の髑髏が三個、棚に並べてあったことだ。たしかセザンヌには髑髏を前に沈思黙考する青年を描いた油絵があったはずだと記憶の糸を辿るのだが、それにしても三個とはいささか度が過ぎている。案内人に訊ねると、いずれもが本物で、誰かから送られたものではないかという答えを得た。

売店にはセザンヌの著名な油絵の絵葉書や画集のわきに、マルスラン・プレネの『セザンヌ』という書物が売られていた。わたしには懐かしい名前だ。プレネは一九六〇年代から七〇年代にかけて実験的な作風で知られた詩人で、五月革命の直前に刊行したロートレアモン論が話題を呼んだ戦闘的批評家だった。わたしも著書を手に取ったことがあるが、毛沢東の引用を含めあまりに難解なので読みきれなかった記憶がある。その後わたしはこの人の動向を追うのをやめてしまったが、どうやら美術研究の方では着実に業績を重ねていったらしい。久しぶりに書物を手にしてみると、以前のような難解な専門用語は姿を消し、唯物論を振りかざすこともやめたようだ。平易な書き方をしているので、これならばわたしのフランス語でも読めるかもしれないと思い、記念に一本を購うことにした。

アトリエから旧市街へは簡単に戻ることができた。わたしはすでにすっかり馴染となった二つの緑の岩噴水のところまで行き、近くのカフェで昼食をとった。プレネの本をペラペラと捲っていると、セザンヌを論じるといいながらも、あいかわらず美術批評の現状に対する挑発をしている。わたしは午後の熱気のなかで、セザンヌがどうして岩だらけの山には固執しても、噴水を描こうとしなかったのだろうといったことを、ぼんやりと考えていた。

ルルド　2011

ルルドのことを知ったのは、一九五〇年代終わりにモナコが発行した一組の記念切手が最初である。小学生の小遣いでも買うことのできたこのシリーズは、額面の高さに応じて三角形から長方形へ形と大きさが変わり、いずれもが美しい凹版で印刷されていた。わたしはこの小さな玩具の銅版画を通して、マリアの顕現を認めた少女ベルナデッタの凜々しげな顔立ちと、今もなお奇跡が起こり続けているという洞窟の泉の外観を、つまりルルドのすべてを知ることができた。いつかこの奇跡の地を訪れることがあるだろうか。だが空想はそこで途切れてしまい、わたしはいつも退屈な日常に引き戻されてしまうのだった。

長い間忘れていたルルドのことを思い出したのは、数年前に突然に病魔に襲われ、視力を喪失しかねないと医者から宣言されたときのことである。かつてわたしの研究室で助手を務めていた女性が、小さな化粧壜に入ったルルドの水を病室に届けてくれた。表側には聖母とそれを仰ぎ見る少女を象った、小さな金属のレリーフがあしらわれている。この水は呑むと効果があるのだろうか。わたしがそう訊ねると、彼女は聡明そうな表情で、いや、ただ持っているだけでいいのですと応えた。篤実なカトリック教徒である彼女の叔母が、何年か前に聖地を巡礼したときに持ち帰ったものであると聞いた。

　わたしの手術は無事に終わり、懸念していた視力の損傷は起きなかった。わたしは奇跡を待ち望むたぐいの人間ではないが、それでも病室の棚に置かれた水の小壜に対して感謝の念を抱いている自分を認めた。一度ルルドに赴き、喜捨を施しておこうという気持を起こしたのである。そこでパリに長期滞在をすることになったとき、いい機会だと思って、気候のよい六月にルルドに向かうことにしたのである。


　ルルドはスペインとの国境に近く、ピレネー山脈の麓にある小さな町である。そんな辺鄙な場所にどうやって行けばよいのか。日本にいたわたしは、最初それを案じた。だが杞憂であった。なんとパリのモンパルナス駅からルルドまで、日本でいう新幹線に似たTGVが直に通じていたのだ。時間にして五時間四〇分。窓の外に延々と続く葡萄畑を眺めているうちに、列車はボルドーで大方の乗客を吐き出し、いつしか山間に入っていく。しばらくしてわたしはルルドに到着した。わたしは思い出した。これは今から七〇年ほど前、ドイツ軍のパリ占領を怖れたベンヤミンが、スペインへの山越えのために選んだ行路だった。

　駅は丘の上にある。目の前の道を降りてゆくとしだいに町らしい賑わいが感じられ、ホテルや土産物屋がどこまでも並んでいる地区に入る。その感じは日本によくある、温泉を兼ね備えた門前町に似ている。このあたりは古くからある市街らしく、入り組んだ坂が続いたかと思うと、急に高い要塞の跡が眼前に出現したりする。ベルナデッタの家には標識が設けられ、自由に見学ができるようになっている。土産物屋に並んでいるのは、いく通りもの大きさの聖母の人形から絵葉書、スノードームといったたぐい。ただ店頭に大小さまざまのガラスの小壜が、箱のなかに無造作に積み上げられているところが、特異といえば特異かもしれない。後で気付いたのだが、これは奇跡の泉から溢れ出る水を掬って持ち帰るための容器であった。

旧市街の坂を下り川を横切ると、とたんに大きなホテル街となる。といっても豪華絢爛なものはなく、世界各地から到来するツアーの巡礼客を収容するもののようだ。わたしはその一つに荷物を預けると、ただちに洞窟へと向かった。この新市街は二〇世紀のルルド・ブームのときに、川向こうの湿原と荒地を開拓して造成したものに違いない。ホテルからすぐのところにエレベーターが設けられていて、足が不自由でも簡単に目的地に行けるように設えられている。大きな看板が見えた。そこには世界中の民族衣装を着た人々が喜び一杯の表情で、洞窟に向かおうとしているさまが描かれている。カフェの外側で一服している人たち。どの小壜を買おうかと、手にとって迷っている人たち。車椅子に乗った高齢の女性がいて、もう一人の高齢の女性がそれを後ろから押している。

こうした光景を眺めながら歩いているうちに、足はいつしか大きな公園のなかへと踏み込んでしまう。目の前には巨大な聖堂と地下の納骨堂。聖堂の壁面はまだ新しい、巨大なモザイク画によって占められている。金色の地に描かれた救世主と聖母、聖人たち。だがこれはどうにも安っぽく、成金の新宗教教団の施設のように思えてならない。

目指す洞窟はこの聖堂のわき、川から少し離れたところにあった。大勢の人々が周囲を取り囲んでいたので、ただちにそれと知れる。百人ほどの参拝客が列を作っている。彼らは洞窟の岩肌に直に手で触れ、ベルナデッタが跪いて聖母を見上げた場所にみずからの足を置こうとする。そこから斜め上を見上げると、マリアの白い彫像がしかるべき岩の中腹の窪みに安置されているのが見える。わたしもこの列に加わり、同じ場所に身を置いてみた。

洞窟の床はコンクリできれいに固められているが、その片隅に小さな花束が飾られ、ガラスで守られた小さな窓の下で水が激しい勢いで流れているさまを覗くことができる。もっとも水が噴出しているのは、聖母がベルナデッタに指し示した一カ所ばかりではないようだ。洞窟の天蓋をなしている岩肌を間近に眺めていると、緑なす苔の間を縫って、あちらこちらの亀裂から水が滲み出、岩間に滴を垂らしている。長年にわたる水の噴出のおかげで、くっきりと窪みができている岩肌もある。要するに巨大な岩盤の全体にわたって水脈が毛細血管のように張り廻らされているのであって、少女が汚れた指を用いて掘り当てた泉はそのひとつにすぎない。ルルドの洞窟とは水と岩の巨大な結合なのだと知った。

洞窟からほど遠くないところに巨大な金属製のタンクがあり、たくさんの蛇口が付いている。泉の水を求める者は、ここで無償で水を得ることができる。土産物屋で求めた可愛らしい化粧壜をさっそく取り出す者もいれば、どこにでもあるペットボトルのなかにじゃあじゃあと水を注ぎ込む者もいる。並ぶ必要はない。蛇口はいくらでもある。大変な行列を予想していたわたしはいささか拍子抜けしたが、さっそくあらかじめ求めておいた数個の小壜に水を注ぎいれた。それから若干の喜捨をした。

与えられた者はそれを別の者に与えなければならない。それはわたしが幼い頃に教えられた戒めである。わたしはかつて自分が思いがけずこの水を与えられたように、このいくつかの小壜を誰かに与えることになるだろう。

洞窟の前には何十ものベンチが置かれ、多くの人々がそこに腰掛けながら物思いに耽っている。各国から集まったヴォランティアの女性たちが車椅子を誘導したり、介護活動をしている。しばらく椅子に坐って洞窟を眺めているうちに、わたしは奇妙なことに気がついた。かくも多くの人が集まっているというのに、ひどく静かなのだ。走り出す者もいなければ、声を立ててお喋りをする者もいない。誰もが目に見えない黙契を交わしつつ、ここで一五〇年ほど前に起こった超自然的な事件を心に思い描こうとしているのだ。


一八五八年二月、凍てつくような雨模様のなかを、一人の少女が友だちと妹を連れて村外れの川を渡り、巨大な岩のあたりに薪を拾いに行った。岩の下は洞窟になっていて、施療院の塵《ごみ》捨て場だった。汚物を豚の餌にしようと、養豚家が豚を連れてしばしば訪れていた。千切れた豚の毛があちこちに落ちている洞窟のところまで来たとき、少女は不思議な気配を感じた。岩の割れ目にむかってふと見上げると、そこに白い服を着た若い女性が立っている。少女とこの人影はしばらく見つめあった。少女がロザリオをつま繰ると、人影は消えた。二人の同行者は、少女がいきなり跪いて祈りだしたので驚いた。彼女たちには何も見えなかったのだ。

少女の妹が学校でこの不思議な姉の体験を口にしたことから、噂はたちどころに拡がり、主任司祭の耳にまで入った。それ以後、少女が洞窟を訪れるたびに、一七回にわたって「そのもの」は出現した。もっともその姿を目の当たりにできたのは少女だけで、彼女はそのたびごとに恍惚とした表情で涙を流した。六回目の出現のときには百人ほどの見物人が集まった。九回目のとき、決定的な出来ごとが生じた。少女は地面を指で引っ掻くと、近くにあった草を毟って口にした。すると地面からは水が噴出し、小さな泉が生じた。すると彼女は四つん這いになって洞窟と川の間を往復し、泥水で顔を洗った。居合わせた人々はこの汚く狂気じみた振舞いにいっせいに声を立てたが、少女としてはただ「そのもの」の命に従っただけだった。このとき生じた泉に口をつけたり、その水で顔を洗った人たちの間に、次々と奇跡が生じるようになった。聖母の受胎告知の祝日にあたる三月二五日、一六回目の出現のとき、「そのもの」はついにみずからを「無原罪の御宿り」l'Immaculée Conception であると告げた。聖母マリアだったのである。それから四ヵ月が経って、少女の前に聖母は最後の姿を現わし、何ごとかを告げた。だがそれが何であったかを、少女は生涯の最後まで語ることがなかった。彼女は長期にわたって司教たちの訊問を受け、医師たちに診察され、やがて遠くの修道院に送られた。ここでは好奇の視線に晒されることなく、読み書きと裁縫を学ぶことができた。ルルドの奇跡が法王庁によって認められ、この聖地に数多くの巡礼が訪れるようになったころ、少女は結核が原因で三五歳の人生を終えた。

これがベルナデッタと聖地ルルドの始まりの物語である。

だがここで眼をひとたびルルドから離し、ピレネー地方、それもとりわけタルブ司教区に目を向けてみると、ルルド以前にも実に多くの場所で聖母が出現し、村や聖堂が巡礼地と化していたことがわかる。一九〇六年に刊行されたたちまちベストセラーとなったユイスマンスの『ルルドの群集』（田辺保訳、国書刊行会）の叙述にしたがって、そのいくつかを紹介してみよう。

たとえば一六世紀のはじめ、ガレゾンの渓谷に住む羊飼いの少女が、泉の側で白衣の貴婦人を目撃した。彼女はみずからを聖母マリアと名乗り、ここに礼拝堂を建てるように少女に命じた。町の者たちは最初のうちは少女の言を信じなかったが、聖母が黒パンを白パンに変えるという奇跡を示すとたちまち信仰に燃え、礼拝堂を建てた。泉の水によって次々と治癒の奇跡が生じた。聖母の木像は宗教戦争のおり火中に投じられたが、燃え尽きることがなかった。教会はフランス革命のとき、火薬工場に作り変えさせられた。だが一八三四年、タルブの司教が布教団を設け、聖堂を再建した。

アステという村のノートル＝ダム・ド・メドゥーでは、聖母の彫像は聖堂から外へ運び出されても、いつも自分で元の場所に戻ってくるのだった。一六四八年、この聖母は貧しい羊飼い少女の前に顕現し、村人と聖職者にむかって罪を悔い改めるよう告げよと命じた。少女は聖母のいいつけに従ったが、人々がそれを嘲笑したため、彼らはペストで滅んでしまった。少女は修道女となって一生を終えた。

ベタラアムの村では男の羊飼いが茨の茂みに光り輝く聖母を見つけ出した。この村では聖堂が新教徒によって破壊されたが、聖母像は無傷であり、人々の不治の病が癒されるという奇跡があい続いた。聖母像がスペインに運ばれてしまうと、新しい聖母像が作られた。一六二一年の聖母被昇天の日、聖堂近くにあって長らく涸れていた泉から突然に大量の水が噴出した。

モントゥセの聖堂は長い間打ち捨てられ、廃墟同然と化していた。だが一八四八年に三人の少女が、残骸の合間に生えている茨の茂みに聖母の姿を認めるという体験をした。聖堂はたちまち再建されることになった。これはルルドの奇跡の、わずか十年前の出来ごとにすぎない。

ユイスマンスの晩年は悲惨そのものだったと伝えられる。全身をリューマチと癌に侵され、血膿に爛れた肉体を引き摺りながら、ルルド詣でを重ねた。その彼が作家として最後の情熱を注いだ『ルルドの群集』には、このほかにもベルナデッタの奇跡の原型とも呼べる物語がいくつも掲載されている。羊飼いの少女、水の噴出、洞窟、治癒の奇跡、群集……どの物語を構成している要素も似たようなものであり、それがあまりに重複しているために、あたかも同一の物語がタルブ司教区という狭い地域のなかで、適当な間隙をおいて反復されているのではないかという印象を与えるほどである。ちなみにロートレアモン伯爵、つまりイジドール・デュカスは、このような聖母信仰の高まるタルブの町で、孤独な中学生時代を送ったのだった。

ベルナデッタという少女の現実の体験の内実は別にしても、この地にはすでに数百年にわたって聖母の顕現と治癒の泉の創造という民間信仰が、大きな物語の鋳型として民衆の間で共有されていた。ベルナデッタとは、いうなれば待たれていた存在だったのである。彼女の証言を真剣に受け止め、それを奇跡として認定することに腐心した神父たちが、実は一八三四年にガレゾンの聖堂を再建したタルブの布教団と深く関わっていたことは、見落としてはならない事実である。

それではルルドにおける特異性とは何だろうか。それは「そのもの」がベルナデッタを前にして、みずからが「無原罪の御宿り」であると語ったという一点に求められる。この言葉はルルドで顕現が生じるわずか四年前、一八五四年に教皇ピウス九世が確立した教義に基づくものであり、それまでタルブ司教区に出現した聖母（たち）が一度として口にしたことのなかったものであった。このもっとも新しい神学的観念が一四歳のベルナデッタの口から突然に発せられたという記述を、われわれはどう解釈すればよいのか。

ルルドの聖堂の傍らにある売店で、わたしは『ベルナデッタは語った……』という小さな書物を手に入れた。ベルナデッタが送られたヌヴェールの愛徳修道会に収められた文書をもとに、彼女の生前の言動をそのまま纏め上げた、百頁ほどの小さな書物である。これを読むと、彼女が三月二五日の時点までは、眼前に出現した人影をaqueróと呼びならわしていたことが判明する。これは規範的なフランス語であればcela、つまり「そのもの」というべきところだろう。この驚くべき事実は、ピレネーの山村にあって極貧の家庭に育ち、初等教育すらも満足に受けることのなかったこの少女の、周縁的な言語状況を物語っている。彼女はパリ中央で制度として確立されていたフランス語からはるかに遠いところにあり、日常生活においてピレネー方言だけを用いていた。その彼女の口からl'Immaculée Conceptionという高度な神学用語が発せられたという記述は、いったい何を意味しているのだろうか。

第一の解釈はこの言表行為を真性のものとして受け取り、まさにそこに聖母顕現の証拠を求める立場である。少女は自分では理解のできないこの真理の言葉を、すらすらと口にした。その言葉を彼女に告知できるのは、聖母以外の何者でもない。ルルドの奇跡の正統性を主張する側にとって、ベルナデッタのこの記録は強力な傍証となる。巡礼の地を訪れる多くの信者たちにとって、この解釈こそが唯一にして自明のものであることは言を俟たない。それはとりもなおさず奇跡を受け入れることである。

だが別の立場は、そもそもこの発言の記録そのものが当時のタルブ司教区に横たわっていた、さまざまな言説の網状組織のなかで、制度的に操作され形成されてきたものであると見なすことである。少女を訊問したカトリックの司教や神父、彼女を診断した医師、保安上の目的から事情を調査した警察……こういった権力装置が織りなす言説の交錯点において、ベルナデッタの記録に新たな解釈を施すことだ。なぜ聖母は、それまでいかなる顕現の場においても発しなかった「無原罪の御宿り」なる言葉を、少女を通して公にすることになったのか。そしてなぜそれはたちどころにして公式的に認知されることになったのか。この疑問に答えるためには、一三世紀にパリ大学神学部がひとたび受け入れたものの、近代にいたって凋落していったマリアの無垢なる受胎という信仰の系譜を、丁寧に辿ってみる必要がある。それが一九世紀の中ごろににわかに復活し、時の教皇によって教義的に強調されたという事実の背後には、いかなる力が働いているのか。

われわれが今日知っているベルナデッタの物語、世界中のキリスト教徒が奇跡として受け取っているルルドの物語とは、こうして民間に流布していた原型的物語と同時代の神学的要請が交差した地点において成立した。だがルルドの地を踏んだわたしは、現在にまで伝えられている公式的な物語に、多分に懐疑的な気持ちを抱くことになった。「そのもの」と遭遇するまでの彼女の日常とは、実はわれわれが知らされているもの以上に悲惨で汚辱に満ちたものではなかっただろうか。

ルルドの旧市街を歩いていてわたしは、ベルナデッタの家族が最初に住んでいた家と、事件の時期に住んでいた家の二件を訪れた。最初のものは小さな運河のわきにあり、水車を備えている。水車が一九世紀の農村において、一家の生計を支える一つの資本であったことは、ここにいうまでもあるまい。一家は水車小屋を転々として生きてきた。だがその後、ベルナデッタの父親は酒びたりとなって小屋を追放されると、牢獄《カショ》の跡に住まうことになる。父親はこの屈辱のなかで日雇い労働者となり、小麦粉の袋を窃盗した罪で投獄されている。わたしは記念館然としたこのカショのなかに入ってみたが、三メートル四方に六人の家族が住むというありさまで、生活の悲惨が想像される陰気な住居であった。ベルナデッタは一度、かつて自分の乳母であった女性のもとに、羊飼い兼女中として行かされる。明らかに口減らしである。だがほどなくして初聖体を受けるためにカショに戻り、喘息の発作に苦しみながら家の雑事をして日々を過ごすことになる。彼女は一四歳という年齢にしてひどく背が低く痩せており、病弱であった。おそらくまだ初潮すら迎えていなかったのではないか。

公式的な物語では、彼女はその日、家で焚きつけにする小枝を求めて川向こうの洞窟へ渡っていったことになっている。周囲には残飯を漁る豚の毛が、あちらこちらの岩肌に付着していたと記録にある。わたしにはこの一節がどうにも気になってしかたがない。ひょっとして彼女は小枝ではなく、施療院から定期的に洞窟へと捨てられる残飯のなかに、何か一家で食べられるものがあるのではないかと考え、誰も近づこうとしないこの不浄の場所にあえて足を踏み入れたのではなかっただろうか。

こう想像を廻らしてみたとき、わたしの内面のなかでベルナデッタは、かつてわたしがマニラのパヤタスで出会った子供たちの像に重なりあうことになる。そこでは市内からトラックで毎日のように膨大な塵埃が運び込まれ、立ち昇る悪臭と白煙のなかで巨大な山を築き上げている。トラックが到着するたびに子供たちが歓声を上げてそれを取り囲み、塵埃のなかに我先に飛び込んでいっては、まだ食べられそうな残飯を探し出し、汚れた容器に入れる。困窮のさなかに人気のない塵埃捨て場に赴いたベルナデッタと彼らとは、どこが違っているというのか。わたしが感動するのは、地上でもっとも低い場所で生を営むことを強いられた彼女の前に、高貴にして神聖なる聖母が顕現したという、「相反するものの一致」（ニコラウス・クサーヌス）の光景である。マリアの出現した洞窟とはいうなれば世界の女陰ではないかと、わたしは直感する。岩の裂け目という裂け目から水が浸み出しては滴るこの狭く薄暗い場所にあって、世界でもっとも神聖な女性と、世界でもっとも賤しく、見捨てられ悲惨のさなかにある女性とが廻りあう。おそらくパゾリーニが『テオレマ』のなかで、ラウラ・ベッティ演じる女中に、泥を手で掻きわけ、身近にある雑草を口に含むという演技をさせたとき、彼は間違いなくルルドのベルナデッタのことを想起していたはずである。聖女となった彼女は雑草しか口にせず、次々と訪れてくる村人たちの病を癒す。そして最後に農家の屋根の上から空中を浮遊してしまう。

ルルドのベルナデッタをめぐるわたしの気持ちは微妙に揺れている。彼女が聖母を目の当たりに見たことは、はたして奇跡なのだろうか。泉から溢れ出る水が多くの人を癒したことは、はたして奇跡なのだろうか。奇跡とは事件として生じるものではない。二枚貝がふと体内に含みこんでしまった石粒を輝かしい真珠に造り上げるように、ふとした小さな事件がもろもろの言説の網の目のなかで醸成され、作り上げられていくものである。それは起きるのではなく、作り上げられるのだ。とはいうものの、ベルナデッタをめぐる想像はわたしを感動させてやまない。

あなたは容易に奇跡を求めてはいけない。奇跡を当てにしてはいけない。ルルドにいる間中、わたしはレストランやホテルで同じことをいわれた。これは思うに、ルルドに到着しさえすれば、過去に生じた治癒の奇跡と同じことがわが身に起こりうるものだと、強い期待をもってこの地を訪れる人が、後を絶たないということなのだろう。彼らは熱心に祈り、沐浴を行い、奇跡を待ち望む。そして味気ない失望だけを手にして、ルルドを去ってゆく。

わたしはルルドに三日間、滞在した。それからローカル線に乗ってバイヨンヌへと向かった。ロラン・バルトが母親とともに、孤独な少年時代を過ごした町である。バスク地方の入口にあるこの町に到着した瞬間、それまで自分を見えない形で縛っていた心の緊張が解けたような気になった。そこにあるのは悠々たる大河と路地、家という家の窓に吊るされた洗濯ものからなる、どこまでも世俗の町だった。そのときわたしは、自分が三日にわたって、ルルドの町に横たわる見えない観念の呪縛のもとにあったことに気付いたのである。だがこの発見は同時に別の認識をも伴っていた。わたしはルルドに奇跡を求め、それを観にいったわけではなかった。視力がみごとに回復し、自分がルルドにまで行けるようになったという事実こそが、実は自分にとって奇跡にほかならなかったという認識に、わたしは突然に気がついたのである。

奥出雲　2012

まあゆっくり静養するのですね。わたしの執刀医はいった。

脳はまだ完全には安定していません。しばらくお仕事から離れて、どこか静かなところでのんびり過ごされるのが一番です。お酒と飛行機、乗馬、剣道といったことは控えてください。一カ月ごとにMRIの検査を受けに、病院に戻ってくださるだけでけっこうですから。

わたしは出雲に行ってみようと思い立った。いい機会だ。あそこなら誰にも邪魔されずに、完璧な無為に身を委ねることができそうだ。会議やら執筆の締め切りといった俗事に煩わされることなく、精神を本来の安息のうちに任せることができるかもしれない。

出雲はわたしの父方の故郷である。小学生の時分には父親に連れられ、いくたびか正月と夏休みに行ったことがあった。伯父は町医者で、家は母屋と診察所に分かれていた。幼いわたしは従姉妹たちに混じって看護婦の小部屋に遊びに行ったり、斐伊《ひい》川の川岸で開かれる花火を見に出かけた。日御碕《ひのみさき》や田儀《たぎ》の海に泳ぎに行き、あらかじめ海水に浸けて冷やしておいた西瓜を割って食べるのが愉しみだった。子供心にも、その家ではすべてのことが気丈夫な祖母を中心に動いているということは感じられた。彼女は夫が早世した後、長男が医学校を卒業して医院を再開するまで、四人の息子を苦労して育てあげたのだった。

もっとも高校に進んだあたりから、わたしはしだいに出雲から遠のいていった。両親が不仲になりやがて離婚したことが、それには大きく与《あずか》っている。母方の姓を継いだとき、わたしはそれ以後父方の親族と会うことを、ひとまず断念しなければならなかった。わたしの力の及ばないところで出雲は鬼門として封印されてしまい、かくて長い歳月が流れた。

いや、一度だけ例外があった。大学院を終え、ソウルで外国人教師を務めて帰国したとき、何の気紛れが働いたのだろう、わたしは出雲に伯父を訪れている。伯父は来るものは拒まずという態度でわたしを歓迎し、立食恵渓谷《たちくえ》での川釣りに誘った。彼はすでにかなりの高齢であったが、まだ診察を続けていた。わたしが韓国に行ったと話すと、それはいいことをした。『日本書紀』によればスサノオさんは家族を連れて、新羅国から来なさったというではないかと、不思議なことをいった。

わたしの出雲行はほぼ三〇年ぶりということになる。

わたしが知らない間に、「特急出雲」はなくなっていた。以前は京都から福知山に廻り、夜が白んできたころに日本海の暗い波が見えてくるといった道筋だった。昼間であれば列車が餘部《あまるべ》の鉄橋を通過したときには、無事通過を報告する車内アナウンスがあり、車内に安堵の嘆息が聞こえたものだった。今では横浜から夜行列車に乗ると、岡山から津山を廻り、中国山地を乗り越えて松江へと出るというふうになっている。寝台の位置が列車の進行方向に合わせて配置されているおかげで、身を横たえながら大きな窓の外を眺めることができる。これはすばらしいことだ。もっとも外は一面の闇で、ときおり小さな灯が見えるばかりである。これから自分が赴こうとしているのが広大な闇の領域であるような気がした。たしか中海が窓外に見える揖屋《いや》という小さな駅から少し歩くと、イザナギが妻イザナミを索《もと》めて降りて行った黄泉比良坂《よもつひらさか》があったはずだ。

　出雲には正午前に到着した。駅の周辺は何もかも記憶とは違っていた。出雲大社へと向かう大社線はとうに廃止となり、お土産物屋の賑やかな連なりも消えている。商店街は軒並みシャッターを降ろし、昼間だというのに人影がない。わたしは遠縁にあたる醤油屋の店先を覗いてみた。幼いわたしはここで、薄暗い土間に巨大な木の樽がどこまでも並んでいる光景に圧倒された記憶がある。だがその面影はどこにもなかった。商店街から路地に入り何回か路を曲がると伯父の医院となる。医院の外見は元のままで、玄関の高い門柱には「八雲小林医院」と記されている。玄関のガラス扉は閉められているが、植木には丁寧に手入れがなされている。

　もはや祖母も伯父もいない。あれほど賑やかに跳び回っていた従姉妹たちは四散し、大勢の親戚が正月に集まることもなくなった。広々とした母屋に従姉のユリだけが住んでいるばかりだ。彼女は宍道湖の自然保護運動に情熱を燃やしている。ユリはわたしを迎え入れてくれたばかりか、手が空いているときなら車であちらこちらを案内してくれるという。「滅びつつピアノ鳴る家蟹赤し」という三鬼の俳句が、ふと思い出された。こうしてわたしの出雲滞在が始まった。

ユリはわたしを日御碕に連れて行った。彼女は幼いわたしが、漁師の敷いた蓆《むしろ》のうえの干魚を踏んで遊んでいたことをよく憶えているという。わたしはすっかり忘れてしまっていた。漠然とした記憶のなかでわたしは長い突堤の下に降り立ち、軀を昏い水に浸そうとしている。空には重く雲が立ち込め、水は陰気そうで冷たい。だがこの憂鬱な記憶とは裏腹に、半世紀後に再訪した日御碕では太陽が燦々と照りつけ、小さな岩礁にも険しい崖の道にも、いたるところで光が跳梁していた。わたしは自分がなぜあることを忘却し、別のある記憶に固執しているかを奇妙に思った。フロイトであるならば、隠蔽記憶のなせる業であると説くだろう。では憂鬱な昏い水の記憶は、なにを目的としてわたしの意識のうえにいつまでも留まっているのか。わたしはこの映像を代償としていかなる記憶を封印してしまったのか。

ユリはわたしを出雲大社の近くまで案内し、用事があるからと、先に車で戻って行った。中学生の頃に巫女のアルバイトをしていた彼女にとって、大社はわざわざ足を向け、時間を潰すこともない場所に違いない。わたしはその広大な敷地を一人で散策することにした。

出雲大社の奥には博物館があり、広々としたロビーにはガラスケースに収められた、三本の杉の古木が束ねられて展示されていた。神殿の支柱となった宇豆《うず》柱である。長い年月の間にすっかり傷んではいたが、一本一本の幹は直径一メートル半ほどの太さで、全体を合わせると四メートルを越す。幹というよりは、もはや巨大な樹木の塊という感じだ。かたわらの説明を読むと、今から一〇年ほど前に本来神殿であった場所を発掘調査していて発見されたものだという。運がいいことに、地下水が滾々《こんこん》と湧き出る場所に埋められていたため、木材はほとんど朽ちることなく残った。

この宇豆柱は直径六メートルの大穴のなかに立てられ、隙間にはびっしりと石が詰められ、柱を固定していた。この太い柱が縦横に九本並んで棟を支え、出雲大社はどうやらそのうえに設けられていたらしい。それは現在の大社からは想像もできないほどに巨大な建物で、空にむかって高く聳え立っていた。これはスサノオの切り落とされた男根だなと、わたしは直感した。彼は高天原を追放されたとき、髪を切られ、手足の爪を抜かれたと、『古事記』には記されている。去勢への言及がないのは、後続するクシナダヒメとの婚姻の挿話と齟齬を来すからで、そのために婉曲した表現が用いられたのだろう。この荒ぶる神の性器が千年近くも地中に秘匿され、今ではガラスケース越しにその威容を目の当たりにすることができるのだ。そんな気がした。

わたしには「宇豆」という言葉が妙に気になった。宇豆とは「珍《うず》」に通じるのだろうか。単に音に漢字を充てたといわれてしまえばそれまでだが、この二字の漢字の結合には、豆のようにスルスルと成長し、宇宙の中心に聳え立つ植物といったイメージがないわけでもない。古代の出雲大社を根拠づけていたのはどのような宇宙観だったのか。少なくともそれは、畿内の王朝が喧伝した『古事記』の世界構成とは、大きく異なっていたような気がする。

翌日、わたしたちは奥出雲へと出発した。

子供のころに遊び場であった斐伊川を、車で上流までどんどん遡ってゆく。途中で木次《きすき》神社に立ち寄り、山門まで急な石段を登った。森閑とした森のなかに佇む、簡素で古錆びた神社である。おそらく八世紀に建立されたときから、周囲はほとんど何も変わっていないのではないか。そう思わせる雰囲気があった。

蛇の尾を捕まえるかのように斐伊川をさらに上流へと辿り、西日登《にしひのぼり》に入る。わたしには初めての道筋だ。川筋を離れて曲がりくねった山道に進んでいくと、ところどころに農家がある。ユリは以前にも足を運んだことがあるらしく、砂利道を臆することなく車を進めていく。そしてあるところまで来ると停車し、これからは歩いて行こうと提案した。わたしの祖父が生まれ育った家がそこにはあった。

家は丘の麓にあり、見上げるとどうやら頂上まで棚田が積み重なっているようだ。わきにある

出雲神社の宇豆柱

小高い丘の向こうは鬱蒼とした杉林になっていて、その手前に先祖の墓らしきものが何十となく建てられている。といっても高さにして二〇センチから四〇センチほどの石碑であり、長い歳月のおかげで欠けていたり、斜めに傾いていたりしている。その一つに「文政」と刻まれていることが微かに読み取れた。墓所からは棚田を眺めることができた。わたしの先祖は死してここに眠りながらも、毎年の稲の具合を確かめることができたのだろう。それはまさに柳田國男が説いた「常民」の、模範的なあり方のように思われた。わたしは自分の血のなかに常民が宿っていたことを、はじめて自覚した。

祖父の生家はいまだに田畑を耕し、その合間に炭を焼いている。挨拶をすると、突然の訪問ではあったが快く

迎え入れてくれた。そこで広々とした縁側に腰をかけ、靴を脱いで上がろうとしたところ、そこは仏様があがるところですからといわれ、改めて玄関へと案内された。茄子と胡瓜の漬物が出た。家の裏にある井戸水で冷やしてあったものだった。

わたしの祖父はこの家で生まれ、村でただ一人、松江中学へと進んだ。その後も勉学を続け東京の医学校を卒業すると、出雲の八雲神社のわきで医院を開業した。大正時代の初めのことである。もちろん炭焼きの家にそれだけの軍資金があったわけもない。中学進学の時点ですでに篤志家の援助があったはずである。祖父は村を離れ、後を振り返ることはなかった。彼は四〇歳になるかならないほどの年齢で逝去したが、骨は出雲市内の寺の墓所に託され、故郷の棚田を見下ろす丘に埋葬されることはなかった。

西日登から少し道を戻ると、ふたたび斐伊川が現われる。もっともそれは、わたしが幼少時に親しんだ広大な岸辺をもつ大河ではなく、重い緑の原生林の間を静かに流れる、清楚な流れである。さらに山中に進むと三沢となり仁多となる。いよいよ奥出雲も深奥にまで到達したのだ。せっかくここまで来たのだから亀嵩《かめだか》で蕎麦を食べていこうと、ユリが提案した。信じられないことではあるが、JRの亀嵩駅では滅多に列車が停車しないこともあって、駅長本人が蕎麦屋を経営しているのだという。

亀嵩は松本清張の推理小説『砂の器』の舞台となったことで、全国に知られるようになった。テレビドラマにもなっている。そのせいか蕎麦屋には、ドラマ出演者の原田芳雄の写真が何枚も壁に貼られている。手打ちの玄《くろ》い蕎麦が割子で出た。駅のプラットフォームに立ってみると、単線の線路がはるか遠くまで真直ぐに延びている。もうそこは広島県なのだろう。線路のわきにはまだ雪が残っていた。

昔に読んだ柳田國男の「忌言葉」なる文章が思い出された。出雲の隣の石見では人が死んだことを、「広島に綿買いにいった」といい、「死」という言葉を避けてきたという。

三瓶山に向かったのは、出雲での滞在が終わりを迎えようとしていたときである。

この山には子供の頃に愉しい思い出があった。祖母の兄にあたる人物が何十年かぶりに故郷に帰ってきたというので、親戚一同で観光ホテルに滞在したのだった。わたしたちはその老人を「ハワイの伯父さん」と呼んでいた。正確にはハワイではなく、アメリカの西海岸のどこかに移民として渡った人であったが、子供にはハワイと説明しておけば充分だったのだろう。わたしの手元には、山裾に拡がる草原で馬に乗っている自分の写真が残されている。奥出雲と石見の境目のあたりで生を享けた老人にとって、回帰すべき日本とは富士山ではなかった。それはなだらかに続く三瓶山の嶺でなければならなかった。

およそ半世紀の後に訪れた三瓶山には、もはや馬はいなかった。それどころか、スキー場も、観光ホテルも消えていた。ただ一面に続く草原と緩やかな山のシルエットだけが、人間界の栄枯盛衰とは無関係に超然として存在していた。昼間だというのに、うっすらと霧が出ていた。

わたしはいささか拍子抜けしたが、その代わりに思いもよらなかった驚異に出くわすことになった。四千年前の杉の巨木がそのまま残された、埋没林の跡である。

三瓶山の周囲をぐるぐると廻り大田へと向かう道筋に、埋没林はあった。周囲は一面の火山灰地である。現在は公園となっており、入場料を払って地下に降りていくと、薄暗い照明のもと、三〇本ほどの巨木が幹を黒く輝かせながら展示されている。高さにして十メートル、かつての姿勢を保ち、垂直に立っているものもあれば、切り口を見せて、ごろごろと横に倒れているものもある。どの樹も相当に太く、大きなものになると根回りが十メートルに及んでいる。

パンフレットの説明によれば、一九八三年に水田の整備工事をしていたとき、地中に直立する巨木の頭部が突然に現れたのだという。巨木は空気に触れるや、ただちに酸化して真黒に化してしまった。とはいえこの異様な出現物は、工事が終わるとそのまま捨て置かれた。数年後に地元の火山研究家がこれに関心を持ち、独自に調査を始めた結果、それが三五〇〇年ほど前に生じた三瓶山の最後の噴火のさいに、谷間から流れ込んだ土石流によって埋没した杉の樹であるという結論が出た。苦心して掘り起こしてみると、本来は五〇メートルの高さをもつ大木であるらしいと判った。いや、そればかりか、周囲の水田の下からも次々と同様の大木が出現し、そのあたりの地下一面に巨大な枯木の森が隠されていることが判明した。なかには樹齢にして六〇〇〇年を越える樹もあるようだ。こうなると島根県としても黙っているわけにはいかず、ただちに財団が組織され、埋没林を保存し展示する公園を造成し、さらに別の場所に自然史博物館を建設することになった。その後の調査によれば、さらに十数本が発掘されず地下に眠ったままだという。

わたしは巨木に近寄り、間近に眺めてみた。幹を黒く光らせ、垂直に屹立するその姿には、文字通り見る者を圧倒するところがある。これだけの強さをもった物質がかくも長い歳月の間、地中に眠っていたことに、わたしは深い感動を感じていた。彼らは出雲の王権よりも、スサノオの降臨よりもはるかに以前から土中に埋まり、いつか地上に出現する日のために待機していたのである。

長い時間が必要なのだと、わたしは自分にいい聞かせた。

そう、とこしえにも等しき、長い、長い時間が必要なのだ。

出雲大社で見た宇豆柱の痕跡が頭に浮かんだ。その高さによって天蓋を偏に支え、人を天界へと導いていく宇宙樹が損なわれてしまったとしたら、何をもってそれに代えればよいのか。

薄明の地下に降り来り、屹立する樹木を見てしまうと、一気に疲労が押し寄せてきた。わたしはユリの車に乗せられ、襲い来る睡魔と闘いながら出雲への帰路に就いた。

テレジン　2013

緑の草が生い茂るなかに廃墟があった。赤錆びた煉瓦の壁が何十メートルも続いている。煉瓦は傷み、ところどころ剥げ落ちている。壁に下には灌木が植えられていたが、ほとんどが枯れたまま放り出されていた。

廃墟のわきに小さな、目立たない入口が設けられている。欠けた石段に気を付けながら降りると、ひどく細い地下道がずっと先の方まで延びている。そこで石壁に付けられた灯りを頼りに歩き出した。とはいえ、どこまで行っても出口に到着しない。心細くなって引き返そうかと思ったところで小さな光が見え、ようやく終点に来たことがわかった。解説板を読むと、驚くなかれ、全長五〇〇メートルであると記されていた。

地下道を出てみても相変わらず緑の草原である。同じように煉瓦壁の廃墟が続いている。ただ違っているのは、草原の一部がうっすらとした丘陵になっていることだ。その上に処刑台がある。兵士たちは下方の草原に腹這いになりながら、三人ずつ銃を発射した。囚人たちがいくぶん高いところに並ばされたのは、煉瓦壁を弾痕で傷つけないためである。彼らはある朝、突然に獄舎から出されると、人目につかないよう長々とした地下道を歩かされ、ふたたび太陽の光を仰いだ直後に処刑された。

処刑台からしばらく歩いていくと、広々とした空地に出る。ひどく粗末な、いかにも急ごしらえといった感じの獄舎が両脇に並んでいる。これは煉瓦ではなく、二〇世期に入ってからの建築だ。全体が博物館になっていて、一つひとつの房のなかを覗くことができるようになっている。この場所の来歴と犠牲者たちの遺物が陳列されていた。洗面台や浴室から医療室、理髪室までが保存されていて、囚人たちの生活を想像することができた。

わたしはひとつの房の机のうえに、ロベール・デスノスの小さな肖像写真が飾られているのを発見した。シュルレアリストの詩人にして、ノンセンスなシャンソンの作詞家だった人である。デスノスは一九四四年にレジスタンス運動をしていたところをゲシュタポに逮捕され、翌年の五月、わたしが立っているこの場所に移送されてきた。彼は開放の直後にかろうじて救出されたが、まもなくチフスが原因で死亡した。解説板にはそう記されていた。


テレジンに行くのは気が進まなかった。わたしはプラハにいて、カフカの育った家を訪れたり、カレル橋を飾っているバロック彫刻に目を見張る思いをしていたが、テレジンに足を向けることはそうした観光とはまったく違う次元のことだとは理解していた。

半日を潰すだけでいい。バスの急行に乗って行けば、三つ目の停留所で降りるだけで充分だ。それはわかっている。だが、帰り道で自分が陰鬱な気持ちに捕らわれることは目に見えていた。メランコリアはおそらくプラハに滞在している間中、続くことになるだろう。わたしは自分では抱えきれないものを背負ってしまい、帰国してからも悩むかもしれない。そうした懸念がわたしを躊躇させていた。

だが一方でこうも考えてみた。アウシュヴィッツとビルケナウは、以前に訪れたことがある。わたしは少なくともそこで自分の冷静さを保つことができた。『子供に語るアウシュヴィッツ』という翻訳書の解説を引き受けたのも、イスラエルで生存者の老女たちと言葉を交わすことができたのも、あのときの旅が契機となってのことだ。テレジンがこの二つの場所とどのように異なっているか、一旅行者として訪問するという行為が何を意味しているか。それを見据えるだけでも足を運ぶ価値はあるはずだ。たとえどんなに最悪の事態であってもまず現場を確かめてみるというのが、いつだってわたしが自分にいい聞かせてきた原則ではなかったのか。

わたしはテレジンへ行くことに決めた。細かな雨が降ったりやんだりしていて、九月とはいえうっすらと寒さが走る日のことだった。

テレジンはプラハから六〇キロほど北に位置している。一八世紀にオーストリア帝国がプロイセンからボヘミアを守るため要塞を築いたのが、この町の起源である。だが要塞は本来の役目を果たすことはできず、長きにわたって政治犯のための牢獄として用いられてきた。それが有名になったのは、ナチス・ドイツがチェコを占領し、ここに強制収容所を設けるようになってからである。

ゲシュタポは一九四〇年、この地にまず拘置所を設けた。翌年にはユダヤ人のための収容所が設立された。その当時はまだ一般のチェコ人も少しは住んでいたのだが、四二年には住民の全員が追放された。町全体はもっぱら「ユダヤ問題の最終的解決」のための場所として用いられることになった。

テレジンが特異だったのは、ユダヤ人をガス室に詰め込んで次々と殺害していくといった収容所ではなかったという点である。一九四五年の春まで四年間にわたり、ヨーロッパのあらゆる地域から一四万人のユダヤ人がここに移送されてきた。とはいえ彼らは、貧しい食事と苛酷な労働のなかで死を待ち望むしかないという、アウシュヴィッツのような極限的な状況に置かれたわけではなかった。もちろんナチスによる選別殺人はなされていた。しかし何よりも特徴的だったのは、この収容所が対外的なメディア戦略のために利用されてきたという事実である。テレジンには「ユダヤ人自治移住地」という名称が与えられた。それは第三帝国が一民族の絶滅を意図して行なってきた残虐行為を隠蔽し、諸外国にむかって虚偽に満ちたプロパガンダを行なうための偽りの空間として、帝国が滅亡する日まで存続することになった。

わたしの関心はもっぱらこの点にあった。ナチス・ドイツはリーフェンシュタールの『意志の勝利』のように、映画史に残るプロパガンダ映画を製作する一方で、この地を用いて禍々しいユートピアの映像を世界中へ発信していた。わたしはかつてシオニストの製作による、パレスチナ移住奨励のためのプロパガンダ映画を分析したことがある。であるならば、その探究の延長上に、それとは対蹠的な地点にある場所が地上に存在していたという事実を見逃すわけにはいかない。機会があればぜひその地に足を踏み入れておきたいという気持ちがないわけではない。ではテレジンを、政治的シオニズムの逆立した形だと結論していいのだろうか。あるいはそれはもっと異なったイデオロギー的空間なのか。だが部外者である日本人の立場から両者を比較したところで、あまりに安易で軽率なことと誹りを受けるかもしれない。少なからぬ迷いがあった。ともあれわたしは、すべてを自分の目で確認しておこうと思い立ったのである。

テレジンには大小二つの要塞があった。わたしが冒頭で記したのは小要塞の方である。そこから墓地を左手に眺めながらしばらく歩いていくと大要塞となる。

途中の墓地には夥しい数の墓が並んでいた。ゼラニウムの鉢を飾った墓が目立つ。十字架を掲げた墓もあれば、墓石にダビデの星を刻み込んだ墓がある。この収容所で死亡したユダヤ人のものだろう。

小要塞は政治犯を中心とした監獄である。狭い部屋に数多くの囚人を詰め込んでいたため、チフスに伝染して生命を落とす者が後を絶たなかった。ここでは数多くの銃殺刑が行なわれている。それに対して大要塞の方はまったく異なっている。広々としたその内側には碁盤の目のように道路が設けられ、ひとつの町が創られていた。というより正確にいうならば、チェコ人が住んでいた町が、そのまま居抜きでユダヤ人の収容所へと切り替えられてしまったのである。

細かな雨はいつしか止んでいた。わたしはカフェで昼食をとると地図を受け取り、この町を歩いてみることにした。ときおり疎らに観光客の姿を見かけたが、全体として町は閑散としていた。

町の中央には広場があった。地図には「マルクトプラッツ」、つまり市場とある。解説を読むと、最初は三つのテントが張られ、特定の囚人がその下で軍隊の備品を入れる木箱を作らされた。広場は高い塀で囲まれていて、他の囚人が覗きこむことができないようになっていた。ところがある時点で広場は公園に作り替えられ、カフェと休息所が設けられた。休息所では音楽の演奏が行われることになった。

広場を囲んで、ユダヤ自治銀行、幼稚園、喫茶店、商店、郵便局などが並んでいる。子供と成人男性、成人女性、老人は、それぞれ別の居住棟に収容されている。もちろんそれだけではない。この収容所全体の監視所が設けられている。自治移住地と銘打っている以上、この監視所を取り仕切っていたのはユダヤ人の青年たちだった。だがナチスは彼らが叛乱を起こすことを怖れ、あるとき全員を「東」の方へ、つまりアウシュヴィッツへと移送し、代わりに中年男性ばかりで監視組織を改組した。監視所のホールでは音楽や演劇の公演がなされていた。

今では広場はみごとに整頓された芝生となり、道路に沿って街路樹が植えられている。ところどころに記念碑と銅像が建てられている。周囲の建物はいずれも大きな三階建てで高い屋根をもち、屋根裏と煙突がついている。クリーム色やピンク色に塗られた壁には汚れひとつなく、何もかもが整然としている。

広場に立ったわたしには、すべてがひどく奇妙な気がした。つい前日まで散策していたプラハでは、街角という街角に神々の彫刻が氾濫し、装飾のかぎりを尽くした建築が並んでいたからである。プラハでは大気でさえもが、喧騒に満ちたバロック様式を保っているかのようだった。それに比べてテレジンの街角にはいっさいの装飾性がなく、すべてが静まり返っている。女子居住棟、乳幼児居住棟、病院と浴場、精神病院、パン工場、食料品の管理倉庫、運動場、体育館、死体保管所と葬儀場……日常生活に必要な施設は何もかも揃っている。ただ誰もが年齢と性別によって分断され、規律正しい集団生活を義務付けられている。町のなかを自由に歩くことはできるが、町の外に出ることは一歩たりとも許されていない。

わたしは博物館を訪れた。一九四二年に製作されたフィルムが上映されている。その中ではユダヤ人たちは学芸会を開いたり、サッカーの試合に熱中していた。作曲をしたり、キャンバスに絵を描いている者もいれば、人形芝居の練習をしている者もいる。誰もがカメラを前に笑顔を見せ、いかにも幸福そうな表情をしている。いうまでもなくそれらは偽りの映像である。テレジンでは誰もに重い労働が課せられていたが、それに見合うだけの食糧は与えられることがなかった。配給所には長い行列ができ、調理室の周囲には余りものを求めて人々が集まっていた。衣服も医療品も欠乏していた。外部の世界とコネをもっている者だけが、例外的に食料品を送ってもらうことができたが、戦時色が強くなるとそれも困難となった。

町には一五歳以下の子供が一万から一万五〇〇〇人ほど居住していた。そのうち四五〇〇人がその場所で死に、七五〇〇人が「東」へと移送された。一九四五年五月、ナチス親衛隊の撤退と入れ違いにソ連兵が到着したとき、生存していた子供たちはわずかに二四五人を数えるばかりだった。

博物館の一角には子供たちの描いた絵が飾られていた。一枚一枚の絵のわきに、作者のその後を語る解説が添えられている。たいがいの子供たちは一九四四年にアウシュヴィッツに送られて死亡したと記されてある。たまに例外があり、すっかりお婆ちゃんになり、孫たちに囲まれている女性の写真が掲げられているところもあった。

かつて自分が家族とともに住んでいた家の玄関を描いた絵があった。過ぎ越しの祭りの夜、一家の全員で食卓を囲んでいる光景の絵。ダビデの星の記章を胸につけている両親の絵。ドレスを着た女性に龍が襲いかかろうとしている絵。回転木馬のまわりで子供たちが遊んでいる絵。さまざまな絵が飾られていたが、この町に送られてくる前、両親や兄弟姉妹とともに暮らしていたときの思い出を描いたものが多かった。わたしにとってもっとも悲痛に思えたのは、絵のなかに犬が頻繁に現れていることだった。何匹もの犬を連れて公園を散歩している女性の絵があった。おそらくは愛犬だったのだろう、草原に佇む一匹のスコッチテリアを描いただけの絵もあった。描いた子供たちにとってもっとも深刻な問題とは、家族と犬から引き離されてこの町に生きているということだった。

児童画が真理を物語るとすれば、それはどのような真理なのか。テレジンへの旅を終えて帰国したわたしは、関東大震災の直後に東京下町の子供たちが小学校の教室で描かされた絵を見る機会があった。それを大量に集めた書物を手に取る機会があったからである。そこには何枚にもわたって、大勢の大人たちが一人の人間を取り囲み、訊問したり、暴力を振るっている姿が描かれていた。当時、大人たちがけっして語ろうとしなかった朝鮮人虐殺の光景である。子供たちは意味もわからずに、しかしそれゆえに目撃したものを目撃した通りに描いていたのである。

テレジンの子供たちの絵はそれとは異なっていたが、やはり彼らの内面の真理を描いていた。それはナチス・ドイツが製作したプロパガンダ映像のなかのユダヤ人の映像、つまりかぎりなく幸福そうな表情で微笑している大人や子供の映像の対極にあった。

帰りのバスはなぜかひどく混んでいた。一時はやんでいた細かな雨がまた降り出し、うっすらと霧が出ていた。やがて雨は土砂降りとなり、プラハに到着したわたしは濡れ鼠となってホテルに戻った。その夜は人形劇を見る予定があった。

サルヴァドール（バヒア） 2014

リヴィアの運転はめちゃくちゃだ。いや、アナーキズムの極限というべきか。まず行き先がわからない。たしかこの辺りを右に曲がるはずだったと憶えているけどなどとブツブツいいながら、まったく違う方向へどんどん車を進めてしまう。もちろん目的地のアパートはいつまで経っても現れない。気が付いてみると、われわれは荒涼とした町外れに出てしまう。ここはどこなのよ。今までずっと住んでいたのに、こんなところ、来たことがなかったわ。彼女は赤毛を逆立てて叫ぶ。

というわけでもう一度もと来た道を引き返す。大通りに出ればなんとか解決がつくだろう。ところが車は図らずも海に出てしまう。ときおり波が岩礁に叩きつけられ、白く光るばかりで、昏い、静かな大西洋だ。リヴィアはふたたび大声をあげる。どうして海に出ちゃうのよ。そんなこと、聞くなよ。ぼくはここの人間じゃない。わたしが答えても彼女は納得しない。結局、海沿いのわたしの泊まっているホテル、そもそもの今夜の出発点となったホテルまで引き返して、すべてをやり直すことになる。

リヴィア、地図とか持ってるの？　リヴィアは不機嫌だ。持ってるわけないじゃない。わたしはサルヴァドールにもう三十年も住んでるのよ。どうして地図がいるっていうの。じゃあ、その友だちの家って、行ったことがあるわけ？　もちろんよ。何回も行ったことがあるわ。

さあ、これからがすごい。大通りから右に何本も延びている凸凹道のなかへ、リヴィアは一本一本、確かめるように入って行ったのだ。さっきの道でもなかったし、こっちの道でもない。だがこの蝨潰しの方法は（それなりに時間がかかったが）確かに効果があった。彼女はとうとう目的地へ通じる道を発見した。ほどなくしてアパートが見えてくる。ひどく殺風景なところに一軒だけポツリと残された、六階建てのアパートだ。もう取り壊される運命になっているので、大半の住民は出て行ってしまったらしく、いくつかの窓を除いては灯りがすべて消えている。二つの窓だけは開けっ放しになっていて、賑やかな音楽が聴こえてくる。

汚れた壁伝いに階段を上っていくと、少しずつパーティの賑わいが近付いてくる。

扉を開けるとただちに熱気が襲ってくる。さほど広くもない部屋に二十人ほどの男女がいて、夢中になって踊っている。ギターを掻き鳴らしたり、目に付くものを叩いて音を出したりしている者もいれば、台所から大鍋に煮込んだ料理を運んで来たりする者もいる。誰かがリヴィアを見つけて手を振る。だがその声は音楽にかき消され、うまく聴こえない。オクラと豆のスープ。どろどろに崩し、甘く煮込んだ豆。干し肉と干し蝦を炊き込んだ米。リヴィアがわたしに説明してくれる。今夜は誕生パーティなので、これは特別の夜の御馳走なのだと。

そこで何時間を過ごしたのだろう。音楽は延々と続いている。激しいリズムの繰り返しだ。これがバヒアの音楽なのだと、わたしは納得する。リオ・デ・ジャネイロのボサノバのように、そっと耳元で囁きかける気忥さとは対照的だ。次々と人に紹介されるのだが、ある時からわたしは酔いと疲れでどうでもよくなってきた。リヴィアはグラスのなかのワインを一気に呑み干してしまうと、さあ帰ろうという。相当に酔っているようだ。もっともそれを気にかける素振りはない。恐ろしいスピードで車を運転し始める。大丈夫よ、サルヴァドールの道は隅から隅まで知ってるからねと、行きしにあれほど迷ったことなど忘れて、平然と宣言する。運がいいことに、今度は迷うことがなかった。夜明け近くになってわたしを海辺のホテルに送り届けると、彼女はあっという間に車を飛ばして帰って行った。無事に寝台に辿り着けたわたしは、安堵からただちに眠り込んでしまう。

リヴィアを紹介してくれたのはアダルベルトである。大学で比較文学を教える彼は、わたしをリオ・デ・ジャネイロに呼んでひと月講義をさせると、さあ、これからは休暇だ、ブラジルでどこか行きたいところに行ってみたらどうかと、わたしに勧めた。

サンパウロ？　だめだめ。あそこは真面目な日系人と、日系人みたいに真面目なブラジル人しかいない。じゃあアマゾン河？　もっとだめだ。よほど目的でもないかぎり、化け物みたいな蚊にあちこちを刺されて、黒い跡がいつまでも残るだけだぜ。それじゃあ、どこに行けば一番いい？　ブラジルが初めてのわたしに彼は自信をもって答えた。一つ行くならバヒアだよ。正式にはサルヴァドールというけどね。昔は奴隷貿易の中心地で、ブラジルが帝国になったとき、首都だったところだ。白人なんてどこにも見かけない。何から何までリオと正反対のところさ。それからアダルベルトはニヤリと笑っていった。

サルヴァドールできみはリヴィアに会うんだ。それから彼女といっしょにアカラジェを食べるだろう。ぼくはまだ会ったことがないのだけど、十年ほどメイルのやり取りをしている。きっと毎日がスリルの連続になるぜ。

二日後、サルヴァドールの空港に降り立ったわたしを、リヴィアは親切に迎えてくれた。赤毛で目が大きく、愛嬌のある顔立ちをしている。多くのブラジル人がそうであるように、いや、それ以上に（ときに度を越してまで）気さくであり、アクセントのある英語で何でも単刀直入に話してくる。

さあ、これからアカラジェを食べに行くのよ。彼女はそういうと、わたしを車に乗せた。話はアダルベルトから聞いてるわ。あいつって変なヤツね。強烈な太陽が照りつける広場にはアカラジェの屋台が出ていた。それは芋を潰して揚げたコロッケで、干し蝦《マカロン》がわきに添えられていた。辣油に似た辛い油をかけて食べるもののようだ。広場には観光客の姿はなく、土地の人々だけが行列をしている。なるほど黒人ばかりだ。白人はどこにもいない。誰もが揚げたてのアカラジェを夢中になって口に運んでいる。リヴィアは税務署に勤めていると、自分のことを話した。父親の違う息子が二人いるのだが、長男の方は大学の専攻を次々と変えて、いっこうに落ち着かないのだという。

わたしたちのいる広場の一角では、子供たちがカポエイラの練習をしていた。黒人たちがアフリカから携えてきた舞踏をもとにした雑技である。若い先生がタンバリンを片手にリズムをとっている。子供たちはそれに合わせて逆立ちをしたり、蜻蛉《とんぼ》を切ったりしている。まだたどたどしい身振りだが、その真剣さが好ましかった。

その日からリヴィアとのスリリングな日々が開始された。

午後に旧市街にある教会を見学したり、浜辺を散歩して、夕食を終えてホテルで休んでいると、夜の八時ごろに電話がかかってくる。どうやらリヴィアは事務所の仕事を終え、帰宅して子供たちの面倒を見終えたばかりらしい。これからダンスパーティがあるけど来ない？　わたしの「お兄ちゃん」みたいなのがバヒアの黒人文化運動について講演するのだけど、いっしょに行かない？　わたしが生返事をしてロビーに降りていくと、リヴィアはもうとうに到着しており、わたしは拉致されるように彼女の車に乗せられてしまう。こうして毎晩のように、わたしはホテルへ朝帰りをすることになった。だがもしリヴィアに出会わなかったとしたら、わたしのバヒア行はひどく平凡で印象の薄いもので終わったことだろう。この時の滞在から短くない時間が過ぎて思い出してみると、わたしにはまるでリヴィアがサルヴァドールという都市の魔術的な輝きのただ中にあって、さながらギュスターヴ・モローの描く異教の女神のように中央に鎮座君臨しているように思えてならないのである。

あるときリヴィアはわたしをカンドンブレに連れて行ってくれた。これもアフリカに起源をもつ儀礼で、白い衣装を着た男女が声を合わせて歌い、耳が痛くなるまでひたすら打楽器を叩き続ける。いつどこで行われるかは皆目わからないので、あらかじめ事情通の人間にわたりをつけておかなければならない。その点でリヴィアは申し分ない人物だった。わたしのために早速、儀礼の情報を仕入れてくれた。それも二日にわたって、二つの場所で。もっとも時間は確定できない。

五時間でも六時間でも、いつまでも続くわけだから。

最初のものはかなり大規模なもので、スラム街の坂を登りきったところに設けられた、広々としたホールを借りて行われた。多分に観光客を意識したところがあり、ホテルから団体でやって来たアメリカ人やドイツ人の姿をちらほら見かけた。海の女神イェマンジャを召喚し、空間の浄化を祈願するというのが、このカンドンブレの主題だった。

二台のコンガの演奏が儀礼の始まりを告げる。一人の老女を先頭に三〇人ほどの白衣の女性が入場し、時計回りに旋回を開始すると、見物客は全員起立し、なかには床に右手をやって、土くれを額にあてる身振りを示す者もいる。老女が堂々とした仕種で、舞台の深奥に設けられた玉座に就く。その威厳からして、彼女こそがイェマンジャの化身というわけだろう。やがて女たちの旋回は二重となり、走馬灯のように現われては消えてゆくその姿は目眩《めくら》ましのようだ。

一時間ほどして女たちが退場すると、今度は男たちが枯木の束や銀の祭壇を担ぎながら現われ、それを手にまた旋回運動が始まる。恐らくは農耕儀礼の模倣《ミミクリ》なのだろう。また別に大勢の男たちが現われ、海に見立てた巨大なシーツを拡げると、手にした葡萄や林檎を見物客に配る。巨大な泥だらけの芋をいくつも背負いながら行進する者もいる。玉座の老女はこうした五穀豊穣を供物として受け取り、全員に祝福を授ける。その間も合唱とコンガの演奏は休みなく続く。舞台ではおよそ五〇人ほどが舞い踊っている。円陣を組んでそれを見物する者たちを含めると、三〇〇人ほどが儀礼に参加していた。深夜だというのに、恐ろしい熱気が感じられた。

翌日に観たものは規模こそそれほど大きなものではなかったが、いかにも村の内側の催しごといった風で、より親密で濃密な印象があった。会場はサルヴァドール市内から大分離れたところにあり、リヴィアは例の調子でさんざん迷いながら、二時間ほどもかけて目的地を探し当てた。これは村の青年団に加盟して三年になる、若い男女のための通過儀礼であった。崖っぷちに建てられた粗末な掘っ立て小屋のなかに二〇人ほどが集まり、めいめいに仮面を被っては踊った。銀の鎧兜を被った女性と、黄金の刀剣を腰に挿した男性とが、その日の主人公だった。彼らが儀礼的な闘いの舞をひと通り披露してしまうと狭い場内は一変し、居合わせた全員が怖ろしい速度で乱舞を始めた。女性たちは一様に白いレースを基調とした、ロングスカートを穿いていた。ポルトガル語の御詠歌は、いつしかヨルバ語のそれに変わっている。誰もが歓喜に満ちて踊っていた。

カンドンブレが三時間ほどで終了すると、外では会食の準備がすでに整っていた。わたしはつい先ほどまで鎧兜を被って舞を舞っていた女性と、英語で言葉を交わすことができた。彼女は大学で、ブラジルとアメリカ合衆国の黒人文学を比較する研究を行なっていた。激しく舞い踊るときに動く裸足が美しいと、わたしは思った。

二回にわたって目撃したカンドンブレは驚異に価するものであった。だがリヴィアがわたしを連れ出し見せてくれたものにあって真に感動すべきだったのは、旅が終ろうとする直前に立ち会うことになったウンバンダであった。

リヴィアは黒人文化運動の運動家の間で、ある種の〈顔〉だった。話を聞いてみると、どうやら最初の夫が黒人の演出家であったことが、これに関係しているらしい。あるときその運動家の一人が、木曜の夜ごとに年老いた巫女の家でウンバンダが開かれるからと、彼女を誘ったのである。運動家はボブ・マーリーに心酔しているのか、モップのように黒い髪を束ね、彼にそっくりの髪型をしていた。わたしは何もわからないまま二人に従い、会場となる家に入った。路地の行き止まり近くにある、ごく普通の家だった。

わたしたちが午後九時ぐらいに到着してみると、すでに二階の二十畳ほどの部屋では儀礼が行なわれていた。細長い卓の両側に白衣を着た八人の女たちが腰かけ、静かに声を合わせて歌っている。その奥に頑丈な体格をした老女が一人、大きな冠を被り、威厳ある風貌で座っている。それが儀礼の主宰者たる司祭で、本来は女性であるのだが木曜の夜ごとに男性に変身し、悪霊退散の儀礼を執行するのだという。卓の上には四本の太い蝋燭と山盛りの葉巻が置かれている。卓を離れた下座にはこれも白衣の女性を中心として、十人ほどが控えている。白いターバンだけを巻いている者もいれば、Tシャツだけの略装の少女もいる。わたしたちが末席に座るとほどなくして司祭が儀礼の開始を宣言し、合唱が舞い起こった。「アヴェ・マリア」とか「ジェズ」といった言葉が聞き取れることから、讃美歌であると推測がついた。

讃美歌は次から次へと続き、いつからか手拍子がそれに加わるようになる。司祭がすっと立ち上がり、参加者の一人ひとりのもとを訪れると、葉巻片手に抱擁する。信者たちはこの時に個人的な悩みを打ち明け、解決策を授けてもらうようだ。傍らに男性の助手が付き従い、人々の掌に甲斐甲斐しく香水を振りかけてまわる。司祭の説教に耳を傾けているうちに感極まって床にひれ伏し、首を深く垂れる男もいる。やがて司祭は奥の間に引き下がり、少しく休憩となる。座の緊張が少し和らぐ。カリマという、ココナッツミルクを温めた飲み物が配られる。誰かが讃美歌を歌い出し、残りの面々がそれに和する。しだいに香水と葉巻の香りが室内に濛々とたち込めてくる。リヴィアの傍らにいるボブ・マーリーによれば、もうすぐ霊験あらたか精霊が向こう側から到来するという意味の讃美歌が歌われているらしい。

司祭が戻って来る。彼女（いや、もはや彼というべきか）は今度は一人ひとりを呼び出し、その背中を手や蝋燭で撫で摩《さす》ったり、植物の葉や枝で激しく打つ。彼らの背中から顔へ、また首筋から脇へと葉巻の煙を吹きかける。信者のなかには感極まって泣き出す者が出てくる。このとき合唱は最高潮にまで高まり、全員が手拍子を叩きながらアヴェ・マリアの名を高らかに唱える。

わたしの隣にはまだ二十歳ほどの女性が座っていた。儀礼の最初のうち、彼女はポップコーンを齧りながら小さな声でわたしと雑談をしていたが、司祭が眼の前にまで来てお祓いを開始すると、突然に呻き声を挙げ出した。見ると両手の指が小刻みに痙攣している。痙攣はしだいに大掛かりとなり、彼女は両腕を激しく閉じたり開いたりしながら、床に身を投げ出してしまった。善なるオリシャ（鬼神）が彼女の体内に侵入し、悪霊と戦っているのだった。司祭は何やら短い呪文を唱えると、この女性の肩に両手を置いて気合いを入れた。ただちに助手の男性が白布をもって駆けつけ、彼女の首から頭までに巻きつけ、顔中をすっぽりと覆い隠してしまった。しばらくして白布が外されると、司祭は彼女の顔に息を吹きかけ、汗を拭いてみせた。この女性はふたたびわたしの隣の席に戻ったが、しばらくは目を見開いたままで、ぼんやりと天井を見つめたり、頭を押さえたりしていた。わたしがなおも興味をもってそれとなく観察していると、やがて元の状態に戻り、別の信者たちとお喋りをできるまでに回復した。彼女はリュックサックのなかから『聖霊の書』*Libro do Espritus* なる書物を取りだすと、わたしに見せてくれた。わたしもまた司祭のお祓いを受けた。どうやら日本からわざわざ来たというので気に入られたのか、祈禱のために用いる首飾りを二つ与えられた。首に廻してみると、ずっしりと重みがあった。

最後に全員が起立し蝋燭が退けられると、部屋の照明が回復した。もはや空間は畏怖すべき精霊が降り来る神聖なる領域であることをやめ、普通の客間に戻った。司祭は信者たちの髪に余っているポップコーンを擦《なす》りつけ、男性から元の女性に戻ったようだった。全員に聖水が配られた。わたしたちが家の外に出ると、漆黒の空には無数の星々が瞬いていた。いつの間にか四時間が経過していたのである。

ウンバンダは多くの文化の混淆からなる儀礼だった。根底にあるのはアフリカ、それもバントゥーの文化の中心にあるオリシャ信仰だろう。葉巻の煙を神聖な治療行為と見なすというのは、明らかにインディオの習慣に由来している。さらにそこに白人の植民者がもたらしたキリスト教の教義が覆い被さっている。だが本来は女性である老女が、儀礼の最中だけは男性へと象徴的に変身を遂げるという現象を説明してくれるのは、いかなる原理だろうか。

わたしは大学時代に宗教学を専攻したとき、とある新宗教の教団に潜りこみ、悪霊退散の儀礼をいくたびも間近で見たことがある。舞台のうえでは信者たちが次々と憑依状態に陥り異言を口走ると、傍らにいた祈祷師に取り押さえられ、身に憑いた悪霊を取り除いてもらうのだった。わたしはありえたかもしれない自分をふと想像してみた。そうした新宗教調査の後、もし偶然が作用してブラジルに渡ったとしたら、自分はウンバンダの研究に従事していたかもしれない。いや、滞在が長引くにつれて、ひょっとしたらこの地で家庭を作っていた可能性だってあるだろう。この空想は愉快だった。

ノーンカーイ　2014

コーンケンのバスターミナルは人でごった返している。大きな荷物を背負った老婆がいて、忙しなく動き回っている男がいる。何人もの子供を抱えながら、隣の女と一生懸命にお喋りをしている母親がいる。さまざまな色の、さまざまな会社のバスがあちらこちらに到着し、大勢の人と荷物を降ろすと次の乗客を迎え入れる。そのたびごとに一群の物売りたちが彼らに取りすがるようにバスに入り込み、しばらくすると出て行く。彼らは竹を編んだ盆のうえに焼いた鶏やら糯米の円筒形のお握りを乗せ、乗客たちに売りに来たのだ。

わたしはもうここで四時間もノーンカーイ行きのバスを待っていた。前の晩に念のためターミナルを訪れ、正規の切符売場の窓口で、バスは午前八時に出発するから早目に来た方がいいねと忠告を受けていた。だが時間前に来てみるとお目当てのバスはなく、切符売場は閉鎖されていて、周囲には誰もいなかった。しかたなくターミナルのあちらこちらをめぐり、机ひとつで切符売りをしている男から別の情報を得た。バスは一一時に来るという。八時じゃないのかと尋ねると、そんなバスは聞いたことがないという。どうやら一台か二台しかないバスを使い回しているバス会社が、思い思いに時刻表を組んでいるのだ。

　しかたがない。一一時まで待つことにしよう。だが時間になってもいっこうにお目当てのバスは来る気配がない。切符売りはといえば常連客と親しげに話したり、他の切符売りと札束のやりとりをしている。わたしはしだいに心細さを感じだした。もっともこんなときは腹になにか詰め込むのが一番だということを、わたしは体験的に知っている。そこで人混みをかき分けて露店が固まっているところまで行き、ゆで卵を買った。信じられないことだが、それは殻つきで三個、無造作に串刺しにされていた。

　あんたもノーンカーイに行くのかね。いきなり英語の声がする。振り返ると白髪頭の小柄な老人がいた。手に何も荷物をもっていない。顔を見ると恐ろしく日焼けしていたが、どうやら白人のようだった。

　ここらのバスは出発時間なんてあってないようなものだと、彼はいった。自分は三カ月に一度、ノーンカーイに出かけているが、その日中に着ければいい方だと考えることにしているわ。老人の声はひどく嗄れていて、日焼けした顔に似合っている気がした。

　彼はアイルランド人だった。タイ人と結婚し、コーンケンにもう一〇年ほど住んでいるという。最初のうちは何か商売をしていたらしいのだが、口を濁したところを見ると、どうやら最近はうまく行っていないようだ。ヴィザ更新の手続きのため三カ月おきにラオスに渡り、その足でタイに戻ってくる。ノーンカーイに行くのは、この小さな町のかたわらを流れるメコン河の対岸がビエンチャンであり、橋を渡ればただちに目的が達せられるからだ。

　わしみたいな奴はたくさんいるよ。ほら、あっちにも、こっちにも。

老人が指をさしたところには、やはり一人きりでバスを待っている白人が何人かいた。彼らはカメラも鞄ももたず、ほとんど手ぶらである。明らかに観光客ではなかった。ノーンカーイとは旅路の果てに行きついた白人の老人たちが、タイに残留するために利用する通過点の町だったのだ。

午後二時になってようやくノーンカーイ行きのバスが到着した。しばらくして出発となる。わたしはすでに汗びっしょりだった。

バスは喧騒のターミナルを後にすると、あっという間に町の外へ出てしまった。赤茶色の土がどこまでも続いている。途中、小さな集落を過ぎるとき、窓の外に何百何千もの象の人形が屋外に並べられ、売られている様子が目に入った。信じがたい光景であったが、振り返ろうとしても恐るべき土埃がそれを遮った。ウドンタニで途中休憩をし、ノーンカーイに到着したときには、わずかではあるが大気に見えない冷気が入り込んできた気がした。バスが停まるとたちまち人力車の車夫たちがわたしを取り囲んだ。彼らが口々に乗車料金を提案するさまは、何十匹もの鯉が人の気配を嗅ぎつけ、池の水面に集まってくるのに似ていた。

バンコックを出ると、もっぱらわき目も振らず東北へ向かった。ナコーン・ラーチャシーマーからビーマイへ、それからさらに奥地にあるコーンケンへ。途中までは知り合いの人類学者の車に乗せてもらい、国立公園の森に寄り道をしたり、古代の墳墓の遺跡を訪れたりした。コーンケンで車を降り、一人になった。ここまで北上してしまえば、あとはノーンカーイに行くしかない。その先はメコン河で、河の向こうにラオスの田園が拡がっているばかりだ。

このあたりの地域は「イサーン」と呼ばれ、広大なタイのなかでもとりわけ貧しい場所である。人種的にもタイ族よりラオ族とクメール族が優勢で、長い間、中央政府からは冷遇されてきた歴史をもっている。土地の貧しさは、車窓から外を眺めているだけでもただちに推察がついた。どこまでも赤茶けた荒地と灌木が続くばかりで、強烈な陽光の下で植物は縮こまって生き長らえているようだ。バンコック近郊の、豊かに水を湛えた緑の水田とは、およそ隔絶した風景である。夕方までに宿を決めると、食事に出ることになった。市場には、タガメからバッタ、セミまで、昆虫が平然と売られていた。もちろん食用である。わたしはこの地域の小さな村に長く滞在し、精霊信仰の研究をした日本人学者の本を読んだことを思い出した。彼の語るところでは、今でも多くの人々が悪霊《ピー》の存在を信じており、そのもっとも凶悪なものは、若い男の生き肝を貪り喰らうことを最上の悦びとしているのだという。

ノーンカーイはひどくのんびりとした町だった。いや、それをはたして町と呼んでよいのかどうか。それはメコン河の滔々とした流れの南側に、まるで磯辺に何十もの貝殻が付着しているかのように、ただ家々を並べただけの集落である。河に並行していく筋もの道路が延びている。向こう岸はビエンチャンだ。二つの町を繋いでいるのは、町外れに一個所だけかけられた、「友好」の橋だけだ。夕陽を背に河岸から眺めてみると、ときおりトラックが通過しているのがわかる。タイの物資をラオスに送っているのだろう。

わたしは何もすることがなかった。というよりも、もうここまで来てしまったら、自分を待ち受けているものは無為しかないとわかっていたし、それを心では期待していた。バンコックに戻ればいくつかの約束が待っていたが、それはずっと遠い先のような気がした。もう何もしなくていいのだ。一日中、ぼんやりと河を眺め、気が向けば民宿の自転車で遠出をしたり、市場を冷やかして過ごしていればいいのだ。自転車に乗っていると急に前方に黒雲が現われ、あっという間に大粒の雨に見舞われた。だがそれにしても、実はどうでもいいことのような気がした。雨が過ぎ去り、しばらく自転車を漕いでいると、道路はもと通りに乾き、Tシャツの濡れぐあいはまったく気にならなくなった。

夕暮れになると通りに並んでいる屋台でラオスのビールを呑んだ。夕陽が沈んで薄暗くなった路上で、名前も知らぬハーブを山盛りにした笊が眼の前に置かれ、ゆっくりと夕食が始まった。河の向こうでもところどころに灯が灯っている。まるで森のなかに蛍を見つけるかのようだ。それを除けば一面の闇である。一国の首都がこれほど寂しくていいのかという気もしたが、きっと向こう岸では、社会主義国家といいながらも、十年一日のごとくのどかな農村社会が続いているのだろう。わたしはいつも河沿いの道を歩き、民宿へ戻った。人気のない通りを宿にむかって歩いていると、自分が背中に巨大な闇を背負っているような気がしてならなかった。

サラ・ケオ・クーのことを知ったのは、ノーンカーイに来て何日かを過ごしたときである。

さすがに毎日、自転車を駆使して町を廻っていたおかげで、すでに通りという通り、路地という路地がすっかり頭に入ってしまった。そんなわたしに、馴染になった食堂の主人がふと教えてくれたのである。少し遠いところにあるから歩いて行くのは無理だけどねと、彼はいった。自転車だったらと訊ねると、まあ行けなくはないけどという顔を見せた。わたしはさらなる説明を求めた。それはいったいどんなところなのか。有名な寺院なのか。歴史的な遺跡なのか。すると彼はvery famous、very bigとだけ答え、とにかく見に行くなら午前中の涼しいときがいいねと、わたしを強く促した。

そこで鞄の底に入れっぱなしになっていた旅行ガイドを開いてみると、簡単ではあったが説明が見つかった。何でもメコン河の向こう側、ラオスにルアン・プー・ブンルア・スリーラットという僧侶がいて、少年時代に大変な神秘体験をしたらしい。あるとき彼は大きな穴に落ちてしまった。こわごわ周囲を見回したところ、ケオ・クーという修行僧に出会った。ケオ・クーは少年にむかって地下世界のさまざまな神秘を教えた。それればかりか、ヨガを伝授し、バラモン教の巫《ふ》覡《げき》となる方法を教示した。大穴から戻ったルアン・プーはその後、ヒンドゥー教と仏教を熱心に学び、師の教説を広めるため、独力で彫刻庭園を築いた。ラオスが社会主義の道を歩むようになると、彼はメコン河のタイ側に亡命し、そこにさらに大規模な庭園を造り上げた。それがサラ・ケオ・クーである。

翌朝、わたしは朝食をすますとただちに出発した。まだ暑くならないうちに到着しておきたかったからである。

サラ・ケオ・クーはノーンカーイの中心部から国道で四キロほど東に進み、脇道を少し入ったところにあった。実のところ、わたしはさほど期待してもいなかったのだが、現実に目の当たりにしてみると、途轍もない想像力と情熱によって創造された大庭園、というよりひとつの独立した宇宙模型であることがわかった。広大な敷地に足を踏み入れた瞬間からわたしは驚異の連続に足を掬われ、しばらくの間は入口で茫然と佇むことしかできなかったのである。

わたしは個人が自在な想像力に促されるまま、偏執的な情熱をもって築きあげ、生涯をそれに捧げることにいささかの悔いも見せなかったという庭園を、これまでいくつか訪れている。だがそのなかでも、サラ・ケオ・クーは三指のひとつに数え上げられるべきだろう。ちなみに他の二つとは、ローマ近郊にあるボマルツォの怪物庭園と、リヨンから少し行ったところにある、郵便配達夫シュヴァルが何十年もかけて石を拾い集めて建てた幻想庭園である。だがサラ・ケオ・クーはヒンドゥー教の神格たちのグロテスクな変化ぶりと、天に爪をかけようとせんばかりの怪物たちの獰猛な意志によって、とりわけわたしを驚嘆させた。

入口の門を潜ってしばらく進むと、巨象の彫像があった。夥しい数の犬たちに囲まれている。犬たちはいずれも猛り狂っていて、あらんかぎりの声を振り絞って吠えている。どの犬も口を大きく開け、歯を剥き出しにしている。なかにはペニスを勃起させて、後ろ足だけで立っている犬もいる。いったいこれはいかなる教説を意味しているのだろう。

さらに庭園を歩いていくと、いずれもが二〇メートルほどの高さの神像が四体、向き合っているところに出る。どの神像からも棘だらけの十本の腕が伸びていて、それぞれが斧や弓矢、指叉《さすまた》、鉾といった武器を握っている。長々とした胴はびっしりと鱗で蔽われ、頭にはパゴダのような冠をしている。神像の一体は三つの顔をもち、そのどれもが長い爪のように捲れ上がった鼻をした象である。彼らが威嚇をしているのか、それとも微笑をしているのか、わたしは表情を読み取ることができなかった。

七頭の蛇ナーガが大きく鎌首をもたげ、二つに裂けた舌を長く伸ばしている彫像がある。これは高さにすれば二五メートルはあるだろう。よく見ると、蛇たちの下に小さなブッダがいて、怪物たちに臆することなく、静謐な表情を湛えて瞑想をしている。その対面にはこれも巨大な蛇の女神が寝そべっていて、太い胴体に何十匹もの配下の女蛇が乗りかかり、舞いを舞っている。緑の藻に濁る池のなかにも蛇身の女神がいて、こちらにむかって手招きをしている。

深海魚のような怪物がかっと目を見開き、何十本もの尖った歯をもった口を開けている。怪物の口を潜ると広場に出る。広場には三つの顔をもったブッダがいる。もっともこのブッダは胴体はもたず、蜘蛛のように細長い肢を四方八方に伸ばしている。傍らには天女たちが控えていて、これも長く伸ばした手を優雅に曲げて舞っている。広場の周囲には人生の諸相を示す、さまざまな彫像が円形に配置されている。召使を打つ主人。富める者と貧しき者。老人と病人。抱き合っている夫婦の骸骨。説かれているのはおそらく人生の無常なのだろうが、一つひとつの彫像は教訓を越えて、異常な迫力をもっている……。

わたしはこの奇怪な庭園でどれほどの時間を過ごしただろうか。二時間か、三時間か。気が付けば太陽は空の中央にあり、民宿で準備したペットボトルの水はほとんどなくなっていた。麗しい朝は終わり、恐ろしい暑さが到来しようとしていた。わたしは庭園の中央に設けられた記念堂で少し休みをとると、自転車のハンドルを握った。しばらく自転車を進めてから、もう一度庭園を振り返ってみた。遠くの方に七つの首のナーガと四体の神像が見えた。彼らはこれからも世界が終わりを迎えるまで、あの通りのままの姿を保ち続けているのだろう。

この庭園を独力で築き上げた僧侶とその師であった人物の教えは、いっこうにわからないままだった。不思議なことに、わたしが庭園を散策している間中、他に訪問客は一人もいなかった。わたしは何が何だかわからないままノーンカーイの町に戻り、遅めの昼食をとった。こののんびりとした町からわずかに離れたところにかくも奇怪で、崇高さとグロテスクの入り混じった怪物たちが群れなしているという事実が、ひどく不思議に感じられた。

バンコックに戻る日がやって来た。ノーンカーイに到達するのが大変であったわりには、帰り道は実に簡単だった。ウドンタニまでバスで行き、飛行機に乗るだけで充分だった。わたしはあのメコン河の向こう岸がどうなっているのかを知りたいと思った。ルアン・プー師が最初に築いたラオス側の庭園は、はたして今でも残っているのだろうか。それとも反宗教的な社会体制にあって、荒廃の極みにあるのだろうか。もしそれが毀《こぼ》たれ、朽ちはてていたとしたら、そのときこそ幻想庭園としての真価が発揮される時節が到来したといえなくはないだろうか。いつか機会を見てラオスに行ってみよう。メコン河の北側からノーンカーイの町を眺めてみよう。夜の暗黒のなかで町ははたして光の塊に見えるのだろうか。それともやはり暗闇のままでしかないのだろうか。

後記

二〇〇〇年代の初めの頃であったと思うが、キクユ語で書くケニアの作家、ングギ・ワ・ジオンゴが何度目かの来日をしたとき、講演の席で次のような内容のことを話したことが強く印象に残っている。

自分がいろいろな外国を旅行してまわるのは、何もその国の著名な作家や知識人と対話をしたり、親交を結ぶことを期待してのことではない。旅の真の目的とは、その土地土地に住まう神々に敬意を表しに行くことである。

投獄と亡命にもめげず、精神の非植民地化を唱え続けた作家にふさわしい、堂々たる宣言であった。おそらくングギは日本滞在中に、神社仏閣の前で敬虔に手を合わせたことだろう。

ゲニウス・ロキ genius loci という言葉がある。ラテン語を文字通りに訳せば、ある場所に宿る守り神、平たくいえば氏神である。この言葉を「土地の精霊」と訳してみたとき、本書の枠組みは定まった。わたしもまたングギと同様、世界のさまざまな場所を廻りながら、その土地に宿る神聖なる存在に敬意を表そうとしてきたのではないかと、思い当たったのである。

もっとも精霊といっても、それが厳粛な寺院の深奥に祀られている神像であるとはかぎらない。土地の精霊は変幻自在であり、あるときは女霊媒師の姿をとったかと思うと、別のあるときは路傍の乞食のふりをしていたりする。悪戯好きの子供の姿に化けていることもあれば、苔むした水盤の奥にこっそりと刻み込まれた女神の彫像であったりもする。ただ漠然とではあるが、わたしはある時期から、自分が異郷の地で出会う精霊たちの多くは女性ではないかと信じるようになった。エフェソスでアルテミスの彫像に出会って以来、その思いはますます強く、もはや確信の域に達しようとしている。

本書を構成しているエッセイのほぼ半分は、二〇一四年九月から一五年八月まで、『webちくま』に発表されたものである。残り半分は描き下ろしで、数編ではあるが、それ以前に発表したものを改訂して再録した。具体的にいうならば、「ロゼッタ」は『心は転がる石のように』（ランダムハウス講談社、二〇〇四年）、「オスロ」は『新潮』（二〇一〇年七月号）、「タンジェ」は『紫明』二六号（二〇一〇年）、「タナ・トラジャ」と「ルルド」は『宗教と現代がわかる本』（平凡社、二〇一二年）が初出である。また若干の写真を挿入したが、これはすべて著者による撮影である。

わたしの書きもののなかでも、『モロッコ流謫』や『台湾の歓び』といった長編のトラヴェルエッセイがコンセプト・アルバムであるとするならば、三三の短編からなるこの書物はさしずめ、シングル盤コレクションに似ているかもしれない。エッセイの舞台となる都市や地方を選定するにあたっては、長編エッセイで取り上げたところはできるかぎり外し、記述の重複を避けることに務めた。

巻頭に掲げたのはアプレイウスの『黄金のろば』の一節である。わたしは昔からこの古代小説が好きで、おっちょこちょいの学生ルキウス君が魔女の悪計によって驢馬に姿を変えられてしまい、薔薇の花を食べてようやく人間の姿に戻るまでの波瀾万丈をこよいなく愛していた。ルキウスはやがてエジプトの地母神イシスに帰依して魂の平安を得る。まさにあらまほしき人生経路である。

連載と単行本作成に関しては、永田士郎氏の手を煩わせた。感謝の言葉を述べたいと思う。

さあ、これから鞄のなかに歯磨きやノオトブックを詰めて、まだ行ったことのない場所に足を向けることにしよう。地上のいっさいが思い出となる日まで、わたしは旅を続けることだろう。

著者記す

二〇一五年十二月二四日

著者　四方田犬彦（よもた・いぬひこ）
一九五三年生まれ。東京大学文学部にて宗教学を、同大学院にて比較文学を修める。ソウルの建国大学校に始まり、コロンビア大学、テルアヴィヴ大学、明治学院大学などで、教授・客員教授として教鞭を執った。言語表現と映像、音声、都市を対象に批評活動を行なう。著書は一四〇冊に到り、紀行文として『モロッコ流謫』（ちくま文庫）、『ソウルの風景』（岩波新書）、『見ることの塩』（作品社）、『台湾の歓び』（岩波書店）などがある。サイード、ダルウィーシュ、パゾリーニを翻訳した。齋藤緑雨文学賞、サントリー学芸賞、伊藤整文学賞、桑原武夫学芸賞、藝術選奨文部科学大臣賞などを受けた。

土地《とち》の精霊《せいれい》

二〇一六年一月二五日　初版第一刷発行

著　者　四方田犬彦
発行者　山野浩一
発行所　株式会社　筑摩書房
東京都台東区蔵前二―五―三　郵便番号一一一―八七五五
振替　〇〇一六〇―八―四一二三
装幀者　間村俊一
印　刷　明和印刷株式会社
製　本　牧製本印刷株式会社

乱丁・落丁本の場合は左記宛にご送付下さい。送料小社負担でお取り替えいたします。ご注文、お問い合わせも左記へお願いいたします。
筑摩書房サービスセンター
さいたま市北区櫛引町二―六〇四　〒三三一―八五〇七
電話　〇四八―六五一―〇〇五三

ISBN978-4-480-81528-6 C0095